E. BERTOL-GRAIVIL

Les
28 Jours
du
PRÉSIDENT
de la
République

PARIS

ERNEST KOLB, ÉDITEUR

8, RUE SAINT-JOSEPH, 8

LES 28 JOURS

DU

PRÉSIDENT

DE LA

RÉPUBLIQUE

M. S. CARNOT

PRÉSIDENT DE LA RÉP...

E. BERTOL-GRAIVIL

LES 28 JOURS

DU

PRÉSIDENT

DE LA

RÉPUBLIQUE

PORTRAITS

Par M. Félix REGAMEY

ILLUSTRATIONS

PAR MM. LOUIS TINAYRE, G. FRAIPONT, L. MOULIGNIÉ, DE BROCA,
KREUTZBERGER, TRINQUIER, ETC., ETC.

PARIS

ERNEST KOLB, ÉDITEUR

8, RUE SAINT-JOSEPH, 8

PRÉFACE

I

Le 3 décembre 1887, le Congrès, formé par la réunion de la Chambre des députés et du Sénat, délibérant à Versailles dans le but de nommer un Président de la République, M. Grévy ayant donné sa démission à la suite d'événements qu'il est inutile de rappeler ici, choisissait pour occuper ces hautes et délicates fonctions M. Sadi Carnot, député de la Côte-d'Or.

Cette solution d'une crise présidentielle qui n'était pas sans danger, fut accueillie à Paris et dans toute la France avec une joie profonde. Une détente se produisit immédiatement. Les agitations de la rue, la surexcitation des esprits s'apaisèrent comme par enchantement. On se félicitait, le soir, dans Paris, et du choix fait et de la façon dont le parti républicain avait tenu à affirmer sa sagesse.

On était allé chercher, dans une famille à juste titre honorée pour les services que tous ses membres avaient rendus à la République et à la France, l'homme chargé de rétablir le prestige atteint de la première magistrature de l'État. Petit-fils du grand Carnot, ayant lui-même consacré sa vie à la cause de la démocratie, M. Sadi Carnot, par son intelligence, par sa haute intégrité, était un choix irréprochable.

Par son attitude indépendante et ferme au milieu des compétitions de coterie et des rivalités de groupes, il personnifiait, à un moment où les divisions pouvaient devenir dangereuses pour l'existence même de nos institutions, l'union de tous autour du drapeau. Aussi, pour bien affirmer le sens de l'élection, vit-on tous les hommes qui, à la Chambre et au Sénat, ont à cœur l'avenir de la France, s'unir dans le scrutin. C'est par 616 suffrages sur 827 votants que M. Carnot fut proclamé Président de la République française.

Cette unanimité était autant à l'honneur des républicains du Parlement qu'à celui de l'homme sur le nom duquel elle s'était réalisée.

Ce n'était pas une charge légère qu'acceptait M. Carnot, et il ne se dissimula pas une minute la gravité du rôle qu'il était appelé à jouer. Répondant aux présidents des Chambres et aux ministres qui venaient, à l'issue du scrutin, lui apporter leurs félicitations, il s'exprima en ces termes :

« Je vous remercie profondément des félicitations et des sentiments que vous voulez bien m'exprimer.

« Je suis pénétré de reconnaissance envers les membres de l'Assemblée nationale qui, en réunissant leurs suffrages sur mon nom, ont si hautement témoigné du désir de pacification et de concorde dont la France républicaine est animée.

« Mon vœu le plus cher est que cette grande journée reste présente à tous les esprits et à tous les cœurs. Elle signifie que les représentants de la France savent s'unir.

« Leurs efforts communs peuvent et doivent assurer la constitution et la marche régulière d'un gouvernement stable, actif et capable de donner à la nation, avec la liberté au dedans et la dignité au dehors, tous les bienfaits que notre pays attend de la République.

« Encore une fois merci, Messieurs ; vous pouvez compter sur tout mon dévouement. »

Le premier soin de M. Carnot, après avoir pris possession de l'Élysée, fut de chercher par quels moyens il pourrait le mieux exercer le pouvoir. Il se rendit très bien compte du rôle exact que la Constitution attribue au Président de la République, et jugea qu'il devait mettre tous ses soins à représenter dignement la France. A coup sûr, jamais homme ne fut aussi peu sensible au vain éclat de la pompe qui entoure ceux qui gouvernent, mais il ne s'agissait pas de ses convenances personnelles ; faisant violence à ses habitudes et à sa modestie, il résolut de consacrer à des réceptions, à des fêtes, à des voyages dans les différentes parties de la France, ce que les Chambres mettaient à sa disposition. L'Élysée rouvrit ses salons non seulement pour les grands bals officiels donnés chaque année, mais encore pour des soirées ouvertes, où tous purent venir saluer le premier magistrat de l'État.

Les réceptions, c'était bien pour Paris ; mais M. Carnot jugea qu'il était utile de faire plus et d'aller visiter les diverses régions du pays. Une fois cette détermination connue, les invitations des grandes municipalités ne se firent pas attendre et bientôt de tous les côtés M. le Président fut sollicité. Comme il était impossible de satisfaire tout le monde, quatre grands voyages furent décidés : le premier dans le Centre et le Sud-Ouest, comprenant les villes de Limoges, Périgueux, Agen, Bordeaux et Rochefort ; le second dans le Sud-Est, à Chambéry, Grenoble, Vizille, Romans, Valence ; le troisième dans l'Ouest, comportant la visite de Caen, Saint-Lô, Cherbourg, le Havre, Rouen et Elbeuf ; le quatrième, enfin, dans l'Est, à Lyon, à Annecy, et, au retour, à Beaune et Dijon.

b

Mon ami Bertol-Graivil a eu l'heureuse idée, ayant suivi ces diverses pérégrinations et les ayant racontées sur l'heure avec sa verve et son esprit si parisien, dans l'*Estafette* et dans l'*Écho de Paris*, de relire ses notes prises au pied levé et d'en faire un volume intéressant par son côté pittoresque, et utile en même temps à l'histoire de notre époque. Les quelques pages qu'il m'a demandé d'écrire en tête ne constituent pas à proprement parler une préface. Notre intention à tous deux a été seulement de préciser, à côté du récit, en quelque sorte la portée politique des voyages de M. le Président de la République.

II

Aujourd'hui, nous pouvons juger d'un coup d'œil d'ensemble les événements de l'année 1888 et nous rendre compte de l'importance de ces déplacements et de l'impression qu'ils ont produite.

Au cours de son premier voyage, les manifestations non équivoques de sympathie en faveur de la personne de M. Carnot et aussi en faveur du gouvernement légal qu'il identifie en face de tous les compétiteurs, se produisirent. A Bordeaux, M. Raynal put s'écrier : « Vous avez rendu, dès le début de votre pouvoir présidentiel, un éminent service à la République et au pays. » Il traduisait l'opinion générale en faisant ressortir combien il est utile que le chef de l'État se rende compte par lui-même des besoins et des désirs de chacun, et aussi combien il est nécessaire que les populations soient mises à même d'approcher de l'homme aux mains de qui le Parlement a remis le dépôt du pouvoir.

Cette impression du premier déplacement présidentiel fut tellement précise et tellement bienfaisante, que nombre d'invitations nouvelles furent adressées à M. Carnot. Il était impossible, malgré la meilleure volonté, de répondre à ces nouvelles instances et le programme tracé ne fut pas modifié.

Le voyage d'Agen s'était effectué à la fin d'avril; dans les derniers jours de juillet, M. le Président de la République se rendit à Chambéry et à Grenoble et visita en même temps Romans et Valence.

La journée la plus importante de cette excursion, dans des pays excessivement et depuis longtemps républicains, fut celle consacrée à fêter, à Vizille, l'anniversaire de l'émancipation dauphinoise. On lira avec émotion la description de cette cérémonie patriotique dont le souvenir restera ineffaçable. Là, comme lors de son premier déplacement, M. Carnot représenta dignement la France républicaine, et les acclamations qui l'accueillirent partout furent plus nombreuses encore, si cela est possible, que lors de son passage à Bordeaux.

Installé, à son retour, au palais de Fontainebleau, M. le Président ne devait pas rester longtemps en repos. Dans la première quinzaine de septembre eut lieu le voyage dans l'Ouest.

De toutes les populations qui forment la grande famille française, celles qui se signalent particulièrement par l'aménité de leurs mœurs et de leur caractère et aussi par le calme et la modération qu'elles apportent dans tous les actes de la vie, ce sont assurément les populations de nos provinces de l'Ouest. Il n'est pas facile de les entraîner, et, lorsqu'elles sont conquises à une idée, il faut beaucoup de persévérance pour les amener vers autre chose. Méfiantes, tout ce qui est nouveau les épouvante, et elles mettent longtemps à se rallier à une forme gouvernementale. Le changement les rend ombrageuses à l'excès, et elles ne quittent une opinion pour aller vers une nouvelle qu'après de longues tergiversations.

Le voyage de M. Carnot au milieu de ces populations qui ne

sentent pas le besoin de proclamer à grand renfort de cris et de discours leurs convictions et leurs préférences, devait donc être très instructif. Il s'agissait de savoir quelle réception lui serait faite dans ces pays où la réaction a conservé de profondes attaches.

La démonstration fut irréfutable ; là comme ailleurs, M. le Président n'eut pour ainsi dire qu'à paraître pour vaincre. Jamais accueil plus chaleureux ne fut fait à un chef d'État. Les ovations succédèrent aux ovations et, ce qui est tout à fait particulier, le caractère des habitants sembla à ce point changé qu'au lieu de la réserve habituelle, on assista à des acclamations tapageuses ne le cédant en rien à celles qui étaient jusqu'ici monopolisées par le Midi.

Le voyage dans l'Ouest se termina d'une façon très heureuse par une grande revue du troisième corps d'armée passée sur le terrain même des opérations, et à la fin de la période des manœuvres. L'impression que laissa cette démonstration militaire fut considérable. Comment n'aurait-on pas été frappé par la constatation indéniable du relèvement de nos forces de terre et de mer ? Comment ne se serait-on pas senti saisi d'une patriotique émotion en face de ces deux manifestations : à Cherbourg de la puissance de notre marine, à Rouen de la solidité de notre armée ?

Le 6 octobre, M. Carnot se mettait de nouveau en route, cette fois vers notre frontière du Sud-Est. La première étape était Lyon. L'accueil fait par la seconde ville de France a dépassé tout ce qu'on pouvait attendre. Le maire, en un langage qui fut applaudi dans toute la presse républicaine, exprima les aspirations de la démocratie lyonnaise et salua en son nom le chef de l'État dans des termes particulièrement heureux. Mais ce qui fut le plus significatif, c'est l'accueil de la population elle-même. Sur le passage de M. Carnot dans les quartiers ouvriers, les démonstrations spontanées eurent un caractère tout à fait touchant. Ces manifestations eurent une telle vivacité que l'organe légitimiste de Lyon ne put faire autrement que de les relater. Je ne puis résister au désir de citer ce passage :

« Le Président de la République, dit le *Salut public*, s'avance sur le balcon de la terrasse ; de là, le plus merveilleux spectacle qu'il puisse être donné à l'homme de voir nous apparaît. *Deux cent mille personnes* au moins, car le cours du Midi, la place Perrache, les balcons des maisons et les toits sont couverts d'une foule qui se presse à s'étouffer, sont entassées, acclamant M. Carnot, poussant des hourras frénétiques, agitant les mains et les chapeaux.

« Bien que nous ne soyons pas précisément partisans du régime actuel, nous ne pouvons nous empêcher d'être émus en présence de cette manifestation spontanée, si belle, si imposante, si grandiose, qu'elle nous tire les larmes des yeux et qu'on en garde un souvenir ineffaçable.

« Par-dessus la tête de M. Carnot, ces acclamations vont droit à la France, à la chère Patrie.

« M. Carnot est resté dix bonnes minutes la tête baissée, pensif, les yeux brillants, ému, lui aussi, jusqu'aux larmes.

« Ah ! certes, il n'y a pas eu besoin de styler ces masses, d'apporter des claqueurs payés, de chauffer l'enthousiasme. »

A Annecy, à la Roche-sur-Foron, et au retour, à Beaune et à Dijon, cet élan populaire, qui s'était d'une façon si intense produit à la Croix-Rousse et au départ de Lyon, s'est encore manifesté, s'il est possible, avec plus d'énergie. Tout ce que l'initiative privée pouvait produire a été mis en œuvre et ceux qui ont suivi ce voyage véritablement triomphal déclarent que certaines réceptions ont dépassé même l'admirable fête de Vizille.

III

A la suite de cette excursion qui a clos, pour cette année, la série des déplacements présidentiels, le *Times* consacra un *leading* article à M. Carnot. Le grand journal anglais faisait remarquer que pour la nation il faut un gouvernement qu'on puisse voir avec les yeux : « L'imagination ne suffit pas, disait-il, pour se représenter la souve-raineté nationale personnifiée dans un homme ne sortant pas de l'Élysée. Dans M. Carnot elle voit l'idée républicaine se mouvant, parlant et dépensant sous ses yeux; elle l'entend et cela la satisfait. »

On ne saurait mieux exprimer les bienfaits de ces voyages dont M. Carnot a eu l'initiative. A mesure, d'ailleurs, que M. le Président de la République s'est fait mieux connaître des populations, l'estime que dès la première heure on avait pour sa personne et pour la droiture bien connue de son caractère, a augmenté. Dans cette haute situation, il n'est permis ni de risquer un faux pas, ni de prononcer des mots imprudents. Toutes les phrases sont commentées et deviennent pour ainsi dire historiques. Il ne suffit donc pas d'être un honnête homme et d'avoir d'excellentes intentions, il faut encore savoir choisir le moment utile pour voir et ne parler qu'à bon escient.

Or dans tous ses voyages, comme dans tous ses discours, M. Carnot a montré un tact parfait. Il a su parler aux représentants des diverses classes, des différentes professions avec le plus rare bonheur d'expres-sion. Lorsqu'à Lyon, par exemple, il s'est trouvé en face de cette puissante Chambre de Commerce, il a saisi avec empressement l'occa-sion qui lui était offerte d'affirmer, en quelques phrases qui ont eu dans le monde entier un retentissement, que l'œuvre de l'année prochaine, l'Exposition universelle, serait prête et que le succès dépasserait certainement l'attente des plus optimistes.

Il n'est pas nécessaire de multiplier les exemples; et je ne veux, en terminant cette rapide analyse, que comparer les premiers pas de M. Carnot, Président de la République française, à ceux d'un redoutable voisin, Guillaume II, roi de Prusse et empereur d'Allemagne.

A peine arrivé au trône, celui-ci a été pris du besoin impérieux de voyager, de passer des revues, de manifester par tous les moyens son existence. Il a semblé être pris d'une véritable maladie le forçant à être constamment en mouvement. Il est allé en Russie, puis, à peine revenu, est reparti pour Vienne et Rome. Dans quel but, ces pérégrinations ? Ce n'était pas à coup sûr dans une intention humanitaire. Il fallait chercher à se réconcilier avec la Russie, il était nécessaire de resserrer les liens de l'alliance avec l'Autriche et avec l'Italie, et le jeune empereur, dont le grand chancelier dirige tous les actes, s'est mis en route, allant du Nord au Midi.

Le Président de la République française a décidé ses voyages pour des raisons tout autres. On avait besoin de sa personne pour rassurer les populations, et il est parti visitant tour à tour chaque région, s'enquérant des besoins de chacun, portant à tous des paroles d'union, de concorde et d'encouragement.

Tandis que l'empereur, méprisant les peuples, ne cherche qu'à préparer les grandes hécatombes et pour cela va réclamer le concours de ses alliés, le Président de la République va au-devant des désirs des travailleurs des villes et des champs, encourage l'industrie et le commerce et n'a dans la bouche que des paroles de paix.

Combien aussi est différente l'impression produite ! Ce chef de l'État s'intéressant à tout, prenant souci de se faire éclairer aussi bien à propos du travail national qu'au point de vue de notre organisation maritime et militaire, consacrant le modeste budget que lui donne la France à venir en aide aux institutions de bienfaisance, veillant à ce que chacun ait sa part dans les honneurs, et, au milieu de cette perpétuelle et fatigante représentation, ne perdant jamais le sens exact de la situation, se faisant remarquer par son tact et le souci constant de ne pas sortir de ses attributions constitutionnelles, n'est-ce pas une leçon pour les peuples ?

A Lyon, M. Millaud, sénateur du Rhône, dans son discours, a fait allusion à « l'influence heureuse exercée par la haute personnalité d'un homme intègre qui, n'obéissant qu'au devoir, demeure le premier serviteur de la République et le vigilant gardien de la Constitution ».

Il n'y a pas un mot à ajouter à cette définition de M. Carnot et du rôle qu'il a joué depuis son arrivée à l'Élysée. Dès la première heure, il a compris les services qu'il pouvait rendre au pays en rétablissant le prestige du chef de l'État. C'est dans ce but qu'il a entrepris ces voyages et il peut dire qu'il n'a pas perdu son temps. Il a rallié ainsi des populations inquiètes et sur le point d'être égarées, et consolidé la République.

O. MONPROFIT.

Décembre 1888.

PREMIER VOYAGE

LIMOGES — AGEN — LA RÉOLE — BORDEAUX — ROCHEFORT

CHAPITRE PREMIER

LE DÉPART DE PARIS A LA GARE D'ORLÉANS

Les préparatifs d'un voyage présidentiel. — Avant et pendant le voyage. — Les petits côtés. — A la gare d'Orléans. — Les représentants de la presse. — En route. — Avant d'arriver à Limoges. — Les stations intermédiaires. — Tout le monde descend.

Paris, 25 avril 1888. — 1er JOUR.

Paris commençait à se figurer que le premier magistrat du pays, dont le palais était sis faubourg Saint-Honoré, n'avait pour fonctions que de représenter la capitale et n'était Président de la République qu'à l'occasion; Paris qui avait l'honneur de conserver dans ses murs, du 1er janvier à la Saint-Sylvestre, le chef de l'État — lequel chef ne sortait jamais que pour aller visiter les expositions du Palais de l'Industrie ou du Cercle des Mirlitons — Paris, dis-je, finissait par croire qu'il n'y avait plus en France qu'un Maire, le sien, lorsqu'il apprit un matin, non sans surprise, qu'on venait de lui changer son Président, que celui qui représentait la France avait l'intention de se déplacer, et de parcourir le pays dans tous les sens.

1

Effectivement on lui avait changé son Président.

M. Carnot n'était pas à l'Élysée depuis cinq mois que déjà il préparait un voyage dans le Sud-Ouest.

Tout naturellement sa première pensée fut pour sa ville natale. Pour Limoges. Aussi, lorsque les municipalités eurent vent de cette indication, s'empressèrent-elles d'envoyer des délégations à l'Élysée pour prier M. Carnot de visiter leur cité, ou de s'y arrêter tout au moins quelques heures.

L'itinéraire d'un voyage présidentiel n'est pas ce qu'un vain peuple pense, et le toujours jeune colonel Lichtenstein, — le Delaunay de l'Élysée, — a dû passer plus d'une journée à manier la carte des réseaux de nos chemins de fer. Je l'ai trouvé un jour tellement plongé dans ses combinaisons de trains qu'il en avait oublié l'heure de son déjeuner.

Enfin le voyage arrêté, le commandant Chamoin se met en route. C'est lui le Grand Fourrier de la Maison, c'est sur lui que reposent tous les soins matériels du voyage. Il a à s'occuper de tout, à parer à tout, à voir, à entendre et à répondre à tout. Il faut, en peu de mots, que lorsque M. le Président de la République monte en chemin de fer, tout soit réglé et arrêté.

Seulement, si cela se dit en peu de mots, cela ne se fait pas aussi facilement.

D'abord, il doit entrer en relations avec les préfets des départements et avec tous les Maires des villes où M. le Président s'arrêtera plusieurs heures. Il convient qu'à la gare M. le Président sera reçu par le moins d'autorités possibles, les réceptions officielles devant avoir lieu à l'Hôtel de Ville ou à la Préfecture.

Les pouvoirs élus passant les premiers, c'est avec eux que M. le commandant Chamoin s'entretient d'abord. Puis il règle, concurremment avec le préfet, les honneurs qui doivent être rendus au chef de de l'État, conformément au décret de messidor an XII. C'est-à-dire : salves de 101 coups de canon, volées de cloches, etc.

On arrête ensuite l'ordre du cortège. *Primo* un peloton de gendarmerie, un escadron de la cavalerie en garnison, la voiture présidentielle flanquée à droite du commandant de l'escorte et à gauche d'un officier supérieur.

M. le Président de la République étant avant tout l'hôte de la municipalité, on convient que le maire de la ville montera dans sa voiture, avec le général commandant la subdivision militaire et M. le général Brugère, secrétaire général de la Présidence, ou son représentant.

M. le commandant Chamoin arrête ensuite, par ordre de préséance, la composition des autres voitures qui doivent compléter le cortège.

La question des voitures réglée, reste celle des repas offerts par M. Carnot. Le garçon d'honneur de la Présidence doit alors se transformer en gourmet. Il doit rivaliser de raffinements avec Alexandre Dumas, Charles Monselet et le baron Brice. La cuisine ne peut avoir aucun secret pour lui. Aussi, est-ce avec un estomac préparé à tous les sacrifices, qu'il se rend chez le restaurateur le plus renommé de l'endroit, qu'il déguste sa cuisine et lui commande le menu.

Pour fixer le nombre des convives le commandant Chamoin s'est préalablement fait donner par le maire et par le préfet les noms des notabilités importantes à inviter ; et c'est lorsque tout a été entendu, et irrémédiablement fixé, récompenses, décorations, visites, dons, etc., que l'intelligent commandant peut s'écrier : « Partez, monsieur le Président, la voie est libre. »

La voie est effectivement libre, mais tout le travail préparatoire n'est pas entièrement terminé. Et, puisque je suis en train d'expliquer ce que j'appellerai irrévérencieusement la « cuisine » d'un voyage présidentiel, j'ajouterai quelques mots concernant le travail moral, succédant au travail matériel.

Ici, c'est le secrétaire particulier de M. le Président de la République qui entre en scène, c'est à M. Arrivière qu'incombe le devoir de se tenir au courant de ce que l'on veut, de ce que l'on doit dire dans le cours du voyage.

Car les déplacements du chef de l'État n'ont pas seulement pour but de fournir aux villes des occasions de donner des fêtes : c'est très agréable les réjouissances, mais il y a un côté sérieux que l'on ne peut perdre de vue. Mon confrère et ami O. Monprofit a, sur ce point, allégé ma tâche en disant dans sa préface les heureux effets des voyages de M. le Président de la République. Je n'aurais donc rien à y ajouter, si je n'avais le devoir de rendre justice au tact et à la délicatesse avec lesquelles M. Arrivière à su ménager la susceptibilité et les intérêts des corps élus et des corps constitués.

Là, c'est un chemin de fer local ; plus loin, c'est un canal ; là-bas c'est une route. Partout ce sont des vœux ; des vœux certainement tous respectables : mais M. le Président de la République peut-il invariablement promettre leur réalisation ?

Tandis qu'une municipalité demande la création d'une chose, la députation du département la combat. Tandis qu'un conseil général réclame un chemin, le corps des ponts et chaussées s'y oppose ; celui-ci veut, celui-là ne veut pas. Or, il serait malséant de mettre le doigt du chef de l'État entre l'arbre et l'écorce.

Voilà le côté délicat des voyages présidentiels, voilà ce que M. Arrivière est chargé de prévoir et d'éviter. Il faut qu'il s'entoure de tous les renseignements, de tous les documents nécessaires à fixer la religion de M. le Président de la République. Car on doit surtout ne pas froisser les députations souvent en contradiction avec les conseils généraux.

Il faut dire à l'honneur de M. Arrivière qu'il s'est toujours fort habilement acquitté de cette tâche aussi délicate que difficile.

Ceci dit, nous allons partir pour Limoges.

M. le Président de la République a quitté l'Élysée à 9 heures.

Il est arrivé à la gare d'Orléans à 9 heures et demie, accompagné de MM. Lockroy, ministre de l'Instruction publique et des Beaux-Arts, et Deluns-Montaud, ministre des Travaux publics.

Un service d'ordre avait été organisé, autour de la gare d'Orléans, par les soins de M. Caubet, chef de la police municipale.

A 9 heures, M. Floquet est arrivé avec M. André, son secrétaire

M. CHARLES FLOQUET,
Président du Conseil des ministres, Ministre de l'Intérieur.

particulier. Il a été reçu par M. Heurteau, directeur de la Compagnie d'Orléans.

Lorsque M. le Président de la République est entré dans le salon de la gare, richement décoré, et au milieu duquel se trouvait une immense corbeille de fleurs, M. le président du Conseil, entouré de

MM. Heurteau; Guillain, directeur des routes et de la navigation; Lax, directeur des chemins de fer; Polack, secrétaire général des chemins de fer de l'État, s'est porté au devant de lui.

Sur le quai de la gare, on remarquait MM. le colonel Lichtenstein, le commandant Toulza et le capitaine de frégate Cordier, attachés à la maison militaire de la Présidence; Lozé, préfet de police; Lépine, secrétaire de la préfecture de police, et un certain nombre de sénateurs et de députés venus pour saluer M. le Président de la République.

Vingt-cinq journaux étaient représentés. Les voici par ordre alphabétique : les *Débats*, M. Lachapelle; — la *Dépêche*, M. Desplats; — l'*Écho de Paris*, M. Bertol-Graivil; — l'*Événement*, M. Aubry; — l'*Estafette*, M. Bertol-Graivil; — le *Figaro*, M. A. Heulard; — le *Gaulois*, M. Serpeille; — la *Gazette de France*, M. Dupuy; — l'*Illustration*, M. H. Lanos; — la *Lanterne*, M. V. Flachon; — le *Monde*, M. Havard; — le *Monde Illustré*, M. Moulinié. — le *Mot d'ordre*, M. P. Lordon; — le *Nouvelliste de Lyon*, M. Duperron; — la *Paix*, M. Gaston Carle; — le *Petit Journal*, M. Lissajous; — le *Petit Provençal*, M. Abric; — le *Radical*, M. Hirsch; — le *Rappel*, M. Obermayer; — la *République Française*, M. P. Bluysen; — le *Siècle*, M. Angely; — le *Soir*, M. Eric Bénard; — le *Soleil*, M. Jousset; — le *Temps*, MM. Maillet et Tillet; — le *Voltaire*, M. Rousset. — Plus l'*Agence Havas* dont le rédacteur principal, M. Pognon, était assisté de M. Beau.

Tous ces messieurs, invités par M. le Président de la République, ont pris place dans des compartiments réservés.

M. le président du Conseil s'est assez longuement entretenu avec M. Carnot dans le wagon-salon.

Lorsque M. Floquet eut souhaité un heureux voyage à M. le Président de la République, M. Heurteau a donné le signal du départ.

M. le Président de la République s'est alors avancé sur la plateforme de son wagon; il a salué une dernière fois les personnes qui se trouvaient sur le quai de la gare, et le train s'est mis en marche à 9 heures 40.

Nous voici en route.

Sur tout le parcours, aux gares, la population est sympathique et respectueuse.

A Orléans-Ceinture, les gendarmes présentent les armes, et le train passe rapidement devant les stations dont plusieurs sont ornées de drapeaux.

A Savigny, les pompiers en armes, avec leur musique, qui n'a pas le temps de jouer que les wagons sont déjà loin.

Arrivée aux Aubrais à 11 heures 20; halte de quelques minutes.

La gare est merveilleusement pavoisée. Une escouade de gendarmes et un détachement de pompiers rendent les honneurs.

Les musiques du 131e de ligne et du régiment d'artillerie jouent la *Marseillaise*.

Le maire adresse quelques paroles à M. le Président de la République, pour le remercier de s'être arrêté aux Aubrais, puis le préfet du Loiret salue M. le Président Carnot, au nom des populations républicaines du département.

M. le Président répond quelques mots, presse la main du préfet et du maire.

Cris de : « Vive Carnot! Vive la République! »

Le train repart à 11 heures 24.

Le train est arrivé à Vierzon à midi trente minutes. Le préfet du Cher et les autorités de la ville étaient à la gare. De même qu'aux Aubrais, une manifestation sympathique nous accueille. La musique de l'artillerie joue la *Marseillaise*.

A midi quarante, nous reprenons le train. Nous déjeunons en wagon.

Voici le menu : *Truites meunière, filet aux pommes, terrine de bécasse, salade, légumes, desserts variés.*

A Issoudun, il n'y a pas d'arrêt, mais le train ralentit sa marche pour permettre au sous-préfet de venir saluer M. le Président.

Nous nous éloignons pendant que retentit le cri de : « Vive la République ! »

Nous arrivons à Châteauroux à 1 heure 33. La gare est superbement pavoisée. M. le général Carré de Bellemare présente les officiers de son état-major. Le service d'honneur est fait par le 90e de ligne et un détachement du 9e. Le bruit de cent bombes éclate dans les airs, pendant que les cloches sonnent à toute volée.

M. le maire Patureau-Francœur demande à M. le Président de la République qu'un atelier de construction de chemin de fer soit installé à Châteauroux pour donner de l'ouvrage à un certain nombre d'ouvriers.

M. Deluns-Mon!...il, ministre des Travaux publics, prend la pétition.

Une délégation du tribunal civil vient saluer M. le Président.

Douze cents ouvriers de la manufacture des tabacs ont quitté leur travail pour venir voir M. le Président. Ils crient : « Vive Carnot ! Vive la République ! »

A 1 heure 35, le train part.

A Argenton on s'arrête pendant deux minutes : le bataillon scolaire, la Société gymnastique sont là, rangés sur le quai de la gare. A ce moment une averse se met à tomber.

A la Souterraine, malgré une pluie intense, une grande affluence de population.

Le sous-préfet présente le municipalité.

Le maire atteste à M. Carnot l'attachement de la population de la ville au gouvernement de la République et son dévouement à sa personne. Il ajoute :

Nous avons foi dans le citoyen intègre chargé de défendre nos institutions contre les ennemis du dedans et du dehors. Notre confiance est pleine et entière; nous nous souvenons que vous êtes le petit-fils de l'organisateur de la victoire.

La foule pousse les cris répétés de : « Vive Carnot ! Vive la République ! »

M. le Président de la République remercie de la chaleureuse récep-

PARIS. — M. le Président de la République prend congé des fonctionnaires qui l'ont accompagné à la gare d'Orléans.

tion qui lui est faite et exprime ses regrets de ne pouvoir s'arrêter plus longtemps à la Souterraine. Il termine par ces paroles :

Vous avez raison de penser, monsieur le maire, que je saurai défendre la République contre ses ennemis du dedans et du dehors.

L'inspecteur d'académie présente à M. Carnot une adresse signée par le corps des instituteurs et institutrices.

Avant de s'éloigner, M. le Président serre la main à des ouvriers en blouse que cette marque de cordialité paraît vivement toucher, et comme ils crient : Vive Carnot! « ne criez pas : Vive Carnot! leur dit en souriant M. le Président, criez : Vive la République ! »

A 3 heures 22, le train présidentiel entre en gare de Saint-Sulpice-Laurière.

M. Léon Stéhélin, préfet la Haute-Vienne, monte dans le wagon-salon réservé à M. le Président de la République.

En présentant la municipalité, M. Stéhélin s'exprime de la façon suivante :

Je suis heureux de saluer à son arrivée dans son pays natal, le citoyen intègre et le républicain éprouvé, qui a déjà marqué si largement sa place dans les conseils du Gouvernement et que ses concitoyens ont élevé à la première magistrature de l'État.

Cette allocution est saluée par des cris très nourris de : « Vive la République! Vive Carnot ! »

Puis le train repart tout aussitôt; il s'arrête à Limoges à 3 heures 55.

Nous sommes arrivés dans la première ville que M. le Président de la République honore de sa présence.

Limoges! Tout le monde descend!

CHAPITRE II

A LIMOGES

Limoges, 25 avril 1888. — 1er JOUR.

On n'était pas sans inquiétude à Limoges le samedi 21 avril. Une dépêche venait d'arriver à la Préfecture laissant sous-entendre qu'un retard pourrait bien être apporté dans le voyage de M. le Président de la République. Les motifs allégués étaient les suivants :

1° Nouvelle de la mort de l'empereur Frédéric. 2° Mise en permanence de la Chambre des députés.

Aussi potinait-on ferme sur les places et dans les cafés. Comment, quatre jours, rien que quatre jours, séparaient les Limousins de l'arrivée de M. Carnot, et c'est au moment de toucher au port que tout sombre ! Il y avait, on le conçoit, de quoi être mécontent.

Mais soudain, une autre dépêche annonce l'arrivée du commandant Chamoin pour dimanche. Jusqu'à cet instant on est sur le gril.

> Quelles nouvelles apportez?
> Aux nouvelles que j'apporte
> Vos beaux yeux vont briller.

Briller de joie ; la nouvelle est fausse, M. le Président viendra au jour et à l'heure annoncés.

Et en effet le 25 avril, à 4 heures 5 minutes, le train présidentiel entre en gare de Limoges

Tous les habitants de la ville et des curieux en grand nombre venus des environs sont massés aux abords de la place.

Le train ne s'est pas encore arrêté que les salves d'artillerie prescrites par le décret de messidor an XII annoncent l'arrivée dans la ville du chef de l'État.

A sa descente de wagon, M. Carnot est salué par le baron de Launay, commandant le corps d'armée, entouré de ses généraux de division et de brigade, par MM. Teisserenc de Bort et Penicaud, sénateurs, Georges Perin, Lamazière, Ranson, Pressat, députés, tous portant leurs insignes ; par le secrétaire général, les conseillers de préfecture, les préfets et sous-préfets des départements voisins en grande tenue ; par le maire et les adjoints à la tête du conseil municipal ; par les magistrats de la cour et le tribunal en robe, et par toutes les autorités de la ville et des départements.

M. le Président de la République, après avoir traversé le salon de la gare, magnifiquement décoré, monte dans la première voiture. Il a à ses côtés le baron de Launay, commandant le corps d'armée, et en face de lui le maire et le colonel Lichtenstein.

La seconde voiture est occupée par les commandants Cordier et Chamoin, officiers d'ordonnance du Président de la République, par son secrétaire particulier M. Arrivière, et par le colonel Lorrain, chef d'état-major du corps d'armée.

Les ministres, MM. Lockroy et Deluns-Montaud, sont dans la troisième voiture avec le président de la cour d'appel et le préfet, M. Léon Stéhélin.

Dans la quatrième voiture, MM. Leyssène, inspecteur de l'Instruction publique, Teisserenc de Bort, Heurteau, directeur de la Compagnie d'Orléans; dans la cinquième MM. Derni, Planteau, Pressat, Ranson, Daniel Lamazière, députés.

Sur tout le parcours du cortège retentissent des cris de :

« Vive la République! vive Carnot! »

La population paraît enchantée de la visite présidentielle.

Baron DE LAUNAY,
Général, commandant de corps d'armée.

Presque aussitôt après son arrivée à la Préfecture, M. Carnot, portant sur son habit la plaque de grand officier de la Légion d'honneur, entouré de sa maison militaire et civile, ayant à ses côtés MM. Lockroy, ministre de l'Instruction publique, et Deluns-Montand, ministre des Travaux publics, M. Léon Stéhélin, préfet, le maire, le secrétaire général, reçoit toutes les autorités et les corps constitués dans le grand salon d'honneur. Les sénateurs et les députés entrent les premiers.

M. Georges Perin, en leur nom, prononce une courte allocution pour remercier M. le Président de la République d'être venu avec confiance au milieu de la population limousine. « Aux heures sombres de l'Empire, a-t-il dit, quand tant de têtes se courbaient en France, la ville de Limoges est restée debout, menaçante. »

M. Carnot a remercié la députation de la Haute-Vienne, et s'adressant particulièrement à M. Georges Perin, il lui a dit : « qu'il l'avait toujours vu placé à la tête des défenseurs de la liberté envers et contre tous. »

Le président de la Cour d'appel, en présentant la magistrature, a « exprimé les sentiments de respect et de profonde sympathie de la compagnie qu'il préside pour les institutions qui régissent la France et pour la personne du Président de la République ».

Les préfets et sous-préfets de la région sont entrés ensuite.

C'est M. J. Vergne, maire de Tulle, qui représentait M. Dranis, préfet de la Corrèze. Le chef de l'État lui a tendu les deux mains et lui a dit tout le plaisir qu'il éprouvait à le voir. M. Carnot s'est plu à rappeler l'excellent souvenir qu'il avait gardé de l'accueil qui lui avait été fait, en 1880, par la belle cité tulloise.

En recevant le personnel de la préfecture, M. le Président de la République a remis la croix de la Légion d'honneur à M. Faure, l'un des chefs de division.

S'adressant au corps universitaire, M. le Président de la République a dit :

Je vous remercie des sentiments républicains qui viennent de m'être exprimés en votre nom.

Ces sentiments sont en quelque sorte obligatoires pour vous, car plus on est instruit, plus on est républicain, et quand, comme vous, on appartient au corps enseignant, plus on fait de républicains.

Les officiers supérieurs sont entrés, ayant à leur tête le baron de Launay, commandant du corps d'armée.

Ils ont fait cercle autour du chef de l'État; puis le baron de Launay, s'avançant au centre, a dit :

Monsieur le Président de la République, je vous présente les officiers du 12e corps; c'est pour moi un grand honneur d'être appelé à les commander. Nous sommes tous loyalement soumis à la loi et aux pouvoirs publics. Nous sommes tous résolument groupés autour du drapeau qui porte inscrits dans ses plis les mots de devoir, de sacrifice et de dévouement à la Patrie.

M. Carnot a répondu :

J'ai admiré, monsieur le commandant en chef du 12e corps, la belle tenue des troupes que vous commandez. Sous votre garde, le drapeau de la France est placé en de bonnes mains qui sauront, comme il doit l'être toujours, le maintenir haut et ferme.

Pendant que M. Mohr présentait la Société d'horticulture, M. Coutheilhas a offert au Président un superbe bouquet de fleurs rares.

La réception terminée, M. Carnot et sa suite se sont rendus au Champ de Juillet.

Malgré la boue et la pluie, une foule considérable s'est massée au Champ de Juillet. Lorsque M. le Président arrive, toutes les musiques jouent la *Marseillaise* et les sociétés chorales chantent deux couplets de l'hymne national : « Amour sacré de la Patrie » et le « chœur des enfants ». En même temps a lieu un merveilleux lâcher de pigeons organisé par les deux patriotiques sociétés colombophiles : *L'Espérance militaire* (président M. Parouteaud) et les *Courriers Limousins* (président M. Cabirol).

M. Carnot est reçu sur le seuil de la tribune d'honneur par M. Dumas-Guillin, adjoint au maire de Limoges, spécialement chargé de l'organisation et de la direction du festival. M. Dumas-Guillin présente à M. le Président une délégation des élèves des écoles communales. Par malheur, la jeune fillette chargé de remettre un bouquet au chef de l'État est suffoquée par l'émotion, et ne peut même pas balbutier le compliment qu'elle était chargée de réciter.

Avec une grâce charmante, M. le Président calme l'émoi de la fillette, prend son bouquet et l'embrasse. Puis s'adressant au présentateur, il lui dit :

Bien que la République ait fait déjà beaucoup pour le développement de l'instruction primaire en France, il reste encore beaucoup à faire. Et c'est là une des préoccupations les plus grandes de tous ceux qui s'intéressent à cette importante question. Mais ce qui n'a pas été fait, on le fera certainement.

Une fois M. le Président assis au centre de la tribune la fête commence.

Ont pris part aux exercices de gymnastique :

La *Société de Limoges;* président, M. Prudhomme ;

La *Patriote Limousine;* président, M. Morel ;

La *Défense;* président, M. Fougèras.

Avant le défilé, les présidents des sociétés sont présentés à M. Carnot qui répond à M. Dumas-Guillin « qu'il est heureux d'avoir pu constater par lui-même l'état prospère des sociétés de gymnastique de Limoges et le degré de développement de leur instruction ».

Il ne faut pas oublier le côté artistique de cette fête.

Les orphéons étaient représentés par :

Le *Cercle Orphéonique de Limoges;* président, M. Mandon; directeur, M. Van-Eycken ;

Les *Enfants de Limoges;* président, M. Gernolle ; directeur, M. Coiffe.

L'*Union musicale;* président, M. Emile Labussière ; directeur, M. Sarre.

Les musiques et fanfares par :

La *Société Harmonique municipale;* président, M. Noyer ; directeur, M. Paul Ruben ;

La *Fanfare de la Société de gymnastique de Limoges;* président, M. Prudhomme ;

La *Fanfare de l'Hôtel de Ville;* président, M. Breilloux ; directeur, M. Demassias.

Toutes les sociétés, musiques ou fanfares en tête, exécutent, sous les yeux de M. le Président de la République, un défilé qui soulève d'unanimes applaudissements.

Ce n'est qu'à 6 heures et demie que M. Carnot peut quitter le

Champ de Juillet pour se rendre au musée Adrien Dubouché. Il est chaleureusement acclamé par la foule qui, longtemps après que sa voiture a disparu, crie encore : « Vive Carnot! Vive la République! »

Le Directeur de l'École des arts décoratifs, M. Louvrier de Lajolais, et les membres du Conseil supérieur et du Conservatoire de musique reçoivent M. le Président de la République et les ministres au musée Dubouché. Le drapeau de l'École est tenu par M. Ribière, qui obtint le grand prix à la dernière distribution des récompenses.

M. Carnot répond avec une amabilité parfaite au discours de M. de Lajolais :

Je suis heureux de vos bonnes paroles et de la bienvenue que vous me souhaitez en termes si charmants.

J'ai déjà visité votre école dont les progrès me satisfont.

Je sais ce qu'il y a à faire pour elle, et le Gouvernement de la République vous aidera.

M. de Lajolais offre alors à M. le Président un superbe vase de porcelaine, blanc et or, au nom de l'établissement national de Limoges.

Ce magnifique vase, dont le modèle (dessin) a mérité le grand prix fondé par M. Adrien Dubouché, a été exécuté à l'aide des modèles (plâtres) et des moules dus aux élèves de l'École de Limoges. C'est donc là une œuvre d'art essentiellement limousine et qui fait grand honneur à cette École d'art décoratif.

M. Carnot a accepté le cadeau en ces termes :

Ça me fera un plaisir extrême que d'avoir un souvenir du musée que vous dirigez, et j'en remercie toute l'École.

La visite des diverses salles de l'École a lieu ensuite, et avant de se retirer, M. Carnot attache la croix de la Légion d'honneur sur la poitrine de M. Sazerat en lui disant :

Vous avez donné le bon exemple aux industriels limousins; je suis heureux de vous remettre ce témoignage de ma satisfaction.

Ne passons pas sous silence ce petit détail : Dans le cours de ses

3

pérégrinations à travers les salles du rez-de-chaussée, M. de Lajolais a
arrêté M. Carnot et lui a montré, écrits au-dessus d'une porte, ces
mots : *J'ai promis, je tiendrai.*

Allusion au voyage de M. Carnot, ministre de l'Agriculture
en 1881. Alors le futur chef de l'État avait promis de faire tout ce qui
serait en son pouvoir pour hâter la construction de l'École et du
Musée national.

M. le Président s'est engagé à ne pas laisser protester sa signature.

Ce n'est qu'à 7 heures que M. Carnot, sortant de l'École Adrien
Dubouché, se rend au banquet.

Un incident à signaler.

Dans sa promenade à travers la ville, M. le Président de la République est passé sur le boulevard de la Pyramide. Au numéro 14 est
située une maison sur laquelle une maquette de plaque commémorative de la naissance du Président a été placée ce matin. Cette plaque,
qui sera en marbre noir, portera l'inscription suivante :

ICI EST NÉ LE 11 AOUT 1837

MARIE-FRANÇOIS SADI CARNOT

PROCLAMÉ PRÉSIDENT DE LA RÉPUBLIQUE FRANÇAISE

LE 3 DÉCEMBRE 1887

CETTE PLAQUE A ÉTÉ INAUGURÉE LE 25 AVRIL 1888
JOUR DE L'ENTRÉE SOLENNELLE
DE M. SADI CARNOT DANS SA VILLE NATALE
A L'OCCASION DE SON PREMIER VOYAGE
SUR LE TERRITOIRE FRANÇAIS.

M. STÉHÉLIN,   JOLY,
Préfet de la Haute-Vienne.   Maire de Limoges.

Ici est né n'est pas tout à fait exact : M. Carnot est né dans une
maison d'une rue voisine, la rue Sainte-Valérie, perpendiculaire au
boulevard. Mais, d'une lettre adressée au maire de Limoges par

M. Dupont, un oncle maternel de M. le Président, il résulte que M. Carnot a été élevé dans la maison du boulevard de la Pyramide.

Voici, du reste, la lettre qui fait foi :

Beaune (Haute-Vienne), 20 avril 1888.

Monsieur le Maire,

Il est d'abord de mon devoir de vous faire connaître que mon neveu Sadi Carnot est né dans la maison qui appartient à Mme Vandermarck, rue Neuve-Sainte-Valérie, maison qu'occupait alors mon père, comme locataire, avec sa famille; peu de temps après, mon père acheta la maison boulevard de la Pyramide, qui m'appartient actuellement, et c'est dans cette maison que mon neveu a passé une partie de ses premières années d'enfance; c'est là que je l'ai reçu lorsqu'il est venu, comme ministre des Travaux publics, inaugurer nos chemins de fer; c'est là que je recevais chaque année le sénateur Carnot et ma sœur, se rendant à leur campagne, en Charente.

Cette maison est donc toute pleine du nom de Carnot, et je crois qu'on peut sans inconvénient la prendre comme lieu de naissance du Président de la République.

Mon autorisation pour la faire décorer par les soins de la ville est donc de droit.

Veuillez agréer, Monsieur le Maire, l'expression de ma haute considération.

DUPONT,
Ancien officier de marine.

A Limoges et dans les environs M. le Président de la République a encore beaucoup de parents du côté maternel.

Le banquet offert par la municipalité à M. le Président de la République a lieu à l'Hôtel de Ville à 7 heures et demie. La décoration est superbe et consiste en draperies de velours rouge.

Sur chaque marche, des gendarmes en grande tenue présentent les armes. La salle est éclairée à la lumière électrique. Des fleurs partout. Le dîner est servi dans la salle des fêtes encore inachevée. Les murs sont couverts par des tableaux destinés au futur musée. Dans le fond, se dresse la statue du conventionnel Vergniaud, enfant de Limoges.

M. le Président est en habit; il porte le grand cordon avec rosette et crachat; il se met à table aux accents de la *Marseillaise*, jouée par la musique du 63e de ligne.

A droite de M. le Président : M. Teisserenc de Bort, sénateur de la Haute-Vienne, et M. Ranson, député ; MM. le général Riff et le colonel Lichtenstein.

A gauche de M. le Président : M. de Launay, commandant de corps d'armée, M. Pénicaud, sénateur, M. Pressat, député.

En face : M. Joly, le maire de Limoges, entouré de MM. Lockroy, Deluns-Montaud et Périn, et M. le préfet Lamazière.

On ne compte pas moins de trois cents convives.

Au dessert, M. Joly se lève et porte un toast à M. le Président de la République.

Notre vieille cité est en joie, dit-il, elle reçoit aujourd'hui dans ses murs le chef suprême du Gouvernement de la France, et ce chef, de tous honoré, est un de ses enfants.

M. le Président de la République répond au toast du maire :

Messieurs,

Les bonnes paroles que vous venez d'entendre, la bienvenue qui vient de m'être souhaitée par le maire de Limoges, couronnent une belle et inoubliable journée.

J'avais à cœur de consacrer ma première visite présidentielle à ma ville natale, de même que j'avais tenu à lui faire ma première visite en janvier 1881, comme ministre des Travaux publics, à l'occasion de l'inauguration du beau réseau de chemins de fer que vous devez au Gouvernement de la République.

Je ne saurais, Messieurs, vous dire l'émotion que j'ai éprouvée au milieu des acclamations de mes concitoyens et de l'accueil que m'a fait la ville de Limoges.

Ces hommages s'adressent bien moins à l'homme, au compatriote, à l'enfant de la ville, qu'au magistrat de la République, au gardien fidèle, vigilant et résolu des institutions républicaines. (Applaudissements prolongés. — Cris de : « Vive la République! vive Carnot! »)

Ces hommages émanent d'une population qui est digne de son passé, qui se rappelle les grands souvenirs de son histoire locale et qui a compté à toutes les

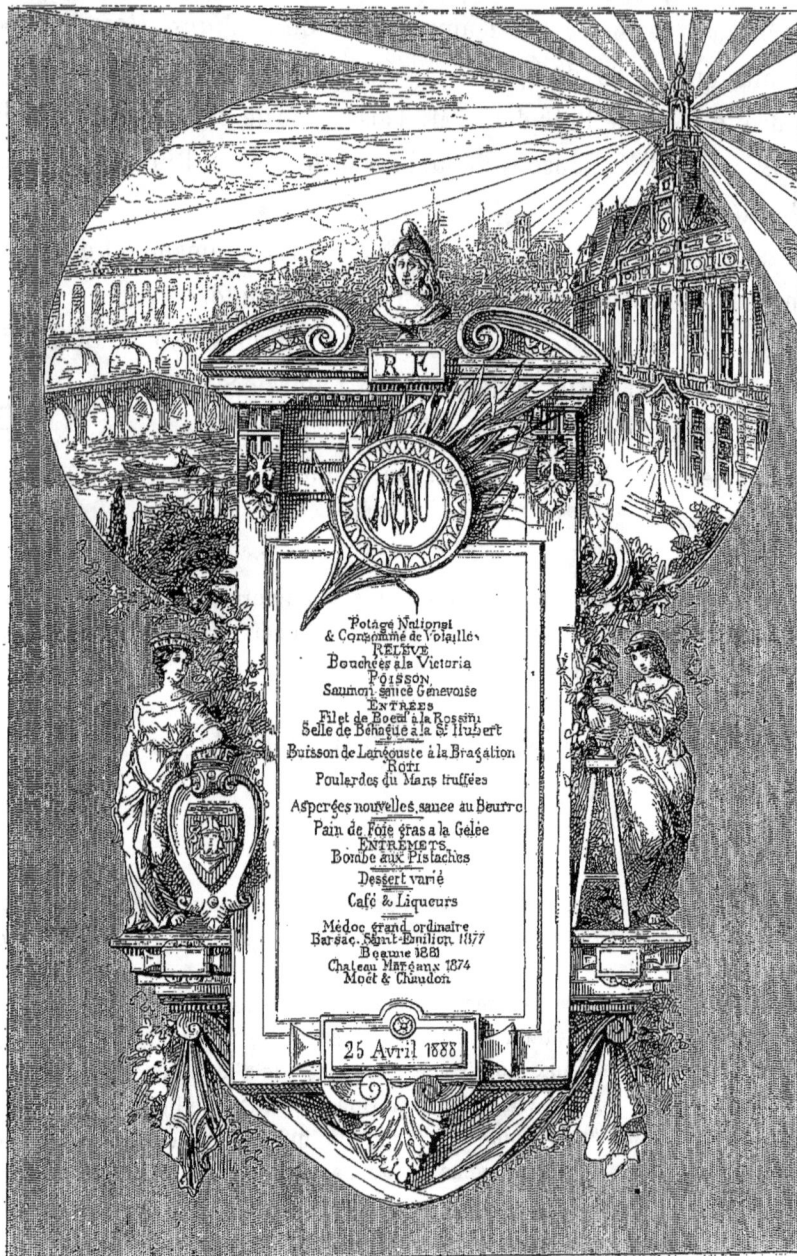

Fac-similé du menu du banquet offert à M. le Président de la République
par la municipalité de Limoges.

époques, parmi ses enfants, les plus ardents défenseurs des libertés publiques
(Applaudissements chaleureux.)

Cette journée restera à jamais gravée dans ma mémoire.

Je vous demande de tout mon cœur de boire à la ville de Limoges, au département de la Haute-Vienne et à la République! (Applaudissements répétés. Cris de : « Vive Carnot! vive la République! »)

Le banquet terminé, M. le Président de la République se rend dans la salle des fêtes où a lieu une réception ouverte. Partout M. Carnot est respectueusement salué. A un moment la foule est tellement compacte que le défilé devant M. le Président devient impossible. On ne peut ni avancer ni reculer. C'est alors que M. Carnot, accompagné de M. Stéhélin, préfet de la Haute-Vienne, prend le parti de traverser tous les salons.

Il serre des milliers de mains qui lui sont tendues, et cette prévenance produit le meilleur effet.

Ce n'est qu'à 11 heures 40 que M. le Président regagne l'hôtel de la Préfecture. Ses appartements sont au 2e étage et les fenêtres donnent sur l'ancien musée.

Les ministres de l'Instruction publique et des Travaux publics occupent les appartements du corps de bâtiment faisant face à l'entrée principale.

Un lunch est offert à la presse parisienne par la presse limousine. Une grande cordialité y règne.

Au théâtre a lieu une représentation gratuite de la *Mascotte*. La salle est comble.

Une retraite aux flambeaux parcourt les rues; sur le boulevard Gambetta, la musique du 118e de ligne est l'objet de vives acclamations et de nombreux cris de : « Vive la République! »

Par malheur la pluie tombe toujours.

M. le Président de la République doit quitter Limoges demain matin à 8 heures 30.

Dans le cours de la journée il a distribué les décorations suivantes :

CROIX DE LA LÉGION D'HONNEUR

MM. Faure, chef de division à la préfecture de la Haute-Vienne.
Sazerat, industriel de Limoges.
Soleil, capitaine au 78° d'infanterie.
Galoteau, capitaine de recrutement.
De Cabrières, capitaine au 20° dragons.
Savin, maréchal des logis de gendarmerie.

MÉDAILLES MILITAIRES

MM. Scholl, adjudant au 63° d'infanterie.
Soton, brigadier au 20° dragons.
Lafond, maréchal des logis de gendarmerie.
Ruisselier, soldat au 89° territorial.

OFFICIERS DE L'INSTRUCTION PUBLIQUE

MM. Mandon, professeur à l'École de médecine.
Carryron, principal du collège de Saint-Yrieix.
Couvelaire, professeur au lycée.
Ferraud, professeur au lycée.
Pallier, instituteur public à Châlus.

OFFICIERS D'ACADÉMIE

MM. Pradet, conseiller général à Eymoutiers.
Bonnet, conseiller général à Nexon.
Chasseray, professeur au lycée.

MÉRITE AGRICOLE

MM. Edmond Teisserenc de Bort.
Bouny.

MÉDAILLES AUX OUVRIERS

Argent.

MM. Nicolas (Jean-Baptiste), aîné, ouvrier porcelainier chez M. Pouyat.
Cadet, ouvrier maçon à Limoges.
Barbarin (Pierre), ouvrier cordonnier chez M. Monteux.

Bronze.

MM. Gendarme (Pierre), ouvrier chez M. Bonnet, fabricant de chaussures, rue Manigne.
Boudin (Antoine), caissier chez M. Delinières, fabricant de porcelaine.
Vergonjeanne (Jean), voyageur chez M. Pornin, marchand de cuirs.
Vouzellaud (Léonard), contremaître chez MM. A. Rigaud frères, mégissiers à Saint-Junien.
Madame Labeille (Catherine), ouvrière chez M. Dutour, fabricant de chaussures.

Et comme partout où M. le Président de la République passe, il songe aux indigents, M. Arrivière, secrétaire particulier, a versé en son nom 3,000 francs au bureau de bienfaisance.

Voilà une première journée qui nous fait bien augurer du voyage.

CHAPITRE III

A AGEN

Le départ de Limoges. — Arrêts divers. — Les regrets de Périgueux. — Présentations officielles. — Les arcs de triomphe à Agen. — Les réceptions. — L'accident du lycée. — Le banquet. — Discours de M. Carnot.

Agen, 26 avril 1888. — 2ᵉ JOUR.

Nous quittons Limoges ce matin 26 avril 1888.

Dès 6 heures, les populations sont réveillées par des sonneries de clairons et des batteries de tambours. A 7 heures, les troupes se mettent en marche pour former la haie de la Préfecture, où a couché M le Président de la République, à la gare.

Un éblouissant état-major circule à travers les rues, donnant des ordres.

A 8 heures, une pluie fine commence à tomber. A 8 heures un quart, M. le Président de la République quitte la Préfecture en voiture découverte.

Le préfet et le commandant du corps d'armée sont dans la voiture de M. le Président.

4

On arrive à la gare à 8 heures 25.

Dans le salon d'honneur, M. le Président de la République serre la main à M. Joly et à plusieurs assistants en remerciant encore la ville de Limoges de son accueil.

MM. Lockroy et Deluns-Montaud sont également très entourés.

Quelques derniers adieux et, au milieu des cris de : « Vive Carnot! » M. le Président monte en wagon, avec sa suite, qui se place à l'intérieur, tandis qu'il demeure debout dans l'intervalle des deux wagons-salons.

A 8 heures 30, le train se met en marche et M. Carnot, toujours à la même place, salue une dernière fois les notabilités massées sur le quai.

On bat aux champs et on présente les armes ; les musiques jouent la *Marseillaise* ; on tire le canon ; une foule compacte se presse et pousse les cris de : « Vive Carnot! vive la République ! »

Au passage du train présidentiel, en face de la nouvelle route d'Aixe, la Société *La Défense* est rangée le long de la ligne ; les clairons sonnent aux champs, tandis que le personnel des usines voisines pousse des acclamations, également en l'honneur de M. le Président.

A Thiviers le préfet de la Haute-Vienne, qui était monté dans le wagon présidentiel, est descendu et a présenté à M. Carnot le maire de Thiviers et le conseil municipal. Le sous-préfet, à son tour, a présenté à M. le Président un vieillard qui fut l'ami de M. Carnot père.

A l'arrivée et au départ, la société de musique de la ville, qui est sur le quai de la gare, joue la *Marseillaise*.

Le train présidentiel arrive à Périgueux à 10 heures 46. La réception officielle a lieu à la gare pendant l'arrêt du train. M. Carnot est reçu dans une salle d'attente richement pavoisée et ornée de tentures de velours rouge, par les autorités civiles et militaires. Le préfet de la Dordogne, monté dans le train présidentiel au départ de Limoges, prononce l'allocution de bienvenue.

Il exprime ses regrets que les circonstances aient empêché M. le Président de la République de s'arrêter à Périgueux, où il aurait pu constater le dévouement absolu de tous les habitants de cette cité aux institutions républicaines, et leur respectueux attachement au premier magistrat de l'État.

Le maire de Périgueux ajoute qu'il regrette un si court séjour et qu'il ne voudrait pas que le Président de la République supposât la population hostile à sa personne. On l'eût acclamé. « Je fais, dit-il en terminant, des vœux pour la prospérité de la République radicale, si bien représentée par son éminent président du Conseil, M. Charles Floquet. »

M. Carnot répond : « qu'il était certain du bon accueil que la population de Périgueux lui aurait réservé ; mais que seules des raisons indépendantes de sa volonté l'ont obligé à abréger son voyage et empêché de s'arrêter partout où il l'aurait désiré. »

De nombreux cris de : « Vive Carnot ! vive la République ! » saluent les paroles de M. le Président.

Le président du tribunal prononce un discours dans lequel il rappelle le rôle du grand Carnot et, à propos du Centenaire de 1789 : « Nous avons confiance, ajoute-t-il, que le petit-fils de l'organisateur de la victoire saura, par sa modération, par sa fermeté, par son énergie, s'il en est besoin, rapprocher les républicains divisés, rassurer les timides, contenir les impatients, refréner les agitateurs factieux et procurer ainsi à la France le calme et la paix. »

Le général Savin de Larclause, commandant la 24e division militaire, parle ensuite à M. le Président :

Je vous présente le corps des officiers et suis heureux de vous dire que vous pouvez compter sur l'armée dans toutes les circonstances pour défendre les lois et la République.

L'évêque de Périgueux et le clergé, le tribunal, le secrétaire général et les conseillers de préfecture, le conseil municipal ainsi que tous les corps constitués sont venus après présenter leurs hommages à M. le Président de la République qui a été acclamé par les cris de : « Vive Carnot ! Vive la République ! »

L'administration avait pris ses mesures pour éviter tout envahissement et on ne pénétrait dans la gare qu'avec un permis signé
du préfet.

A 10 heures 30, le train repart aux accents de la *Marseillaise*.

Après un court arrêt à Niversac, où le maire, accompagné d'une
petite fille, est venu offrir un bouquet à M. Carnot, qui a tenu à
descendre et à se faire présenter le conseil municipal, on arrive à
la gare de Eyries où de nombreux cris de : « Vive Carnot! » sont
poussés.

A la petite station de Saint-Sulpice-Laurière, M. Carnot se rend,
avec une bonne grâce charmante, au-devant des braves maires de
campagne, qu'il fortifie dans leur foi républicaine.

Au Buisson, court arrêt pendant lequel se produit une manifestation
sympathique. La cordialité de M. le Président a amené des larmes aux
yeux d'un vieux paysan qu'il félicitait du rôle énergique joué par lui
sous l'Empire. Il faisait bon voir avec quelle bonhomie M. Carnot
attendait que le brave homme eût essuyé ses lunettes, humides de
pleurs, pour lui lire le discours qu'il avait préparé.

A Sivrac, le maire fait son discours, et une petite fille, que M. le
Président embrasse, apporte un bouquet. Cris : « Vive Carnot! Vivent
les ministres! Vive la République! »

A la halte de Belvès, un orphéon se fait entendre. Au nom
du conseil municipal, le maire fait un discours dans lequel il
déclare les populations fermement attachées aux institutions républicaines.

A Sauveterre, à Monsempron-Libos, partout les municipalités sont
aux gares, partout se font entendre les fanfares et partout sont prononcés des discours. M. le Président de la République descend chaque
fois, serre les mains des maires et des conseillers, répond en quelques mots accueillis par des cris répétés de : « Vive la République!
Vive Carnot! » M. Carnot produit le plus sympathique effet à tous ces
bonnes gens des campagnes auxquels son cœur parle seul, et il en

résulte des mouvements d'expansion qui agrémentent la route et la font trouver moins longue.

Les gares situées sur le parcours du train présidentiel sont pavoisées et les habitants des environs d'Agen y viennent en si grand nombre qu'ils ont de la peine à trouver de la place dans les trains.

A travers le rideau de pluie, on aperçoit les drapeaux tricolores flottant au loin dans les villages.

A 2 heures et demie nous arrivons à Agen. Les maisons sont pavoisées et douze arcs de triomphe sont élevés sur les boulevards et dans les rues que doit parcourir M. le Président de la République; le premier, qui se dresse aux abords de la gare, a pour fronton une locomotive avec cette inscription : *A Carnot!*

Viennent ensuite un arc élevé par les écoles et surmonté d'une mappemonde ; un autre avec une Renommée et cette inscription : *Le Commerce et l'Industrie à Carnot;* un autre encore : *A l'Alsace et à la Lorraine!* avec un médaillon où l'Alsace s'empare du fusil d'un soldat blessé. En haut cette date : 18...? et, de chaque côté, des cartouches voilés d'un crêpe : 1870-1871. Les pilastres sont rehaussés de grandes palmes.

A citer encore : Un arc surmonté du buste de Victor Hugo et de cette inscription, empruntée à l'un des livres du poète : « *Les uns avaient dans la tête, la guerre; les autres, la paix. Un cerveau, Carnot, enfantait quatorze armées.* »

L'arc érigé par les sociétés d'agriculture et d'horticulture de la région est fort original : au fronton, deux bœufs accouplés avec des outils agricoles et une ruche d'abeilles ; pour pilastres, des colonnettes de verdure piquées d'héliotropes et de roses.

Le conseil général et le conseil d'arrondissement ont érigé aussi un

arc de triomphe devant l'avenue de la Préfecture, magnifiquement
pavoisée. Des artilleurs venus de Toulouse ont dressé des panoplies
d'armes : épées, sabres, cuirasses et fusils rayonnant autour d'un buste
de la République.

A signaler enfin cette inscription en patois tracée sur un arc fort
élégant :

Carnot, efan del poplé, Agen, à ta bengude
Dins lou parla bésiat del poplé te saludo.

Les marchands de drapeaux n'ont pu suffire, hier au soir et ce
matin, aux demandes de la population.

Voici la proclamation adressée aux Agenais par le maire de la ville,
M. Durand, sénateur :

Agenais, chers concitoyens,

M. Carnot, président de la République française, nous fait la faveur insigne
de nous honorer les premiers de sa visite. Manifestons, par l'accueil le plus sympathique et le plus chaleureux, et par de nombreux vivats, la profonde reconnaissance que nous ressentons pour l'honnête homme et le républicain intègre
qui vient de donner des preuves de sa sollicitude et qui porte si dignement l'un
des plus illustres noms de la Révolution française.

Agenais, saluons tous le chef de l'État que la France a librement placé à la
tête de ses destinées par ces cris patriotiques : « Vive Carnot! Vive la République!
Vive la France! »

L'appel du maire d'Agen a été entendu. Les cris patriotiques : « Vive
Carnot! Vive la République! Vive la France! » ont été énergiquement
poussés.

Le premier coup de canon de la salve d'artillerie réglementaire se
fait entendre au moment où le train entre en gare. Alors les cloches
de l'église s'ébranlent et le commandement de : « Portez armes! »
court le long des lignes de l'infanterie et de la cavalerie formant la
haie sur le quai de la gare et sur tout le parcours.

M. Carnot, en descendant de wagon, est reçu par les sénateurs et députés du département; par le maire, M. Durand, sénateur; par le conseil municipal; par M. Rousset, secrétaire général, à la tête du conseil de préfecture; par les sous-préfets du département, les conseillers généraux et d'arrondissement et toutes les autorités de la ville.

Après les présentations et souhaits de bienvenue auxquels il répond par quelques paroles bienveillantes et courtoises, M. le Président de la République monte en voiture.

Une foule considérable, accourue de toutes les localités de la région, se presse sur les trottoirs des rues et des boulevards que doit suivre le cortège présidentiel.

Ce qu'il y a de regrettable, c'est que les fêtes ont lieu sous une pluie battante.

Selon le cérémonial ordinaire, les réceptions officielles ont lieu à la Préfecture. M. le Président de la République prend place dans le grand salon d'honneur, ayant à ses côtés MM. Lockroy, Deluns-Montaud, le colonel Lichtenstein, Arrivière, secrétaire particulier; Lax, directeur des chemins de fer; Guillain, directeur de la navigation. Là, il reçoit les autorités et les corps électifs et constitués du département.

Oh! ces braves corps électifs, ce qu'il nous ont fait rester debout! Les maires de presque toutes les communes du département, flanqués d'une délégation de leur conseil municipal, sont venus présenter leurs hommages à M. Carnot. Il y en avait plus de cinq cents, non compris les délégués de toutes les sociétés d'agriculture du Lot-et-Garonne, non compris les instituteurs.

M. Carnot remercie des paroles qui lui sont adressées :

Soyez certains, ajoute-t-il, que vous avez devant vous un gardien fidèle et résolu de la Constitution, et qui, autant qu'il dépendra de lui, saura maintenir la paix à l'intérieur et à l'extérieur.

En recevant les officiers de la garnison, M. Carnot remet la croix de la Légion d'honneur à un lieutenant de gendarmerie ainsi qu'à un chef de bataillon et à un capitaine du 9ᵉ régiment d'infanterie ; il la leur attache lui-même sur la poitrine.

Il décore également M. Boucheron, instituteur public et directeur de l'école communale de Castillonès.

Les préfets du Gers et du Lot présentent ensuite chacun une députation de leur département. Les victimes du 2 Décembre entrent en dernier lieu. Leur doyen, M. Fournier, prononce aussi une allocution.

C'est fini pour la Préfecture, tout le monde a parlé, tout le monde a serré la main de M. le Président de la République. Tout le monde est sorti content de la réception.

Mais il n'y a pas de bonheur sans mélange, aussi un accident vient-il jeter la tristesse parmi les Agenais.

A 6 heures devait avoir lieu la pose de la première pierre du nouveau lycée. Une estrade gigantesque avait été construite.

A 5 heures et demie, six cents personnes avaient pris place sur cette estrade, lorsqu'elle s'écroula tout à coup sous le poids. Une panique se produisit immédiatement qui ne fit qu'aggraver la situation.

Les spectateurs sont tombés les uns sur les autres dans un effroyable pêle-mêle. La charpente qui supportait la tente abritant l'estrade s'est effondrée sur leurs têtes. On a eu toutes les peines du monde à retirer les victimes; on comptait parmi elles un grand nombre de dames.

Une vingtaine de personnes sont plus ou moins gravement contusionnées. Une femme a une jambe brisée.

Quant aux toilettes massacrées, elles sont innombrables.

M. le Président de la République arrive fort heureusement en retard, car il aurait pu être au nombre des victimes; il est très affecté. Cependant la cérémonie a lieu quand même, devant un amas de charpentes et de chaises brisées.

Au discours de M. Durand répond M. Lockroy, ministre de l'Instruction publique, puis M. Carnot procède à la pose de la première pierre du lycée qui sera, espérons-le, plus solide sur ses bases que l'estrade ayant servi à la cérémonie de la pose.

M. le Président de la Répulique et le cortège se rendent ensuite à la Préfecture où a lieu le banquet qui lui est offet par la municipalité.

Colonel LICHTENSTEIN, O. ✳,
Officier d'ordonnance de M. le Président de la République.

Le Chef de l'État a à sa gauche le général Vincendon et à sa droite le général Bréart ; en face se trouve M. Durand, sénateur, maire d'Agen.

On remarque également à la table d'honneur : MM. Deluns-Montaud et Lockroy ; Bès de Bercq, préfet de Lot-et-Garonne ; Faye, sénateur ; le colonel Lichtenstein, le procureur général, le colonel des chasseurs, l'évêque d'Agen ; Lauras, président du tribunal de commerce ; Ouvré, recteur de l'Académie de Bordeaux ; le colonel Croulhet, Leygues, député ; Durieux, président du tribunal civil ; le général Gaillard ; Douarche, président de la cour d'appel ; Laporte, sénateur ; de Mondenard, député.

C'est M. Durand, sénateur, maire d'Agen, qui, au dessert, prend la parole pour remercier M. le Président de la République de sa visite et lui rappeler que c'est à lui, alors qu'il était ministre des Travaux publics, que le département de Lot-et-Garonne doit plusieurs de ses grands travaux. Il termine en buvant « à M. Carnot, Président de la République, bienfaiteur de la ville d'Agen ».

Répondant au toast du maire d'Agen, M. le Président de la République s'exprime ainsi :

Messieurs,

M. le maire d'Agen vient de rappeler, et je le remercie de cette délicate attention, que j'ai eu la bonne fortune de pouvoir seconder quelques-uns des efforts de l'administration républicaine de la ville d'Agen (Très bien ! très bien !), administration qui cherche à doter sa ville d'œuvres utiles et à l'embellir, et nous avons vu aujourd'hui combien elle y a réussi. (Applaudissements.)

J'ai été profondément touché, Messieurs, des acclamations qui m'ont accueilli sur mon parcours, et j'avoue que je ne comptais pas être remercié d'une pareille façon du peu de bien que j'ai pu faire. (Nouveaux applaudissements.) Ces acclamations m'ont été au cœur : elles s'adressaient au représentant de la République française et je vous en remercie vivement.

M. le maire d'Agen, après avoir parlé du passé, a jeté un coup d'œil sur l'avenir. Il compte sur le retour d'une prospérité qui permettra de reprendre et de mener à bien des œuvres utiles, comme la construction de votre lycée, dont nous avons, aujourd'hui, posé la première pierre. Messieurs, j'ai confiance dans le retour de cette prospérité ; j'en ai pour garant cette union patriotique dont vos populations nous ont donné l'exemple.

C'est par cette union qu'on rendra les efforts efficaces, qu'on ramènera la confiance, qu'on fera preuve d'énergie dans le travail, et c'est par le travail secondé par la science que l'on peut arriver à triompher même des fléaux dont la nature nous accable depuis quelque temps. (Très bien ! très bien !)

Les populations de Lot-et-Garonne nous donneront l'exemple de ce travail énergique et efficace (Très bien ! très bien !) qui leur assurera la prospérité.

Messieurs, c'est à la prospérité de la ville d'Agen et des populations de Lot-et-Garonne que je vous demande de porter un toast. (Vifs applaudissements. Cris répétés de : « Vive la République ! »)

Après le banquet, une réception fort brillante a lieu dans les salons de la Préfecture. Ayant à ses côté M. Bès de Berc, préfet, M. Carnot s'entretient familièrement avec la plupart des personnes présentes et ne se retire qu'à minuit.

Agen, 27 avril 1888. — 3ᵉ JOUR.

Pour s'être couché tard, M. le Président de la République ne s'en lève pas moins matin.

Sa première préoccupation est d'avoir des nouvelles de la personne qui la veille a eu la jambe brisée à l'accident du lycée. Il charge M. le capitaine Cordier et M. Arrivière, son secrétaire particulier, d'aller la voir en son nom.

La blessée est la mère d'un modeste employé de commerce. Sa situation est des plus intéressantes. M. Carnot lui fait remettre un secours de 500 francs.

Cette bonne action accomplie le Président se rend avec les ministres MM. Lockroy et Deluns-Montaud, avec le préfet et les autorités militaires, à l'hôpital civil et militaire de Saint-Jacques qu'il visite longuement.

A son arrivée à l'hôpital, M. Durand lui présente la sœur Mourard, supérieure, les membres de la commission et les médecins de l'hôpital.

M. le Président de la République parcourt successivement les différentes salles occupées par les malades. Dans la salle Saint-Vincent, il adresse quelques paroles de consolation à plusieurs d'entre eux.

Après une visite à la pharmacie et au laboratoire, M. Carnot se retire en remettant au maire 2,000 francs pour l'établissement.

A son départ comme à son arrivée, M. le Président est salué par

les cris de : « Vive Carnot! » poussés par les enfants et les convales-
cents qui se tiennent dans les jardins.

A 10 heures, la haie se forme, de la Préfecture, où déjeune M. le
Président, à la gare, où le départ doit avoir lieu à 10 heures 50 avec
une avance de vingt minutes. — Cette avance est causée par un nouvel
arrêt que l'on doit faire à Marmande avant d'arriver à la Réole.

Les cloches sonnent à toute volée, la plus grande animation
règne dans les rues. Tout Agen est dehors. Il fait un soleil splendide.

A la gare d'Agen, le préfet et le maire remercient M. le Président.
La foule est énorme et pousse les cris de : « Vive Carnot! »

La locomotive de la Compagnie du Midi est superbement ornée de
drapeaux et de fleurs, avec des écussons R. F. La musique du 9ᵉ de
ligne joue sur le quai la *Marseillaise;* à ses côtés se trouve le drapeau
du régiment.

Au dehors, les orphéons et les fanfares se font entendre.

Le maire offre un bouquet à M. le Président qui le remercie de
l'accueil que lui a fait la ville d'Agen, et le train s'ébranle aux cris
répétés de : « Vive Carnot! Vive la République! »

CHAPITRE IV

A LA RÉOLE

La Réole, 27 avril 1888. — 3ᵉ JOUR.

Au départ d'Agen, M. le Président de la République, les ministres et leur suite sont acclamés par les cris de : « Vive la République! vive Carnot! vive Lockroy! vive Montaud! »

Dans le voyage d'Agen à la Réole, qui dure une heure trois quarts, trois arrêts ont lieu.

Le premier à Dort-Sainte-Marie où le conseil municipal vient saluer M. le Président de la République.

Le deuxième à Tonneins, où une délégation des cigarières de la manufacture des tabacs de l'État offre un bouquet à M. le Président.

Ici, la foule est si considérable que M. Carnot se voit obligé de descendre du train et de sortir de la gare. De nombreuses et bruyantes acclamations le saluent aussitôt. Puis le maire, assisté du conseil municipal, le remercie d'avoir bien voulu s'arrêter au milieu d'une population profondément républicaine et fort attachée à son Président.

De longs cris ininterrompus de : « Vive Carnot! vive la République! » retentissent sans discontinuer, jusqu'au départ du train.

M. Carnot se penche à la portière et salue une dernière fois cette brave population.

Le troisième arrêt a lieu à Marmande où le même accueil, les mêmes acclamations nourries et répétées l'attendaient.

Nul ne pourrait dépeindre la joie et le contentement des populations que nous rencontrons. C'est une fête pour chacun, mais une fête extraordinaire et dont il sera parlé longtemps sous le chaume.

Toute la population de Marmande se presse compacte sur le quai, et sur la place qui s'étend devant la gare. Une estrade ornée de feuillages et de tentures rouges, d'un effet décoratif superbe, a été dressée.

M. le Président et sa suite y prennent place aussitôt. M. Carnot se lève ; un silence absolu se produit comme par enchantement.

Répondant aux souhaits de bienvenue du maire de Marmande, il lui dit :

Monsieur le Maire, je vous remercie cordialement des bonnes et patriotiques paroles que vous venez de prononcer. Vous avez bien fait d'associer les deux mots de République et de Président de la République, mais le Président s'efface devant l'institution et c'est un honneur bien grand pour moi d'entendre unir mon nom à celui de la République.

C'est elle que tous les citoyens doivent acclamer. Jamais on ne doit crier : Vive un homme! (Applaudissements répétés.) Je tiens à ajouter, Messieurs, et à affirmer hautement que je suis, de par la volonté du parti républicain tout entier, qui siège dans le Parlement, le gardien fidèle et résolu de la Constitution républicaine, et que je saurai faire tout ce qui sera nécessaire pour qu'il n'y soit jamais porté atteinte. (Nouveaux applaudissements.)

Puis M. Carnot remonte dans le train qui doit l'emmener à la Réole, et où il arrive à 1 heure.

A la Réole, la réception est courte, mais l'affluence de la population est aussi considérable qu'à Marmande, bien que la ville soit moins peuplée. Le train est à peine arrêté que les curieux font entendre leurs acclamations à bouche-que-veux-tu!

M. le Président de la République descend de wagon et pénètre dans la gare, où a été préparé un salon de réception, dans lequel l'attendent la députation, le préfet et les autorités militaires de la Gironde.

Lieutenant-colonel KORNPROST, O. ✳,
Officier d'ordonnance de M. le Président de la République.

Différentes allocutions sont prononcées par le préfet, M. de Selves, le maire de la Réole et M. Caduc, sénateur, auquel M. le Président donne l'accolade.

Au moment où M. Carnot, les deux ministres et leur suite vont monter en voiture pour se rendre au port, et s'embarquer sur le bateau à vapeur qui doit les transporter à Bordeaux, le syndic des ouvriers de la ville adresse quelques paroles à M. Carnot et lui remet une médaille commémorative de son passage à la Réole.

Nous voici en route pour Bordeaux. Nous nous sommes embarqués sur un bateau préparé d'avance, et qui doit nous transporter, par la Gironde, à Bordeaux, où nous débarquerons aux Quinconces, vers 5 heures.

Bordeaux, 27 avril 1888. — 3° JOUR.

Depuis la Réole, notre voyage est devenu tout à fait pittoresque. M. le Président a pris place sur le bateau-éclair n° 5, accompagné de son état-major ordinaire, auquel se sont joints MM. de Selves, préfet de la Gironde; Caduc, Dupouy, sénateurs; Raynal, Fernand Faure, Saint-Martin, Steeg, députés; Colin, sous-préfet de la Réole. Les invités devaient prendre place sur l'éclair n° 6, et suivre le premier. Après une courtoise réclamation au colonel Lichstentein, tout le monde est admis sur le bateau présidentiel, et les membres de la presse sont présentés à M. Carnot, par MM. Lockroy et Deluns-Montaud.

Délégué par mes collègues, j'ai l'honneur de remercier M. le Président de la République de la cordiale réception qu'il a bien voulu faire à la presse sans distinction d'opinion. M. le Président répond : « qu'il est heureux de faciliter à la presse son travail quotidien, que les populations sont désireuses d'être renseignées exactement et qu'il compte sur elle pour dire la vérité. »

Enfin, la cloche du départ se fait entendre. La foule, massée sur les berges, manifeste un grand enthousiasme. Des grappes humaines sont suspendues aux arbres et il n'y a que ces seuls cris dans toutes les bouches : « Vive Carnot! Vive la République! » Un soleil splendide éclaire le départ. Les torpilleurs 70 et 40, après avoir évolué, se disposent à suivre le bateau présidentiel, qui s'éloigne au milieu des hourras.

Les rives du fleuve présentent un aspect curieux. Les populations riveraines ont envahi les pontons et les bateaux aux abords des villages. Les cloches sont partout mises en branle. Les fanfares exécutent la *Marseillaise*. Des cris bruyants de : « Vive Carnot! Vive la République! » se multiplient. Des canots, entourés de verdure, s'avancent vers le bateau présidentiel pour l'acclamer de plus près.

En résumé, M. le Président de la République, pendant quatre heures de temps, en habit, avec le grand cordon de la Légion d'honneur, va d'un bord à l'autre du bateau pour répondre aux saluts qui lui sont adressés des deux rives, devenues deux haies de drapeaux.

CHAPITRE V

A BORDEAUX

I

Bordeaux, 27 avril 1888. — 3ᵉ JOUR.

Enfin, le soleil brille. Aussi la foule est-elle grande dans les rues, chacun voulant voir de près les préparatifs qui, sur tous les points de la ville, sont poussés avec une fiévreuse activité. Tous les trains amènent une affluence énorme de voyageurs.

Les décorations officielles sont superbes : les rues, les avenues, les places, les monuments sont richement ornés de mâts vénitiens, d'écussons, d'oriflammes, de drapeaux. Les illuminations promettent d'être éblouissantes.

Les points les plus visités sont : la place de la Comédie, le Chapeau-Rouge, les allées de Tourny, où se dressent des mâts vénitiens ornés d'oriflammes et de trophées de drapeaux tricolores, le Grand-Théâtre, avec sa façade richement décorée, la Bourse, où de nombreux ouvriers mettent à profusion, en vue du banquet de la Chambre de commerce, des tentures, des candélabres et des plantes.

En rade, au coup de canon du matin, les navires de guerre ont hissé leurs grands pavois. Presque tous les navires de commerce ont également mis au vent leurs pavillons. Le coup d'œil est charmant.

Les habitants s'associent avec un merveilleux ensemble aux fêtes données en l'honneur de M. le Président de la République. Toutes les maisons se pavoisent et déjà les lanternes vénitiennes se balancent aux fenêtres.

Le préfet des Landes, le conseil général et des délégations de conseils municipaux de Mont-de-Marsan et de Dax sont arrivés depuis ce matin pour saluer M. le Président de la République.

L'entrée de l'*Éclair* dans Bordeaux est de toute beauté. De nombreux bateaux sont venus au-devant de M. le Président pour lui faire escorte. On remarque particulièrement un magnifique vapeur orné par le journal la *Gironde*. Le canon ne cesse de tonner. Tous les marins sont grimpés dans les hunes. Tous les bateaux du port sont surchargés de citoyens agitant des drapeaux. C'est véritablement une splendide entrée.

A 5 heures précises, M. le Président débarque à Bordeaux sur le quai des Quinconces où l'attendent l'amiral Krantz, ministre de la Marine et son aide de camp ; M. Dancy, maire de Bordeaux ; les adjoints et le conseil municipal; M. Grelot, secrétaire général de la Préfecture, et les sous-préfets de la région.

M. Daney, en présentant le conseil municipal, salue M. le Président au nom de la ville de Bordeaux.

M. Carnot répond en quelques mots. Puis le cortège se forme aussitôt: M. le Président occupe la première voiture en compagnie de l'amiral Krantz, du maire et du colonel Lichtenstein. Quatorze autres landaus suivent.

La foule est compacte. C'est, autant que l'œil peut découvrir, une mer de chapeaux et de bonnets aux houles et aux fluctuations sans cesse renouvelées. Tous les magasins sont fermés et les maisons décorées avec une profusion sans égale.

La population bordelaise est chaude comme le soleil que concentrent ses vins, et l'enthousiasme n'a besoin que du moindre des chocs pour éclater comme un tonnerre et rouler de proche en proche sans arrêt ni discontinuité. On s'en aperçoit bien vite.

D'immenses clameurs sont poussées sur les quais et sur le cours du Chapeau-Rouge; les vivats se prolongent pendant toute la durée du trajet des Quinconces à la Préfecture.

Toutes les troupes sont sur pied pour rendre les honneurs à M. le Président de la République qui, aussitôt entré à la Préfecture, prend place au balcon dont la balustrade est recouverte de tentures rouges et surmontée d'une draperie à franges tricolores.

Alors, le général Cornat s'avance à cheval, entouré de son état-major, et salue M. le Président de la République de son épée. Puis il va se mettre à la tête des troupes de la garnison et le défilé commence.

Le drapeau du 57e de ligne, qui est décoré de la Légion d'honneur, est salué par les cris de : « Vive l'armée! »

La revue terminée au milieu des applaudissements unanimes de tous les assistants, M. le Président quitte le balcon; mais il doit bientôt y revenir pour saluer de nouveau la foule qui se précipite vers la Préfecture comme pour la prendre d'assaut.

Un même cri s'échappe de toutes les bouches : « Vive Carnot! vive la République! »

Cette démonstration se prolonge pendant plus de vingt minutes.

Tandis que nous parcourons les rues de la ville, admirant les riches préparatifs faits tant par la municipalité que par l'initiative privée, un banquet a lieu à la Préfecture. Ce banquet réunit autour de la table, les ministres, les personnes de la suite de M. le Président, les représentants de la Gironde, le général Cornat, le maire, le préfet et le secrétaire général.

En voici le menu très soigné :

Coulis d'écrevisses.
Consommé de volailles.
Ruissolettes de foie gras Villeroi.
Turbot sauce Diplomate.
Caneton de Rouen à la Nationale.
Côtelettes d'agneau à la Française.

Sorbets au champagne.
Poulardes du Mans truffées.
Cœurs de laitues braisés Bordelaise.
Cailles aux feuilles de vignes.
Asperges d'Argenteuil.
Pudding à la Russe.

DESSERT
Glaces à la Présidence.

VINS :

Saint-Estèphe, 1878 ; Château-Yquem, 1869 ; Château-Giscours, 1875, Château-Laroze, 1875 ; Château Haut-Brion-la-Mission, 1875 ; Château-Mouton Rothschild, 1869 ; Champagne Veuve Cliquot-Ponsardin.

Ainsi que cela avait été réglé, aucun toast n'a été porté.

Au théâtre, on a joué *Jérusalem* de Verdi ; la représentation était gratuite et, naturellement, la salle était comble.

Dans les rues, une foule à ce point compacte que la circulation des voitures a dû être suspendue. Le service d'ordre était d'ailleurs très bien fait par les agents de la municipalité.

A la réception qui a eu lieu à la Préfecture toutes les notabilités bordelaises se sont fait présenter. Nous avons remarqué d'abord, les trois sénateurs de la Gironde, MM. Caduc, Dupouy et Lavertujon, puis les onze députés, MM. Raynal, Steeg, Obissier-Saint-Martin, Cazauvieilh, Lalande, Fernand Faure, Mérillon, Monis, Gilbert, Alfred et Léon Laroze.

M. Raynal a parlé au nom des députés, M. André Lavertujon au nom des sénateurs, M. le président Delcurrou au nom des membres de la Cour d'appel, et M. le docteur Cazauvieilh au nom du conseil d'arrondissement dont il est le président.

M. Carnot a répondu en quelques paroles à chacun d'eux, les remerciant tous de leur dévouement à la cause de la République, puis il a remis la croix de la Légion d'honneur à MM. Plumeau, premier adjoint, et Gabriel Faure, secrétaire de la Chambre de commerce.

MM. Lockroy et Deluns-Montaud ont été ensuite l'objet de manifestations sympathiques.

Ajoutons que la presse bordelaise a fait le plus cordial accueil à la presse parisienne.

Le soir, illumination générale de Bordeaux.

A 11 heures et demie, M. le Président a regagné l'hôtel de la Préfecture, où des appartements lui avaient été préparés.

Sur tout le parcours, des acclamations se sont élevées, pas un cri discordant ne s'est fait entendre.

II

La déclaration des étudiants. — Aux Docks. — La statue de la Liberté. — Pose de la première pierre du quai. — Visites aux hôpitaux. — La revue. — Inauguration de la Faculté de médecine. — Le banquet de la municipalité. — Discours de M. le Président de la République. — Proclamation du préfet de la Gironde

Bordeaux, 28 avril 1888. — 4ᵉ jour.

L'inauguration solennelle de la Faculté de médecine et de pharmacie devant avoir lieu aujourd'hui à 4 heures, l'affiche suivante a été placardée :

Les étudiants soussignés, ennemis de toute manifestation politique irritante, considérant qu'il n'y a en jeu aucun intérêt commun à l'ensemble des étudiants, n'ont pas à se prononcer sur les actes de leurs camarades de Paris, et entendent conserver leur entière liberté d'action.

Ils recevront le Président avec tous les honneurs dus au premier magistrat de France. (Suivent les signatures.)

Dès 8 heures du matin M. Carnot est en voiture ; il a une dure journée à remplir, il est prêt à aller partout, à tout visiter.

La visite qu'il fait aux Docks est particulièrement brillante. Sur tout le parcours est massée une foule immense.

Les balcons sont chargés de monde. Sur les échafaudages des maisons en construction sont échelonnées de véritables grappes humaines. Partout des drapeaux et des oriflammes flottent au vent.

En traversant le quartier des Chartrons, la population républicaine fait un accueil chaleureux à M. le Président.

M. Sadi-Carnot descend de voiture, place Picard, où a lieu l'inauguration de la statue de la *Liberté éclairant le monde*, réduction de l'œuvre du sculpteur Bartholdi.

Dans les bassins des Docks tous les bâtiments sont pavoisés.

Ils portent des jeux de pavillons multicolores.

Seul, un trois mâts est veuf de flamme. Il fait tache et est l'objet de nombreuses remarques.

Renseignement pris, on apprend que c'est un bâtiment anglais.

Suivant les Docks, M. le Président arrive au quai Bacalan, où il va poser la première pierre du nouveau quai, près de l'estacade des Messageries maritimes.

Grandes acclamations. Cris très nombreux de : « Vive Carnot ! Vive Krantz ! »

Il est reçu par M. Hubert Prom, président de la Chambre de commerce.

A l'angle du cours du Médoc et du quai des Chartrons une musique joue la *Marseillaise*.

Quelques détails, sur le nouveau quai : Il aura 1,600 mètres de longueur et de 20 à 25 mètres de hauteur au-dessus des fondations. Il sera formé par une série d'arches de 12 mètres reposant sur des piles de 4 mètres sur 10 fondées à l'air comprimé.

La dépense du quai et des ouvrages accessoires sera de 10 millions de francs ; il sera terminé dans trois ans. Ce sera, nous dit-on, le plus grand construit jusqu'à ce jour, car il sera plus élevé que celui d'Anvers.

M. le Président s'avance vers deux blocs de pierre placés près du bord de l'eau.

Commandant CHAMOIN, ✳,
Officier d'ordonnance de M. le Président de la République.

Sur l'un nous lisons l'inscription suivante :

CARNOT

PRÉSIDENT DE LA RÉPUBLIQUE

A posé la première pierre de ce quai
le XXVIII avril MDCCCLXXXVIII

7

Sur l'autre :

ÉTAIENT PRÉSENTS :

DELUNS-MONTAUD, MINISTRE DES TRAVAUX PUBLICS;

J. DE SELVES, PRÉFET DE LA GIRONDE;

HUBERT PROM, PRÉSIDENT DE LA CHAMBRE DE COMMERCE;

LES MEMBRES DE LA CHAMBRE DE COMMERCE ;

PASQUEAU, INGÉNIEUR EN CHEF DU SERVICE MARITIME;

DE VOLONTAT, INGÉNIEUR ORDINAIRE DE CE SERVICE.

M. Pasqueau, ingénieur en chef du service maritime, adresse à M. Carnot les paroles suivantes :

Monsieur le Président de la République,

Jusqu'à ce jour, quand le chef de l'État daignait poser la première pierre d'un grand édifice d'utilité publique comme celui-ci, l'usage voulait qu'on lui offrît une truelle d'or ou d'argent pour figurer cette opération. Je crois être l'interprète fidèle de vos sentiments en me bornant à vous offrir cette simple truelle de fer, la véritable truelle de l'ouvrier. Je vous prie de vouloir bien l'accepter comme un emblème de l'égalité, de la fraternité, de la sincère probité qu'on pratique à l'École polytechnique, à l'École des Ponts et Chaussées, où j'ai eu, pendant trois ans, l'honneur d'être assis à vos côtés.

M. Carnot répond :

Je n'oublierai jamais que je suis un de vos camarades. J'ai pour l'École un respect filial, je l'aime tout particulièrement. N'oublions pas surtout qu'on y enseigne la loyauté, le respect et la modestie.

Les cris de : « Vive Carnot! Vive la République! » éclatent de tous côtés. Puis M. le Président, prenant alors la truelle, l'a garnie de mortier qu'il dépose sur la pierre. Cette dernière est ensuite enlevée par une grue à mâter et mise à sa place dans le fleuve. Ainsi finit la cérémonie.

M. le Président visite les hôpitaux Saint-André, des Enfants et l'Hôpital général, situé hors de la ville. Il donne à chacun 500 francs.

A l'hôpital Saint-André, M. Carnot a attaché la croix d'officier de la Légion d'honneur sur la poitrine du docteur Levieux, président du conseil d'administration des hospices. Puis il a remis 1,000 francs, au nom de Mme Carnot, à l'hospice des Enfants-Assistés, et 100 francs également au nom de Mme Carnot, à la sœur supérieure des Enfants-Malades, pour leur acheter des gâteaux; et 1,000 francs à l'hospice général de Pellegrin.

Des palmes académiques ont été données par M. Lockroy à plusieurs fonctionnaires de l'hôpital des Enfants-Assistés.

Et maintenant, allons déjeuner, mais déjeuner rapidement. Les bouchées doubles, et en route.

L'après-midi a été bien remplie. A peine son café pris, M. le Président de la République remonte dans sa voiture à quatre chevaux, et part pour assister à l'inauguration du Parc Bordelais.

La foule est immense et fait toujours le même accueil enthousiaste.

De là, on se rend boulevard de Caudéran pour assister à la revue. Le temps est superbe et le soleil resplendit. M. le Président, en habit avec le grand cordon de la Légion d'honneur, ayant à sa gauche MM. Lockroy et le premier président de la Cour, à sa droite, l'amiral Krantz et M. Deluns-Montaud, assiste au défilé, qui commence à 3 heures.

L'état-major, les pompiers, les douaniers, l'infanterie de marine, la ligne, les réservistes défilent avec un ensemble merveilleux. Des bravos accueillent sur leur passage les corps spéciaux et les régiments qui viennent ensuite : train des équipages, intendance, 6e hussards, 15e dragons.

Les musiques jouent. L'une d'elles, celle du 57e de ligne, ayant exécuté l'air de la *Dame Blanche*, « *et gaiement on s'élance pour servir son prince et l'État...* » cette phrase musicale est immédiatement relevée par la foule qui crie : « Vive la République! »

Puis, a lieu la cérémonie des décorations. Le général Castaigne est nommé commandeur. Les capitaines Chazot, du 57e, et Adeline, du 144e, chevaliers. Sept sous-officiers reçoivent la médaille militaire, ce sont :

MM. Dupuis, chef armurier au 144e de ligne, et Dufour, adjudant, ainsi que deux sergents du même régiment; l'adjudant Dubois, du 6e hussards; le brigadier de gendarmerie Brunet et l'adjudant Courrier, du 10e escadron du train des équipages.

Le colonel Lichtenstein les appelle successivement. On ouvre le ban. Ils montent dans la tribune de M. le Président qui les décore, et trouve un mot aimable à dire à chacun.

Le défilé se termine dans un ordre parfait aux cris de : « Vive l'armée ! »

De la tribune présidentielle s'échappe cette acclamation : « Vive la République ! »

Après la revue a lieu l'inauguration de la Faculté mixte de médecine et de pharmacie.

A son arrivée, M. Carnot est chaudement reçu. Il prend place à la tribune ayant à ses côtés les ministres, M. Guilbert, archevêque de Bordeaux; MM. Liard, directeur de l'enseignement supérieur; Ouvré, recteur de l'Académie; de Selves, préfet; Delcurrou, premier président de la Cour d'appel; Larroumet, chef de cabinet du ministre de l'Instruction publique, ainsi que toute la députation du département.

Après les discours prononcés par MM. Daney, Ouvré et Lockroy, M. le Président de la République décerne la croix de la Légion d'honneur à MM. Pitre, doyen de la Faculté de médecine, et Bellardet, professeur à la Faculté des sciences; les palmes d'officiers de l'Instruction publique à MM. Daney, maire de Bordeaux, Jolyer et Vergely, professeurs à la Faculté; Biard, professeur au lycée; enfin les palmes d'Académie à plusieurs membres du corps universitaire.

La presse bordelaise est présentée à M. le ministre de l'Instruction publique qui l'accueille cordialement, en déclarant que « journaliste hier, il est encore journaliste aujourd'hui, que c'est au journalisme qu'il doit d'être député et que s'il faut encore défendre la République contre les prétendants, il sera à côté des confrères ».

M. Lockroy, prié de se joindre à nous pour remercier nos confrères bordelais du chaleureux accueil qu'ils ont fait à la presse parisienne, répond qu'il s'associe de tout cœur à ces remerciements et qu'il est heureux d'en être l'interprète.

Le banquet a lieu, à 7 heures, au Grand-Théâtre. Cette belle salle est superbement décorée. Trois cent cinquante convives prennent place autour des tables. On remarque beaucoup quatre étudiants qui ont été invités. L'arrivée de M. le Président de la République est saluée par des cris de : « Vive Carnot ! Vive la République ! »

Le menu, comme bien on le pense, est arrosé des meilleurs vins de la Gironde ; on en pourra juger par la carte, qui suit :

POTAGES

Bisque d'écrevisses. — Consommé Sévigné.

Bouchées Rossini.
Saumon de la Garonne, sauce crevettes.
Filet de bœuf à la Béarnaise.
Poulardes du Mans truffées.
Caisses de foie gras.

HORS-D'ŒUVRE

Sorbets au marasquin.

Cailles d'Écosse.
Cèpes à la Bordelaise.
Pâté de lièvre.
Salade russe.

Ananas au Sauternes.

DESSERTS

Melon glacé.

Café.

Liqueurs de Bordeaux, Cognac, Grande Champagne.

VINS

Château-Yquem, 1874; Château-Bellevue; Saint-Émilion, 1877; Château-Mouton-Rothschild, 1877; Château Haut-Brion, 1877; Château Kirwan-Godard (ville de Bordeaux), 1875; Château-Lafitte, 1877; Château-Margaux, 1875; Château-Latour, 1869; Champagne Grand-Crémant.

Le maire de Bordeaux porte, à 9 heures, le premier toast. M. Carnot y répond en ces termes :

Monsieur le Maire,

Quand, il y a plus de deux mois, j'ai accepté l'invitation que vous êtes venu m'apporter, je pensais venir à Bordeaux pour revoir votre belle cité, pour connaître les embellissements qu'elle reçoit chaque jour, pour visiter toutes les créations nouvelles qu'elle doit au dévouement et à la savante activité de sa municipalité républicaine.

Je comptais voir ces magnifiques établissements où vous savez donner satisfaction à des intérêts humanitaires, scientifiques et artistiques; je voulais visiter les travaux dont j'ai eu la bonne fortune de faire adopter le programme comme ministre des Travaux publics, et qui doivent sauvegarder vos intérêts maritimes.

Je désirais m'entretenir avec vous. Ce programme, dans sa première partie, est demeuré tel qu'il avait été conçu, mais l'accueil de la population bordelaise, accueil dont je suis ému jusqu'au fond du cœur, a donné à mon voyage une portée nouvelle.

Les manifestations sympathiques qui ont salué le magistrat républicain auquel est confiée la garde des institutions du pays ont une signification que vous venez de définir vous-même.

Je suis ici dans la terre classique de la liberté, et le cœur de la population girondine proteste contre tout ce qui pourrait servir les intérêts ou encourager les espérances des ennemis de la République.

Les acclamations touchantes qui ont, hier et aujourd'hui, marqué notre passage s'adressaient non pas à un homme, si dévoué qu'il soit à son pays : elles visaient le gardien fidèle et résolu des libertés publiques, elles visaient en même temps le gouvernement dont la grande fermeté saura imposer à tous le respect absolu de nos institutions.

A l'heure où nous sommes, ceux-là seraient bien coupables qui voudraient agiter un brandon de discorde, troubler le labeur de nos populations agricoles et industrielles, si éprouvées et si courageuses, compromettre les fêtes de l'Exposition et du glorieux centenaire de 1789, et surtout affaiblir la France, alors qu'elle devrait être calme et digne pour imposer la sympathie et le respect.

C'est par l'union que nous élèverons nos forces au niveau de nos besoins ; c'est par l'union que nous assurerons aux populations laborieuses les progrès qu'elles attendent. C'est l'union dont nous devons donner le spectacle à notre brave armée nationale, qui est tout entière à ses patriotiques devoirs. C'est à l'union que je vous convie dans cette grande cité républicaine, si patriotique, où mon appel ne peut qu'être entendu. Je bois à la ville de Bordeaux et au département de la Gironde.

Une longue acclamation accueille le discours de M. le Président de la République, maintes fois interrompu par des applaudissements chaleureux.

La soirée se termine par une réception à l'Hôtel de Ville.

Il est 10 heures. La mairie est éblouissante de lumière. Au delà des salons qui s'emplissent par enchantement, apparaît, comme un décor de féerie, le jardin, magnifiquement illuminé.

Les sons cuivrés de la *Marseillaise* annoncent l'arrivée de M. Carnot qui s'avance au milieu de la foule, un bon et franc sourire sur les lèvres. Il pénètre dans le salon d'honneur, accompagné de sa maison militaire, des ministres et du personnel de leur entourage.

Les réceptions commencent aussitôt.

Elles sont si nombreuses que la fatigue finit par se trahir sur le visage de M. le Président ; c'est, — on peut bien le dire, — du véritable surmenage.

A 11 heures 20, M. Carnot, précédé du colonel Lichtenstein, se retire.

Les cris de « Vive Carnot! vive la République! » ne cessent d'emplir les salons, le jardin, la place et les rues avoisinantes.

Et la fête continue au dehors avec un entrain et une gaieté qui n'ont rien de dissimulé.

On a fait des ovations jusqu'aux musiques des pompiers et du

144ᵉ de ligne; en historien impartial, il faut ajouter que le buffet a été joyeusement mis au pillage, trop joyeusement, peut-être?

Bah! on ne reçoit pas tous les jours M. le Président de la République! Si l'esprit est en fête, n'est-il pas de toute équité que le ventre et l'estomac le soient également?

Et alors?...

On placarde le soir dans les rues des affiches où nous lisons ce qui suit :

Habitants de la Gironde,

Lorsque M. le Président de la République est entré dans le département, je lui ai dit en lui souhaitant la bienvenue : « Vous allez trouver une population heureuse et reconnaissante de l'honneur que vous lui avez fait en choisissant Bordeaux pour but de votre premier voyage. »

J'ajoutais : « Elle a l'esprit et le cœur assez élevé pour comprendre qu'en rendant hommage au chef de l'État, elle s'honore elle-même et honore la République. »

Votre accueil a dépassé mon attente, c'est un voyage vraiment triomphal que celui du Président de la République dans notre département. Vos acclamations, vos manifestations si chaleureuses ont une portée politique et patriotique qui n'échappera à personne. Comme républicain et comme Français, merci! Tout ce que je ressens de profonde émotion, permettez-moi de le résumer en disant : Je suis fier d'être votre préfet.

J. de SELVES.

La journée se termine par un bal de charité organisé par les étudiants bordelais à l'Alhambra, bal où l'effervescence et la gaieté d'une sympathique et brillante jeunesse, se donnent carrière dans le plus vigoureux entrain et la plus large mesure.

A 11 heures, M. Lockroy fait son entrée dans la salle, suivi de MM. Liard, Fernand Faure, Raynal, Cazauvieilh, Brouardel, Trélat, Pitres, Gayon, Proch, Lespiault, Baudry, Lacantinerie, V. Souchon et d'un grand nombre de professeurs de toutes les facultés.

La petite fille de Mᵐᵉ Douat, la Cadichonne bien connue, offre un bouquet au ministre et lui récite un compliment destiné à M. le Président.

Les cris de : « Vive Lockroy! vive la République! » retentissent. Le ministre quitte la salle à 11 heures et demie emportant la meilleure impression de l'esprit des étudiants bordelais.

Puis le bal continue de plus belle après différents toasts aux professeurs et aux étudiants, portés de part et d'autre.

Dernier écho du banquet : on a constaté avec satisfaction la présence de M. Guilbert, archevêque de Bordeaux.

M. GUILBERT,
Archevêque de Bordeaux.

Suite aux décorations de la journée :

M. Pitres, doyen de la Faculté de médecine, auteur de travaux estimés sur les *localisations cérébrales*, la *physiologie de l'encéphale*, etc., etc.

M. Millardet, professeur de botanique à la Faculté des sciences de Bordeaux, auteur de remarquables ouvrages sur la question viticole, chercheur consciencieux et érudit et qui a rendu de notables services au département.

Demain matin, à 9 heures, départ pour l'île Cazeau.

III

Bordeaux, 29 avril 1888. — 5ᵉ Jour.

La dernière journée des fêtes de Bordeaux est également bien remplie. A 9 heures, M. le Président de la République, les ministres et la suite officielle quittent la Préfecture pour aller embarquer à bord du vapeur *Gironde et Garonne* n° 1, qui doit les transporter à l'île Cazeau.

Sur tout le parcours les populations acclament le cortège. Le vapeur est coquettement décoré avec des écussons portant les lettres R. F., des trophées, des drapeaux et des fleurs. A bord se trouve la musique Longchamps.

M. le Président arrive à 9 heures 10 minutes. La musique joue la *Marseillaise*. L'aviso le *Travailleur* tire vingt et un coups de canon. M. Carnot passe sur les pontons au milieu d'une foule sympathique. Toute les têtes sont découvertes. Il monte à bord du vapeur et aussitôt le signal du départ se fait entendre. Le bateau s'éloigne rapidement pendant que du ponton les assistants crient : « Vive Carnot! Vive la République! »

Derrière le vapeur présidentiel vient le vapeur *France* portant la municipalité. Un aviso ouvre la marche, qui est fermée par deux torpilleurs. Puis, suit une véritable flottille de bateaux pavoisés. La presse prend place sur le yacht le *Félix*, mis gracieusement à la disposition des journalistes parisiens par M. Gounouilhou, directeur de la *Gironde*.

Le déjeuner est servi à bord. Un lâcher de pigeons occupe pendant un moment, et, sur tout le parcours, la musique joue et les bombes éclatent répondant aux vivats des populations riveraines venues pour acclamer M. le Président de la République.

A la fin du déjeuner, M. Dupouy, président du conseil général, porte un toast à M. Carnot :

Permettez-moi, lui dit-il, en substance, de me féliciter d'être l'interprète des sentiments qui animent les membres du conseil général. Depuis bien des années, je suis le témoin des efforts éclairés que vous avez accomplis dans l'intérêt de la République dont vous êtes le chef aimé. Il vous appartient de donner au pays, en assurant sa sécurité contre des entreprises fâcheuses, la paix et la tranquillité dont il a besoin pour se développer dans l'ordre et la liberté.

M. Carnot lui répond :

Monsieur le Président du conseil général, je vous remercie, je remercie le conseil général.

Je sais que j'ai à remplir une haute mission. Élevé à la plus haute fonction de l'État par les républicains, je m'efforce de la remplir en m'inspirant des intérêts de la France entière. La politique de sang-froid, de sagesse, de prudence, de liberté nécessaire pour assurer le respect des lois, est celle qui doit donner la sécurité au pays; elle constitue la garantie de la paix à l'extérieur comme à l'intérieur : c'est celle que je suivrai.

En ce qui concerne les intérêts spéciaux du département, je tenais à voir l'entreprise commencée dans le but d'améliorer la navigation de la Gironde et qui a besoin d'être continuée. Je puis affirmer que l'État acceptera avec bonheur le concours de la Chambre de commerce. J'espère que dans la crise, heureusement passagère, que nous traversons, les travaux ne seront pas arrêtés. Je bois à la prospérité de votre beau département.

M. Carnot et sa suite abordent par le ponton du bateau-phare de l'île Cazeau, font une visite aux travaux de dragage et le retour a lieu à midi. Le même chaleureux accueil se renouvelle et on n'entend que les cris de : « Vive Carnot! Vive la République! »

Le voyage est superbe. En arrivant devant les chantiers de la Gironde, les bateaux stoppent. Un canot monté par des marins aborde ; M. le Président y prend place et, tandis que les bateaux restent au large, M. le Président de la République, escorté de l'amiral Krantz, des commandants Cordier et Chamoin, va prendre terre.

Il est reçu par M. le vicomte de Bondy, président du conseil d'administration de la Société des chantiers de la Gironde, entouré de MM. Mercet et P. Tandonnet, administrateurs; Le Belin de Dionne, directeur de la Société, et M. l'ingénieur Baron, sous-directeur, ancien collègue de M. le Président à l'École polytechnique ; M. Barailley, maire de Lormont, et son adjoint. M. Carnot visite les travaux, le torpilleur et le garde-côte, pendant que la *Fanfare lormontoise*, établie sur le ponton, joue la *Marseillaise*. D'innombrables spectateurs, massés un peu partout, acclament M. le Président. La visite terminée, M. Carnot se rembarque et le canot, remorqué par le vapeur l'*Argus*, s'éloigne aux accords de la *Marseillaise*.

A la rentrée à Bordeaux, à 1 heure et demie, vingt et un coups de canon sont tirés, et à 2 heures on est au carrousel donné par le 6e hussards.

Naturellement, il est presque impossible de circuler sur le cours du Chapeau-Rouge, la place de la Comédie, les allées de Chartres, le cours du XXX Juillet, l'hémicycle des Quinconces.

Le temps est fait à souhait. Une petite brise souffle, avivant l'air, faisant claquer joyeusement les banderoles au haut des mâts, ainsi que les oriflammes et les drapeaux tricolores aux fenêtres.

Les tribunes du carrousel sont bondées. C'est un assaut de toilettes claires et fort recherchées. Les dames, en majorité, ont tenu à rivaliser de grâce et de richesses. Elles se sont si bien surpassées que les tribunes ressemblent à de gigantesques écrins où, sur le fond de drap noir des habits, étincellent les perles et les diamants des corsages. C'est un feu de paillettes qui, de loin, par la diffusion des reflets, paraît incendier les gradins.

A l'arrivée de M. le Président, tout le monde se lève ; les dames agitent leurs éventails et leurs mouchoirs. Un cri général retentit : « Vive Carnot! vive le Président! »

Le chef de l'État, très ému de l'ovation enthousiaste et spontanée dont il est l'objet, salue à de nombreuses reprises et prend place dans la tribune officielle, une tente aux chatoyantes couleurs, ornée d'écussons et de drapeaux, de vieilles armures et de panoplies d'armes, de fleurs ornementales et de magnifiques tapis.

BORDEAUX. — Grand carroysel du 6ᵉ hussards, avec les différentes tenues portées par le régiment depuis sa création.

Soudain le bruit des trompettes se fait entendre.

Cent cavaliers défilent sur la piste, deux par deux, puis, par un mouvement habile, se rangent en bataille, face à la tribune présidentielle, et, avec un ensemble merveilleux, saluent du sabre M. le Président de la République.

Le carrousel commence. Les figures se succèdent sans interruption : une attaque de flanc, la croix de Malte, la serpentine, les pelotons, etc.

Les applaudissements ne sont pas ménagés à ces habiles cavaliers auxquels succèdent quatre quadrilles de douze cavaliers chacun, composés de MM. les officiers et sous-officiers du 6e hussards.

C'est le carrousel civil.

L'enthousiasme des spectateurs ne connaît plus de bornes ; c'est un feu roulant et continu de bravos dans toutes les galeries qui augmente à l'aspect des hussards de Lauzun, du premier et du second empire, et de ceux d'aujourd'hui. Des contre-changements de mains, des demi-voltes en sens inverse et renversées, des changements de mains par quadrille, des huit de chiffres, des cercles, des doubles-volets exécutées au galop de manège, avec une précision et un ordre parfaits, sont l'objet de hourras prolongés poussés par dix mille personnes que ce spectacle empoigne, et qui se termine par des courses de têtes, de bagues, de javelot, au galop de charge.

Si les tribunes ne se sont pas effondrées sous les trépignements de joie des spectateurs, c'est que leurs assises étaient aussi solides que de la pierre.

La partie musicale du carrousel avait été confiée à M. William Chaumet, enfant de Bordeaux, lauréat des prix Cressent et Rossini, qui s'en est tiré à son honneur.

En résumé, officiers et sous-officiers ont fait preuve de la plus rare habileté, d'une souplesse de mains, d'une agilité de mouvements absolument hors ligne.

Après les exercices a lieu la distribution des prix aux vainqueurs des courses des bagues, des javelots, des sauts des haies. A ce moment, une chaleureuse ovation est faite à M. le Président de la République par le public des tribunes. Tout le monde est debout, tout le monde applaudit, et ce spectacle éclatant termine dignement les fêtes de jour offertes par Bordeaux à M. le Président Carnot.

Avant de quitter l'enceinte du carrousel, M. le Président remet les palmes d'officier d'Académie à M. Marot, trésorier du comité d'organisation du carrousel, et à M. de Fonremi, officier de réserve au 6e hussards, qui a dessiné les costumes des hussards Lauzun, du premier et du second empire.

En arrivant au carrousel, le chef de l'État avait remis les insignes de la Légion d'honneur à MM. Domenech, capitaine au 6e hussards, et Decamp, capitaine au 15e dragons.

Au moment où il se retire, M. Carnot reçoit, à titre de souvenir de cette fête, un superbe volume portant ce titre : *Historique du 6e hussards*. Les officiers remettent également au Chef de l'État, pour Mme Carnot, un magnifique éventail.

Sur tout le trajet de la place des Quinconces à la Préfecture, M. Carnot est acclamé par une foule énorme.

Pendant que M. le Président assiste au carrousel, des réjouissances publiques ont lieu sur les places de la ville.

A 5 heures, l'aspect de la place de la Comédie est magnifique. Une foule compacte envahit les fenêtres et les balcons. Les dames sont en toilettes printanières. Les terrasses des cafés sont envahies. Les tramways et les omnibus, arrêtés en grand nombre, ont les impériales chargées. On se dispute les places et de véritables grappes humaines sont échelonnées.

Les marches du Grand-Théâtre sont occupées. On a peine à frayer le passage au cortège. A ce moment le spectacle est saisissant. Tous les chapeaux se lèvent, les dames agitent leurs ombrelles. M. Carnot est acclamé et, de toutes parts, les cris de : « Vive la République ! Vive la France ! Vive l'armée ! » s'élèvent.

Deux banquets ont lieu ce soir.

L'un est offert par le président et les membres de la Chambre de commerce à M. le Président de la République dans le palais de la Bourse. Le grand hall est richement décoré et trois cent cinquante couverts sont dressés.

On n'a rien ménagé pour faire un dîner somptueux. Les plus vieux et les meilleurs vins du pays ont été réquisitionnés. On compte le couvert à 100 francs, soit, pour ce banquet, 35,000 francs.

M. le Président de la République a, à sa gauche : l'amiral Krantz, le général Cornat et l'archevêque Guilbert, et à sa droite : M. Prom, président de la Chambre de commerce, M. Deluns-Montaud et M. Del-cureau, premier président.

Le banquet est fort bien servi. En voici le menu :

POTAGES :
Consommé de volailles aux quenelles.
Crème d'orge.

Bouchées Grand-Veneur.
Truites du Lac, sauce aux Huîtres et Crevettes.
Filets de Canetons aux petits pois.
Aloyau truffé, sauce Marsala.
Pains de foie gras en Belle-Vue.
Chaud-froid de Homards à l'Américaine.

Sorbets au Champagne.

HORS-D'ŒUVRE :
Dindonneaux truffés.
Galantine de Faisans de Bohême.
Salade russe.
Asperges en branches, sauce mousse.

Croûte aux Fraises.
Bouquet Pompadour.
Bombe pralinée.

Dessert.

VINS :
Oporto vieux; Château du Vigneau-Pontac, 1874; Château Pichon de Longue-ville, 1878; Château Montrose, 1875; Château Verthamon Haut-Brion, 1875; Château-Léoville, 1875; Château-Margaux, 1875; Château-Latour, 1875; Château-Lafitte, 1868; Champagne Pommery-Greno.

Au dessert, M. Hubert Prom, président de la Chambre de commerce, prend la parole.

Voici un passage de son remarquable discours :

La Chambre de commerce de Bordeaux a toujours réclamé une sage liberté commerciale, parce qu'elle a la ferme conviction que les arts et l'industrie de la France ne sont inférieurs à ceux d'aucune nation du monde, et que notre pays a tout à gagner dans l'établissement des rapports internationaux prudemment réglés par des concessions réciproques.

Aussi nous avons regretté la dénonciation du traité de commerce avec l'Angleterre, dénonciation dont une circonstance toute récente fait ressortir les funestes conséquences, et nous éprouvons de vives appréhensions en présence des dispositions du Parlement à ne pas renouveler les traités de commerce qui lient la France avec la plupart des nations.

Notre tarif de douanes n'ayant plus le caractère d'une convention internationale, nous déplorons les tendances qui apportent dans son régime des modifications incessantes, qui ôtent à notre commerce national toute sécurité et suscitent avec les pays étrangers une guerre de tarifs non moins funeste que la lutte armée.

Une protection limitée peut être légitimée par la nécessité d'élever certaines industries au niveau de la concurrence étrangère ; mais l'État doit avant tout sa protection aux consommateurs, qui forment la masse de la nation.

M. Carnot répond :

Monsieur le Président,

Le séjour que je viens de faire dans votre belle cité, séjour qui me laissera un souvenir ineffaçable autant que reconnaissant, a été utilement employé. J'ai pu, avec les représentants autorisés de tous vos intérêts, examiner les questions sur lesquelles doit se porter l'attention des pouvoirs publics ; j'ai pu applaudir au succès des œuvres que vous avez déjà réalisées, grâce au concours de tous les dévouements et à la patriotique initiative de tous les élus du département, de la ville et du commerce bordelais (Vifs applaudissements), et j'ai constaté que vous avez la noble ambition de faire encore plus et encore mieux; soyez certains, Messieurs, que les encouragements et le concours du gouvernement de la République ne vous feront pas défaut. (Nouveaux applaudissements.)

Le gouvernement ne peut manquer de tenir compte des considérations si hautes que vient de développer M. le Président de la Chambre de commerce, et il s'attachera à seconder vos efforts pour assurer à votre beau port, dans les conditions créées par les progrès de la navigation, un avenir digne de son passé. (Applaudissements répétés. — Assentiment général.)

J'ai à cœur, Monsieur le Président, de vous remercier des termes flatteurs qui, dans votre allocution bienveillante, s'adressent à ma personne.

Dans mon dévouement au bien public et à la Patrie, je puiserai la force de remplir la haute mission qui m'a été confiée. (Salves d'applaudissements. — Cris : « Vive la République! vive Carnot! »)

Le second banquet, qui a lieu à l'hôtel Lautin, est offert par la Faculté de médecine et de pharmacie à M. Lockroy, ministre de l'Instruction publique.

Le menu est un petit chef-d'œuvre :

Marmites riches.
Bouchées à l'Armoricaine.
Saumon à la Cardinal.
Poulets de grain à la Brillat-Savarin.
Jambon de Westphalie aux petits pois.
Timbale Rossini.
Cailles à la Lucullus.

⪻⪼

HORS-D'ŒUVRE :
Filet de bœuf à la Française.
Galantine de dinde truffée.
Salade diplomate.
Turban d'ananas à la Moscovite.

⪻⪼

DESSERT :
Parfait cosmopolite.

⪻⪼

VINS :
Château de Ranne, 1874; Saint-Estèphe, 1881; Château-Giscours (Magnum), 1875;
Corton Bourgogne, 1874; Château-Latour, 1865;
Champagne Henri Clicquot.

Plusieurs discours sont prononcés, entre autres par MM. Pitres, Payen et Liard, directeur de l'enseignement supérieur, suivis de nombreux toasts à M. le Président de la République et à M. Lockroy.

Excellente et cordiale soirée.

9

Une représentation de gala est donnée au Grand-Théâtre. On joue *Aïda*. A l'arrivée de M. le Président de la République toute la salle se lève et l'acclame pendant que l'orchestre, que conduit M. Luidgini, joue la *Marseillaise*. Au dehors se presse une foule enthousiaste.

Partout retentissent les cris de : « Vive Carnot! Vive la République! »

Toute la ville est illuminée; les Sociétés musicales parcourent la ville en jouant la *Marseillaise*.

DÉPART DE BORDEAUX

Bordeaux, 30 avril 1888. — 6ᵉ JOUR.

Le départ de Bordeaux s'est effectué ce matin à 9 heures. De la Préfecture à la gare, une foule immense se pressait et saluait respectueusement le chef de l'État.

Des salves de coups de canon ont annoncé le départ du train présidentiel. A 10 heures 30, le train s'est mis en marche se dirigeant sur Rochefort, aux hourras frénétiques et enthousiastes d'une population reconnaissante de l'honneur qui lui a été fait.

Avant son départ de Bordeaux, M. Carnot a remis à M. Daney, maire de la ville, une somme de 5,000 francs destinés à être joints aux 10,000 francs que la ville a fait distribuer aux pauvres de Bordeaux.

CHAPITRE VI

A ROCHEFORT

La pluie. — Les arcs de triomphe. — L'arrivée de M. Carnot. — Les réceptions officielles. — A l'Arsenal. — Le banquet. — Discours de M. le Président de la République. — Réception à l'Hôtel de Ville — Représentation populaire. — Feu d'artifice.

Rochefort-sur-Mer, 30 avril 1888. — 6e JOUR.

Le voyage présidentiel ne se continue pas sous un ciel clément. La ville de Rochefort est dans la consternation; une pluie torrentielle tombe depuis 10 heures du matin. La population était heureuse de la préférence donnée à Rochefort sur les ports de Toulon, de Brest et de Cherbourg. On avait fait de grands préparatifs.

Des arcs de triomphe avaient été dressés par l'infanterie de marine sur toutes les voies. Des drapeaux ornaient toutes les fenêtres et les illuminations promettaient d'être réussies pour le soir. Par malheur, tout baigne dans l'eau, ce qui ne contribue pas à embellir Rochefort, dont l'aspect est loin d'être agréable à l'œil. C'est une cité neuve, datant de deux siècles, formant un immense quadrilatère, coupé longitudinalement et transversalement par des rues banales, sans mouvement, ni même magasins passables.

Des tavernes, d'obscurs débits pour les matelots, tant qu'on en veut, et voilà! La ville de Rochefort ne se fait point coquette pour attirer le visiteur, et n'était son port, on ne songerait guère à s'y attarder, voire à lui adresser un regard, en passant!

Le train arrive à 1 heure et demie. M. le Président descend aux accents de la *Marseillaise*, jouée par une musique d'infanterie de marine et par celle des pompiers. M. le Président est escorté du préfet du département, M. Chapron; de MM. Mestreau, sénateur; Duchâtel, député; Lemercier, président du conseil général; des ministres Krantz, Lockroy et Deluns-Montaud; de MM. Oudre, directeur des chemins de fer de l'État; Bouchard, président du conseil d'administration; Matrot, chef de l'exploitation; Faye, Bricca, Polack, secrétaire général de la direction. Sur le quai se trouvent le vice-amiral commandant en chef, le préfet maritime de Pritzbüer, le contre-amiral Caubet, le capitaine de frégate Pelletier, le général Sermensan, le colonel Garcin, du 123e de ligne, les officiers de ce régiment, ceux du 6e d'artillerie et de l'intendance; M. Schœffer, chef de bataillon du génie, commandant d'armes; M. Delmas, député; M. Rouvier, conseiller général de Surgères; une délégation de la Chambre de commerce de la Rochelle; M. Dumorisson, secrétaire général de la Préfecture; le sous-préfet, M. Mesnard, tous les conseillers généraux et municipaux, à la tête desquels se trouvent le maire, M. Charron, les adjoints, MM. Roche et Guillet.

M. Carnot est introduit dans une des salles d'attente de la gare, transformée avec beaucoup de goût en salon de réception, et où l'attendent un grand nombre de personnages officiels. M. Charron, maire de Rochefort, y souhaite la bienvenue à M. le Président.

Après les discours du maire et du préfet, le cortège se met en marche. Il comprend vingt voitures. Dans les premières prennent placé M. le Président de la République, M. le vice-amiral Krantz, ministre de la Marine et des Colonies; le colonel Lichtenstein; M. Charron, maire de Rochefort; M. Lockroy, ministre de l'Instruction publique, M. Deluns-Montaud, ministre des Travaux publics; M. Chapron, pré-

fet de la Charente-Inférieure; M. Frédéric Roche, premier adjoint;
MM. le capitaine de frégate Cordier, attaché à la maison militaire de
M. le Président, le commandant Chamoin, M. Paul Arrivière, secré-

L'amiral KRANTZ,
Ministre de la marine.

taire particulier de M. Carnot; M. Quillet, deuxième adjoint; MM. le
comte Duchâtel et Émile Delmas, députés; Mestreau, sénateur;
Ernest Brand, conseiller général; Lax, directeur des chemins de fer;
Guillain, directeur des routes et de la navigation au ministère des
Travaux publics; le sous-préfet de Rochefort et Rousset, conseiller

d'arrondissement ; Larroumet, Roujon, du cabinet du ministre de l'Instruction publique ; le commandant d'Auriac ; de Lapeyre, conseiller d'arrondissement ; Bidou, secrétaire particulier de M. Deluns-Montaud ; comte Anatole Lemercier, président du conseil général ; le lieutenant de vaisseau Loir, officier d'ordonnance du ministre de la Marine ; le docteur Legros, conseiller d'arrondissement ; Dumorisson, secrétaire général de la Préfecture de la Charente-Inférieure ; Rouvier et Beltrémeux, conseillers de préfecture ; Bachelar, conseiller municipal ; Renard, conseiller de préfecture ; les sous-préfets de Saintes et de Jonzac ; Médéric Giraud, conseiller municipal ; les sous-préfets de Marennes et de Saint-Jean d'Angély ; Georges Bouffard, conseiller municipal.

Les dix autres voitures sont occupées par des conseillers municipaux et des représentants de la presse.

Le 11e cuirassiers ouvre la marche, fermée par la gendarmerie. Cent un coups de canon sont tirés sur les remparts par une batterie de la marine.

Le cortège franchit la porte Bégan, transformée en un magnifique arc de triomphe par les soins de l'ingénieur de 1re classe, Georges Gondinet, et se rend d'abord à la Préfecture maritime, où M. Carnot, entouré de MM. l'amiral Krantz, Lockroy et Deluns-Montaud, et de toute sa maison militaire, reçoit MM. le premier président de la Cour d'appel de Poitiers ; le procureur général près la Cour d'appel ; le préfet du département ; M. Ardin, évêque de la Rochelle et de Saintes ; l'amiral Caubet, major général ; le général Sermensan, commandant la subdivision de la Rochelle et Saintes ; le Tribunal de première instance ; le président du tribunal de commerce ; le maire de la ville ; le recteur de l'Académie et le commandant d'armes. Puis viennent les visites de corps.

A 3 heures, les réceptions étant terminées, M. le Président se rend à l'Arsenal. La visite dure cinquante minutes. M. Carnot visite l'atelier des torpilles, dont il se fait expliquer le mécanisme par M. Braunnagel, mécanicien de 1re classe, puis les ateliers de grosse chaudronnerie et des machines, les *cayennes* d'ouvriers, il s'arrête longuement devant le *Forbin*, croiseur-torpilleur se trouvant dans le bassin de radoub, et sur lequel il se fait donner des renseignements qui paraissent vivement l'intéresser.

Tous les navires amarrés dans le port sont pavoisés.

A 4 heures 20, M. Carnot quitte l'Arsenal et se rend directement à l'hôpital militaire, où il est reçu par M. Duplong, directeur du service de santé.

M. Duplong et le maire de Rochefort font ressortir qu'il n'est pas possible de trouver dans aucun port un hôpital aussi vaste et aussi bien disposé pour l'installation de l'École de médecine navale qu'il est question de créer.

M. l'amiral Krantz n'est point hostile à Rochefort et a laissé entendre que ce projet pourrait bien s'accomplir sous peu.

M. le Président visite ensuite les bassins du port de commerce et les principaux établissements municipaux et maritimes.

Vers 4 heures et demie, les musiques se font entendre sur la place Colbert.

La presse parisienne reçoit l'accueil le plus cordial au Cercle Colbert. Le temps s'est un peu éclairci et un rayon de soleil a salué la sortie de M. le Président de l'hôpital, où il venait de donner la croix de la Légion d'honneur à une sœur de l'ordre de Saint-Vincent-de-Paul.

Un banquet de cent quatre-vingts couverts, offert par la ville à M. le Président et aux trois ministres qui l'accompagnent, a lieu le soir à 7 heures, dans la grande salle de la Bourse. On pénètre dans cette salle par la porte de la rue Toufaire, en face de l'entrée de l'Arsenal éclairé *a giorno*. Les portes sont décorées de faisceaux.

A l'entrée deux cuirassiers; le service d'ordre est fait par des membres de la Société de tir et de gymnastique.

Au pied même de l'escalier, se trouve, au centre d'un massif de fleurs, une ravissante statue de Flore.

La décoration est presque féerique, et rien n'a été ménagé pour unir au luxe le plus recherché le confortable le plus exquis.

D'immenses draperies de toutes couleurs encadrent des glaces surmontées de drapeaux et d'écussons multiples, des bordures de plantes exotiques, artistement groupées, entourent des lampadaires à douze branches qui répandent une douce lumière.

Le sol est recouvert de magnifiques tapis qui conduisent au salon de réception, décoré de tentures Louis XIII, et orné d'écussons aux couleurs nationales.

Quatre colonnes formées de poignards, canons et fusils, supportant les bustes de Colbert, Duquesne, Vauban complètent l'effet.

La salle du banquet est un éblouissement. La décoration consiste en fleurs rares, courant en guirlandes le long des murs, arbustes exotiques escaladant les corniches, un immense berceau de verdure embaumée ! Tout autour, sur des colonnes, les bustes de divinités mythologiques.

Des écussons tranchent sur cette tapisserie de verdure et portent des noms glorieux tels que *Courbet*, *Rivière*, etc. ; d'autres, *Maubeuge*, *Wattignies*, *Anvers*, rappelant les faits d'armes de l'organisateur de la victoire, ainsi que les dates 1753-1823, naissance et mort du célèbre conventionnel Lazare Carnot, aïeul du 4° Président de la République française.

La lumière est fournie par les irradiations étincelantes de cinq grands lustres placés habilement, et la répartissant d'une façon harmonieusement égale sur tous les points de la salle, dont la splendeur ressort plus claire et plus vibrante à l'œil ébloui.

Ajoutons que le menu est excellent. Au dessert, le maire, M. Charron, prend la parole, et M. le Président lui répond en quelques mots :

Messieurs, le programme si intéressant, si complet et si précis qu'a développé tout à l'heure M. le maire de Rochefort, résume excellemment les observations que j'ai recueillies aujourd'hui au cours de ma visite dans votre cité, dans votre arsenal, dans différents établissements maritimes. Ce sera un précieux *memento*

ROCHEFORT. — M. le Président de la République arrive sous une pluie battante.

pour moi et pour M. le ministre de la Marine, qui est le juge le plus compétent et le plus impartial, et qui saura à coup sûr apprécier dans quelle mesure l'État pourra donner satisfaction de la manière la plus large possible aux intérêts de la ville de Rochefort. (Très bien! et applaudissements.)

J'ai été profondément ému, en parcourant les rues de votre ville, d'y recevoir l'accueil qui m'y attendait et je vous en remercie.

M. le maire de Rochefort avait tout à l'heure la délicate pensée de vous rappeler qu'à une autre époque il m'a été donné de seconder les efforts de la ville en vue d'améliorer la navigation de son fleuve; c'est vous dire, Messieurs, que dans la proportion où il me sera possible de le faire, je m'associerai à toutes les mesures qui pourront être prises pour développer votre prospérité. (Vifs applaudissements.)

M. le maire de la Rochelle, en qui j'ai eu le plaisir de retrouver un cher collègue de la Chambre des députés, M. le maire de la Rochelle a bien voulu m'inviter à visiter dès aujourd'hui la ville et son port quand les eaux de l'Océan pénétreront dans le bassin de La Pallice.

A coup sûr j'aurai un vif plaisir à parcourir la vieille cité, la cité historique dans laquelle, j'en suis certain, je retrouverai l'expression des sentiments patriotiques témoignés en ce jour par la ville de Rochefort, sentiments d'esprit libéral et de dévouement à la Patrie commune. Oui, Messieurs, j'éprouverai le plus grand plaisir à visiter la Rochelle (Applaudissements), parce que c'est toujours avec une véritable émotion que je me trouve dans vos cités du littoral, au milieu de ces vaillantes populations qui donnent presque tous leurs enfants au service de la marine et qui savent qu'elles contribuent ainsi pour une large part à la grandeur, à la force et à l'honneur de la Patrie. (Applaudissements et bravos répétés.)

Permettez-moi, Messieurs, d'associer ces deux toasts : A la ville de Rochefort! A la marine! (Nouveaux applaudissements.)

M. le Président de la République, en quittant le banquet, s'arrête dans la salle où est placée la musique qui s'est fait entendre pendant le dîner.

Il écoute debout et découvert la *Marseillaise*.

A sa sortie, les cris de : « Vive la République ! » l'accueillent.

A l'Hôtel de Ville, il y a réception. La ville et le faubourg de Rochefort sont illuminés, tant bien que mal, car, hélas! les lampions sont mouillés et, aussi, les pièces du feu d'artifice fourni par la maison Ruggieri, lequel tiré à 10 heures sur le cours d'Albois a raté complètement! Maudite pluie!

Au théâtre, l'on donne une représentation gratuite de *Lucie de Lamermoor*, la salle est comble.

La journée est finie.

A l'hôpital, M. le Président a laissé 1,000 francs pour les malheureux.

Ont été faits chevaliers de la Légion d'honneur : MM. Frédéric Roche, premier adjoint de la ville ; Cassaigne, capitaine commandant la compagnie des sapeurs-pompiers ; Crahay de Franchimont, ingénieur des Ponts et Chaussées.

Sur la proposition du ministre de la Marine, ont été en outre nommés chevaliers : MM. Laurent, lieutenant de vaisseau ; Gaultier, chef de bataillon de l'infanterie de Marine ; Brau, maître de 1re classe des constructions navales.

La médaille militaire a été conférée à MM. Frédoux, premier maître-fourrier ; Lebreton, second maître ; Lalanne, adjudant d'artillerie de marine, ainsi qu'à un adjudant et à un brigadier du 11e cuirassiers. La décoration du Mérite agricole a été donnée à M. Bignonneau, vétérinaire.

Rochefort-sur-Mer, 1er mai 1888. — 7e JOUR.

Ce matin, à 9 heures 10, par un temps splendide (ô ironie !), M. le Président de la République se rend à la gare où les mêmes honneurs qu'à son arrivée lui sont rendus.

La population lui fait une véritable ovation et, en serrant la main du maire, M. Carnot l'assure qu'il conservera de son voyage à Rochefort le meilleur souvenir, le chargeant en outre d'en témoigner toute sa gratitude aux habitants.

Avant son départ, M. le Président a fait remettre ès-mains du maire de Rochefort une somme de 2,000 francs pour être versée dans la caisse du bureau de bienfaisance.

Un incident dont M. le ministre des Travaux publics a manqué d'être victime s'est produit au départ.

M. Deluns-Montaud, se rendant à pied à la gare pour prendre le train, a été arrêté par des soldats de l'infanterie de marine qui refusaient de le laisser passer. Il était 8 heures 55 et le train devait partir à 9 heures. Le sous-officier qui lui barrait le passage s'acharnait à lui réclamer sa carte de journaliste. Non sans peine, le ministre des Travaux publics est parvenu à se faire reconnaître, et a pu terminer son voyage avec M. le Président de la République.

Nous voilà en route pour Paris.

A Aigrefeuilles, le maire a à peine le temps de dire un mot que le train est obligé de partir.

GARRAN DE BALZAN,
Sénateur.

A Niort, les sénateurs et les députés des Deux-Sèvres viennent saluer M. le Président de la République. M. Garran de Balzan, sénateur, est invité à prendre place dans le train présidentiel et rentre à Paris avec M. Carnot.

A Saumur, la gare est richement décorée. Les officiers instructeurs de l'École sont présentés à M. le Président qui, après avoir adressé des félicitations sur la bonne tenue des élèves, accorde deux jours de congé.

Pendant toute la halte, des musiques bruyantes jouent la *Marseillaise* et couvrent le bruit des acclamations.

La locomotive siffle, il faut partir.

A Château-du-Loir, M. Carnot est salué par les cris de : « Vive la République! » ainsi qu'à Courtalains-Saint-Pellerins.

A cette station, M. le Président passe devant le front du détachement de pompiers ; il est suivi de M. Lockroy. Le maire, se faisant désigner le ministre de l'Instruction publique et des Beaux-Arts, s'écrie en le regardant :

— Je le croyais plus gros que ça !

A Chartres, la gare est superbement pavoisée et, à Saint-Cyr, le général Tramond présente à M. le Président de la République, les professeurs de l'École.

Comme à Saumur, le chef de l'État accorde aux élèves deux jours de congé.

Enfin, le train présidentiel arrive à Paris à 7 heures 40 minutes, à la gare Montparnasse, où le service d'ordre est fait par les brigades des VIe et VIIe arrondissements.

M. Carnot a été reçu par M. Charles Floquet, président du Conseil, et M. Lozé, préfet de police; M. Bonhoure, chef du cabinet de M. le ministre de l'Intérieur. Il était suivi de l'amiral Krantz, de M. Deluns-Montaud et de M. Lockroy, que M. Georges Hugo est venu embrasser.

M. le Président de la République est monté aussitôt en voiture fermée et, sans aucune escorte, s'est dirigé vers l'Élysée.

Six ou sept mille personnes, retenues par des cordons de gardiens de la paix, ont salué le chef de l'État des cris de : « Vive Carnot! vive la République! »

Quelle charmante impression nous a laissée ce premier voyage de M. le Président de la République!

Partout, M. Carnot a été chaleureusement accueilli, les municipalités avaient fait de grands frais pour le recevoir et, ce qu'il y a de plus touchant, ç'a été de voir des paysans, venus en grand nombre, se masser sur les quais des petites gares, maire en tête, drapeaux déployés, tout simplement pour assister au passage du train présidentiel.

Nous filions à toute vitesse, n'entendant, des musiques qui jouaient, que deux notes : « Fa, sol », — « la si » — ou « do mi »? je n'en sais rien; malin qui pourrait le savoir.

Dans nos haltes, nous avons retenu des paroles typiques des maires des petites communes. Certains avaient écrit leur discours et, ne trouvant pas la force d'aller jusqu'à la fin, le remettaient soit à M. Lockroy, soit à M. Deluns-Montaud.

D'autres l'avaient appris par cœur, mais, émus, ne pouvaient en réciter un mot; ils laissaient alors tomber des phrases vagues dans le genre de celle-ci :

« Monsieur Carnot, nous sommes bien heureux, nous vous présentons *toutes nos amitiés.* »

Ou encore :

« Monsieur... monsieur... le Président, ça nous échauffe le moral! »

C'est tout ce que ces braves gens, auxquels M. le Président de la République serrait la main, trouvaient à dire.

L'un a même ajouté « qu'il n'avait pas l'habitude de se trouver en aussi *charmante compagnie* ».

Eh bien! comme dans le poème de François Coppée,

Moi, je n'ai pas trouvé cela si ridicule.

FIN DU PREMIER VOYAGE.

DEUXIÈME VOYAGE

CHAMBÉRY. — AIX-LES-BAINS. — VIZILLE. —
GRENOBLE. — ROMANS. — VALENCE.

CHAPITRE VII

CHAMBÉRY

Départ de Paris. — Les arrêts. — Manifestations spontanées. — Enthousiasme des populations rurales. — Pluie torrentielle. — Arrivée à Chambéry. — Réception à la Préfecture.

Chambéry, 18 juillet 1888. — 8ᵉ JOUR.

M. Carnot a quitté Paris ce matin, par la gare de Lyon, à 8 heures et demie très précises. Il était accompagné du général Brugère. MM. Callès, de Mortillier et Maurice Faure, députés, sont partis par le train présidentiel.

Le service d'ordre avait été organisé par M. Lozé, préfet de police, qui se trouvait sur les lieux.

La gare de Paris-Lyon était pavoisée, ainsi que les maisons voisines.

M. Carnot a été reçu dans le salon d'honneur, orné de fleurs et de feuillages, par M. Mallet, président du conseil d'administration; par M. Noblemaire, directeur de la Compagnie; par M. Picard, chef de l'exploitation; par M. Henri, ingénieur en chef du matériel et de la traction, et par M. Reynoul, chef de gare principal.

M. André, secrétaire particulier de M. Floquet est venu saluer M. le Président au nom du ministre de l'Intérieur.

M. de Lamolère, inspecteur en chef, a été chargé par la Compagnie de la direction du train présidentiel, composé de deux wagons-salons, d'un wagon-restaurant et de trois voitures de 1re classe.

Le colonel Kornprobst a présenté à M. Carnot nos confrères de la presse qui font le voyage à Grenoble; à chacun d'eux, M. le Président de la République a adressé un petit mot aimable de remerciement touchant les comptes rendus de la presse sur son précédent voyage.

Un petit incident s'est produit à ce moment. M. Thiabaud, correspondant parisien de plusieurs journaux italiens, a adressé à M. le Président de la République les paroles suivantes :

En ma qualité de Savoisien et de correspondant de plusieurs journaux italiens, je suis heureux d'avoir l'honneur de vous accompagner à Chambéry pour pouvoir dire dans la presse italienne l'accueil chaleureux qui vous sera fait en Savoie et qui prouvera combien cette province est fortement attachée à la France et à la République.

Cela montrera à l'Italie qu'elle n'a rien à reprendre, et que nous n'avons rien à rendre.

Le train a quitté Paris à 8 heures et demie, précédé d'une machine, devant se tenir toujours à dix kilomètres pour s'assurer de la liberté de la voie. A chaque aiguille se tenaient deux employés.

Sur tout le parcours du train présidentiel, l'accès des quais n'était autorisé qu'aux municipalités et aux autorités constituées des localités traversées. La foule se massait comme elle pouvait, le long des barrières, contre les grilles, et l'écho formidable de ses vivats et de ses acclamations allait droit au cœur de M. le Président.

M. Carnot descendait de voiture à chaque station et saluait la foule dont l'enthousiasme n'a été qu'un jet immense et continu du départ à l'arrivée. Jusqu'aux enfants dont les petits cris perçants dominaient les voix et même les cuivres des fanfares !

Bien qu'un voyage accompli dans de telles conditions soit fati-

gant au possible pour M. le Président, celui-ci, qui semble être de fer,
n'a pas cherché une seule fois à se soustraire aux ovations de ses
concitoyens, et c'était avec un plaisir toujours nouveau qu'à chaque

LE ROYER,
Président du Sénat.

arrêt du train il descendait pour saluer la foule heureuse de contempler
les traits du chef de l'État.

Voici la physionomie des haltes présidentielles :

A Montereau, une société orphéonique a chanté : « *Vive à jamais
la République !* »

Les pompiers étaient dans les rangs des chanteurs.

11

Le général Blot a été invité à déjeuner par M. le Président dans le train. Des bombes ont été tirées et une jeune fille a offert un bouquet à M. Carnot.

A Laroche, les maires sont venus de toutes les communes voisines. Grande sympathie, cris nombreux de : « Vive Carnot ! »

M. le Président répond : « Criez vive la République ! » La musique du Mont-Saint-Sulpice a joué la *Marseillaise;* le général Moulin a pris place dans le train.

A Montbard, la gare était splendidement pavoisée; on y remarquait des écussons aux initiales R. F. entrelacées avec celles de M. le Président de la République. M. Carnot a reçu dans le salon d'attente le préfet de la Côte-d'Or, le sous-préfet de Semur, les municipalités, les membres du Tribunal.

Des Sociétés de gymnastique s'étaient rendues à la gare. Quatre bouquets ont été offerts à M. le Président pour Mme Carnot, par la fille du maire et par celle du chef de gare. Détail typique, et qui prouve à quel point le progrès s'infiltre dans les campagnes : la municipalité de Montbard avait eu soin de faire distribuer à tous les invités un petit programme autographié, contenant une statistique minutieuse de tous les drapeaux, de tous les lampions accrochés aux fenêtres de la ville, l'énumération des titres de tous les personnages présents, le nombre des bouquets et des coups de canon tirés. Cette amusante statistique prouve que la province n'est pas ennemie de la réclame qui fait, sous ses manifestations multiples, l'agrément des journaux et des rues de la capitale.

Au départ de Montbard, le canon a tonné. Nous avons traversé le département de la Côte-d'Or sous une pluie battante et, malgré cela, les populations se pressaient aux passages à niveau, pour acclamer M. le Président.

A Dijon, même cérémonial de présentation : Cour d'appel, maires, clergé. Le 27e de ligne rendait les honneurs. Les généraux Tricoche et Davout escortaient M. le Président qui a passé devant le front des troupes.

DEUX MINUTES D'ARRÊT

M. le Président de la République serre la main des conseillers municipaux et passe en revue les pompiers de la commune.

Sur les bords de la Saône, des pêcheurs à la ligne criaient : « Vive Carnot! » Cependant, la pêche réclame du calme, Qu'importe! ils ont perdu leur friture pour la République.

A Chalon-Saint-Côme, pluie torrentielle. M. le Président est descendu quand même du train. Un maire a arraché le parapluie des mains du domestique de M. Carnot pour avoir l'honneur de le couvrir.

Il a tenu le parapluie de l'Élysée! C'est le plus beau jour de sa vie.

A peine le train s'était-il éloigné, qu'on a aperçu un arc-en-ciel sur Mâcon.

Dans cette gare, le préfet a assuré M. le Président du dévouement à la France et à la République du vieux département bourguignon. Il a rappelé à M. Carnot le souvenir glorieux de sa famille.

Le 134e de ligne rendait les honneurs.

A Bourg, une foule énorme a débordé la compagnie du 23e de ligne. L'enthousiasme était tel que, malgré un retard d'un quart d'heure, M. le Président est resté cinq minutes en gare au lieu d'une. Partout des mains se tendaient vers lui; sur les toits de la gare, de tous côtés, on criait : « Vive Carnot! »

Des femmes agitaient leur mouchoir.

Hélas! l'arc-en-ciel n'a pas ramené le beau temps, la pluie a continué.

A Ambérieu, les pompiers, en tenue de garde nationale, avec la hache, fusil à piston, bonnets à poil, précédés d'un tambour-major avec sa canne, étaient présents.

Du reste, la bonne tenue des pompiers échelonnés sur tout le parcours ravit les yeux de tout le monde mais ne surprend personne. Ils sont étincelants, ces braves gens. Il faut leur rendre cette autre justice, qu'en outre de leur courage, ils pourraient rivaliser, comme tenue et discipline, avec le meilleur régiment français, si toutefois il pouvait se trouver, dans notre admirable armée, un régiment supérieur aux autres par la tenue, la discipline et le courage.

Or donc, les pompiers n'auront point à se plaindre ; eu égard à leur belle ordonnance, eux seuls sauront bien apprécier l'admiration qu'aucun de nous ne leur a ménagée sur tout le parcours, et que nous sommes prêts à leur témoigner de grand cœur à toute occasion!

Le maire d'Ambérieu a prononcé un discours se terminant par : « C'est la paix qu'il nous faut! » C'est tout à fait terroir.

Nous avons traversé, pour nous rendre à Culoz, une vallée splendide. Par malheur, le train filait avec une vitesse de quatre-vingts kilomètres à l'heure. Allez donc admirer le paysage!

Arrivés à Culoz, nous avons retrouvé le commandant Chamoin et le général Davout.

A Aix-les-Bains, court arrêt.

Nous reviendrons demain dans cette ville pour visiter les grottes et les casinos.

Quand nous sommes passés à Viviers, il faisait presque nuit; malgré cela, les pompiers étaient à la gare et jouaient la *Marseillaise*.

Enfin! M. le Président de la République est arrivé à Chambéry à 8 heures du soir. Il pleuvait. Les illuminations étaient endommagées. Les dragons rendaient les honneurs ainsi qu'un régiment d'infanterie.

Des arcs de triomphe étaient élevés en grand nombre. Les présentations ont été remises à demain matin, 9 heures, à la Préfecture.

Ce soir, à 9 heures, a lieu une réception ouverte à l'Hôtel de Ville.

En terminant, nous remarquerons l'empressement et l'enthousiasme des populations à tous les passages à niveau.

Il est impossible de les noter.

On ne peut donc que féliciter en masse ces braves gens qui sont venus, sous une pluie diluvienne, voir passer M. le Président de la République et l'acclamer chaleureusement.

Le wagon présidentiel, en arrivant à Chambéry, était bondé de fleurs offertes pendant tout le parcours.

M. Carnot est accompagné de son fils Ernest, élève à l'École des mines.

La pluie torrentielle qui tombait à l'arrivée ayant cessé un peu, vers 10 heures toute la population est sur pied et se rend autour de l'Hôtel de Ville magnifiquement décoré, pavoisé et illuminé. Les troupes constituent une garde d'honneur.

A 9 heures et demie, M. Carnot, accompagné du général Davout, de M. du Grosriez, préfet de la Savoie, et de ses officiers d'ordonnance, se rend en voiture découverte à l'Hôtel de Ville.

M. DU GROSRIEZ,

Préfet de la Savoie.

Sur tout le parcours il est l'objet d'ovations enthousiastes. Cris : « Vive Carnot ! Vive la République ! »

M. Carnot pénètre dans le grand salon de réception entouré du maire, des adjoints, des conseillers, du préfet, des généraux et des officiers d'ordonnance ; il reçoit pendant plus d'une heure et demie toutes les autorités civiles et militaires, qui après avoir salué respectueusement le chef de l'État se répandent dans les autres salles.

Tous les fonctionnaires, le trésorier, le directeur des postes, le directeur de l'enregistrement, les membres du Tribunal, les avocats, les avoués, etc., sont venus présenter leurs hommages au chef de l'État, qui a trouvé pour chacun un mot aimable et leur a serré la main.

II

Coup d'œil sur la ville. — Le pittoresque savoisien. — Réceptions officielles. — Discours de M. le Président de la République. — A l'hôpital. — Les dons. — La fête de gymnastique. — Départ pour Aix-les-Bains.

Chambéry, 19 juillet 1888. — 9e JOUR.

Rude journée, mais nous ne nous en plaignons certes pas. Depuis notre départ, nous sommes peu faits au beau temps; et je n'ai pas suffisamment insisté sur le déluge dont nous avons été les victimes, depuis notre départ de Paris jusqu'à notre arrivée à Chambéry. Aujourd'hui, heureusement, le soleil a bien voulu condescendre à se montrer; et, Phébus Apollon dût-il être accusé de platitude envers le pouvoir, force m'est bien de constater qu'il a mieux fait les choses.

Chambéry est une ville un peu morne, mais elle rachète cette impression par sa situation pittoresque au pied des Alpes. Pour un observateur attentif, il y a amplement, dans la ville, de quoi se dédommager de ses fatigues. Les monuments historiques y abondent et, en première ligne, le château des ducs de Savoie, construction grandiose et solide où sont installés les bureaux de la Préfecture, le quartier général, etc. Une tour quadrangulaire du plus imposant effet se dresse sur ces bâtiments. Du haut de sa plate-forme on découvre le panorama tout entier de Chambéry. Le château est entouré de jardins fort bien tenus et de gazons soigneusement peignés.

A part quelques larges travées, la ville se subdivise en une infinité de petites ruelles s'enfonçant dans les maisons, la plupart commençant par un porche, ce qui leur donne un faux air d'allées de cloîtres.

Dans toutes ces petites ruelles ce ne sont que drapeaux flottants, bannières, écussons, guirlandes.

La ville de Chambéry s'est mise en grands frais.

Le cortège présidentiel se rend à la Préfecture où la présentation des autorités civiles et militaires se fait avec beaucoup d'apparat. Nous retrouvons, — toujours avec un nouveau plaisir, — MM. les maires savoisiens qui, hier au soir, à l'arrivée et à la réception ouverte, ont poussé de si formidables cris de : « Vive Carnot! vive la République! » cris qui, lancés avec l'accent particulier au pays, nous ont un peu fait sourire, — et beaucoup émus. Ah! c'est que le cœur y est, en Savoie!

Les costumes savoyards sont charmants et d'une grande originalité. Ici, l'habit noir est presque inconnu, sauf chez le fonctionnaire; et le cortège présidentiel (on en connaît suffisamment la composition), dans ses différentes pérégrinations, a traversé constamment une double haie de gens habillés de la façon la plus pittoresque. Les femmes, — il y en a beaucoup, vous pensez! — joignent leurs acclamations à celles de leurs maris. M. le Président de la République, s'il n'est pas satisfait de l'enthousiasme féminin, serait donc bien difficile.

A 11 heures, M. Carnot se met en route pour le Lycée national, où un petit discours est prononcé par un élève. Ci, deux jours de congé, et levée générale de tous les pensums!

Toutes les rues sont pavoisées, et des fleurs sont jetées de bien des fenêtres. Et des cris de « vive Carnot! » comme s'il en pleuvait, et des « vive la République! » tout le temps. Je vous dis que c'est de l'enthousiasme.

M. Pierre Blanc, doyen de la représentation savoisienne, après avoir présenté les sénateurs et députés, MM. Parent, Jules Roche, Horteur et Carret, salue en M. Carnot « l'image la plus pure de l'honnêteté, le gardien intègre de notre Constitution et de nos libertés, le digne héritier d'un grand nom ».

Il salue aussi, au nom de ses collègues, « la politique d'apaisement, de concorde et d'union dont l'élection de M. Carnot a été la messagère ». Il rappelle le mouvement extraordinaire de satisfaction qui a éclaté dans toute la France, lorsqu'on a vu apparaître au sommet du pouvoir un républicain sans tache.

M. Carnot remercie chaleureusement M. Pierre Blanc.

Puis, M. le général Davout d'Auerstædt, gouverneur militaire de Lyon, prend la parole et assure M. le Président des sentiments de dévouement, de patriotisme et de discipline des troupes du 14e corps d'armée.

M. Carnot répond qu'il est heureux d'apprendre de la bouche du général Davout que l'armée travaille, avec une ardeur incessante, à la tâche commune, celle de la défense de la Patrie.

Le maire de Chambéry présente ensuite les membres du conseil municipal; M. Carnot serre les mains des conseillers; tout ceci, au milieu des cris de : « Vive la République! »

M. Carnot répond au maire :

Je suis très heureux de constater, ce que je savais depuis longtemps, que le conseil municipal de Chambéry n'est pas seulement républicain, mais qu'il sait aussi gérer avec diligence les affaires du pays. C'est un bon exemple que vous donnez à tous les conseils municipaux. Je crois qu'aujourd'hui ils commencent à comprendre tous, que là est leur premier devoir.

Quant au petit concours que je vous ai apporté, je vous le devais comme étant presque votre compatriote.

Après quoi, c'est M. Parent, sénateur, qui présente le conseil général, dont il est le président. M. Parent fait un très beau discours. Il rappelle que c'est en Savoie que M. Carnot a débuté comme ingénieur, et que les Savoyards le considèrent comme un des leurs. Il conclut ainsi :

Vous avez été appelé à la haute fonction que vous exercez par un vote presque unanime de la représentation nationale, et, par les acclamations dont elle vous salue partout, la France ratifie avec enthousiasme le choix de ses mandataires. On ne pouvait d'ailleurs remettre le drapeau de notre chère République en des mains plus loyales et plus pures.

En répondant à M. Parent, M. Carnot s'exprime ainsi :

Je suis profondément ému des paroles que vous venez de prononcer et je remercie le conseil général.

Je suis d'autant plus touché de vos paroles que nous sommes de vieux com-

CHAMBÉRY. — M. le Président de la République salue du balcon de la Préfecture la foule qui l'acclame

pagnons de lutte, et que, pendant dix-sept ans, côte à côte, nous avons travaillé ensemble à fonder, à défendre, et, je l'espère, à installer définitivement la République.

La réception terminée, conformément au programme M. le Président de la République poursuit sa visite à travers la ville.

Très remarquée en route, la fontaine des Éléphants et la statue du général de Boynes. La décoration en est merveilleuse. Partout des drapeaux, des fleurs, des tentures. C'est superbe.

Les troupes, chasseurs, dragons, infanterie de ligne, bordent les rues suivies par le parcours. Nous visitons l'hôpital; M. Carnot donne 2,000 francs pour les pauvres et 500 francs pour les malades; et je n'ai pas besoin de dire que cette libéralité n'est point faite pour le desservir dans l'esprit des populations que visite le premier magistrat de la République.

Et maintenant, vite à la Préfecture pour déjeuner. Il est très bon, ce déjeuner, — et très rapide aussi. Le temps presse. Un festival musical attend M. le Président de la République, ainsi qu'une fête des sociétés de gymnastique.

M. le Président et sa suite arrivent un peu en retard au Champ de Mars, où la fête doit avoir lieu. Elle est fort réussie. Honneur aux Savoisiens !

Les *Volontaires* et les *Pupilles* de Chambéry ont donné, pendant une heure, à M. Carnot, un spectacle qu'il est impossible d'oublier après l'avoir vu. L'agilité et la souplesse des petits *Pupilles* surtout leur ont valu des compliments bien mérités de la part de M. le Président et de sa suite. Les plus âgés d'entre eux ont à peine douze ans, et il est bon de noter ici qu'ils ont récemment obtenu le premier prix au concours de Belfort. Que dire davantage de ces petits bonshommes, si ce n'est qu'il y a en eux l'étoffe d'autant de braves pour l'avenir. Gloire aux *Pupilles*, et à toutes les sociétés de gymnastique de France !

A 3 heures, M. le Président et sa suite partent pour Aix-les-Bains.

Pendant cette absence, la ville de Chambéry « toute à la joie » se livre avec entrain au plaisir, malgré le mauvais vouloir du temps qui, redevenant réactionnaire, fait décidément grise mine aux exubérances de la population.

Chambéry en a bien vite pris son parti, et nargue avec plus d'entrain encore ce vieux trouble-fête qui ne parvient pas à se dérider au contact de la gaieté générale.

CHAPITRE VIII

AIX-LES-BAINS. — CHAMBÉRY

Décoration de la ville d'Aix. — Enthousiasme féminin. — Chez l'empereur du Brésil. — Retour à Chambéry. — Le banquet. — Discours de M. le Président de la République. — Les décorations. — Le départ.

I

Aix-les-Bains, 19 juillet. — 9º JOUR.

Ça va bien. Ça va même de mieux en mieux. Aix est magnifique. La décoration de la ville est tout simplement splendide. — Oriflammes de tous les pays, drapeaux de toutes les couleurs, verdure, arcs de triomphe, fleurs, — rien n'y manque. Dans les rues, on a planté de grands sapins, garnis de drapeaux, et à côté desquels les pauvres poteaux, tant admirés de nos Parisiens, feraient vraiment triste figure. Et un enthousiasme!... Non, vous n'avez pas idée de cela! Les femmes, en élégantes toilettes (je n'ai pas besoin de vous dire qu'Aix est une des stations les plus riches de France), agitent leurs ombrelles et leurs mouchoirs. « Vive Carnot! Vive la République! » — « Vive la République! Vive Carnot! » — Et cela répété mille fois, cent mille fois. C'est assourdissant, — charmant, excellent, attendrissant presque, — mais assourdissant.

Tous ces braves gens ne savent comment témoigner de leur satisfaction. Je note au passage un cri de : « *Vive le gouvernement!* »

Très chargé, le programme. En conséquence, il faut mettre les morceaux doubles. En vingt minutes a lieu, à la Mairie, la réception du conseil municipal, du préfet, du général du Bessol, et des présidents des diverses sociétés.

Puis, M. le Président est conduit au Splendide Hôtel, où loge l'empereur du Brésil, qui se montre très sensible à la visite que lui fait M. Carnot et qui, dans le courant d'une courte et spirituelle conversation, dit des choses cordiales pour notre pays qu'il adore, et où il a retrouvé la santé. S. M. Dom Pedro rappelle, avec beaucoup d'à-propos, qu'il a été le collègue de M. Carnot père à l'Institut.

La Société chorale se fait entendre pendant l'entrevue des deux chefs d'État. Et je vous prie de croire que les Savoisiens, excellents musiciens comme on sait, ont sorti leurs plus beaux airs, ont chanté avec un ensemble dont bon nombre de nos meilleures sociétés parisiennes se contenteraient

Visite à l'hospice : nouveau don présidentiel. M. Carnot donne 300 francs. Visite à l'établissement thermal, célèbre dans le monde entier et dont l'éminent directeur, M. Livet, reçoit la croix d'officier de la Légion d'honneur.

Maintenant, un scrupule m'arrête. Je me demande si je dois avouer que nous avons des vices... Car enfin, il n'y a pas à dire, M. le Président de la République, qui tient à voir toute la ville pour ne mécontenter personne parcourt les casinos. Or, ils ne vivent guère que du jeu, les casinos; c'est donc, dans une certaine limite, la reconnaissance officielle du baccara! Hein! des tirages à cinq! sous les auspices du gouvernement. Voilà de quoi faire rêver les directeurs de cercles!

Il faut s'empresser d'ajouter que M. le Président de la République n'a pas visité les salles de jeu, et qu'aucun officier de sa suite n'a demandé à prendre une banque, même de 25 louis.

Au grand cercle d'Aix, pendant la promenade présidentielle,

AIX-LES-BAINS. — Le Président visitant l'établissement thermal.

l'orchestre de M. Colonne a exécuté, avec la maëstria qu'on lui connaît, des œuvres de Reyer, de Gounod, d'Ambroise Thomas, de Léo Delibes, de Camille Saint-Saëns. Tout l'Institut, comme vous voyez !

Autre casino : la *Villa des Fleurs*. Autre orchestre : celui de M. Brunel. Autre programme : rien que du classique. Beethoven et autres dieux de la musique ancienne. En fait de musique moderne, les « Vive Carnot ! » tout le temps, tout le temps, tout le temps !

DOM PEDRO,
Empereur du Brésil.

Ce que je viens de narrer a duré juste une heure trois quarts.

Pendant ces cent cinq minutes... Seigneur ! je vais être obligé de parler encore des acclamations !... Mais qu'est-ce que vous voulez que j'y fasse ? Puisque j'en ai encore les oreilles qui bourdonnent. — Et il n'y a pas que des acclamations. Il y a eu aussi les salves d'artillerie et les détonations de bombes.

Le vrai feu d'artifice, eût dit feu Belmontet, c'est l'enthousiasme bruyant et cordial des populations ; et pas une fusée de ce feu d'artifice-là n'a manqué, pendant tout le séjour de M. le Président de la République à Aix-les-Bains.

II

Chambéry.

Retour à Chambéry après une visite aux grottes de Lovagny. Nous allons à la salle des fêtes du Théâtre, où un banquet est offert à M. Carnot, par le conseil municipal.

M. le Président de la République est placé entre M. Perrier, maire de la ville, et le général Davout. Assistent au banquet : le préfet, les sénateurs et les députés de la Savoie et des départements voisins. Excellent dîner, avec un menu presque exclusivement composé de mets locaux. Deux musiques, celle d'un régiment et la musique municipale, qui jouent la *Savoisienne* aux applaudissements de tout le monde.

Naturellement, on toaste. Deux très bons discours sont prononcés par M. le préfet de la Savoie et par M. Perrier, maire de Chambéry, qui remercient chaleureusement M. Carnot de la visite qu'il fait à leur département. Je note en passant que les protestations de patriotisme et d'attachement à la France des populations savoisiennes, soulèvent des tonnerres d'applaudissements.

M. Carnot répond avec beaucoup d'à-propos :

Je suis reconnaissant envers l'assemblée tout entière d'avoir bien voulu, par ses acclamations, manifester qu'elle accueillait ces paroles avec sympathie. (Applaudissements.)

Je viens de passer une bien belle journée; elle me laissera un impérissable souvenir. Ces acclamations, que j'ai recueillies dans votre ville et à Aix, ces acclamations qui s'adressaient à la France, car elles ne s'adressaient pas à un homme, je les ai gravées dans mon cœur et jamais je ne les oublierai. (Applaudissements prolongés.)

Depuis tantôt vingt-quatre ans, je connais et j'aime les populations de la Savoie; je les ai vues dans des moments pénibles et douloureux, je les ai vues en 1870 et j'ai constaté, comme on le rappelait tout à l'heure, leur patriotisme, leur enthousiasme, leur dévouement, les sacrifices auxquels elles se condamnaient et auxquels elles étaient toujours disposées pour venir au secours de la Patrie blessée. (Nouveaux et chaleureux applaudissements.)

Je les ai vues quelques mois auparavant manifester hautement leur indépendance et alors que, sous la forme d'un plébiscite, on avait la prétention de capter leurs suffrages, en ce moment même elles répondaient fièrement : Non! (Applaudissements répétés.) Eh bien! Messieurs, depuis ce moment, j'ai été fier d'avoir deux de mes fils Savoyards par droit de naissance! (Salve d'applaudissements.)

Aujourd'hui, en parcourant les rues de votre ville, quoique nous soyons dans une période qui ne ressemble guère à celle de 1870, j'ai senti mon cœur frémir de nouveau et battre d'un amour patriotique pour la belle Savoie et, comme tout à l'heure on parlait de la petite France, je me disais : « Il n'y en a plus; il n'y a qu'une France, une et indivisible! »

C'est au nom de la France une et indivisible que je porte un toast en buvant à la Savoie et à la ville de Chambéry. (Salves d'applaudissements; cris enthousiastes de : « Vive Carnot! vive la République! »)

M. le Président de la République remet ensuite au général du Bessol les insignes de grand-officier de la Légion d'honneur. Une croix de chevalier est donnée à un vieil instituteur, M. Vallory, dont les quatre filles sont vouées à l'enseignement et qui a formé plus de trente instituteurs dans les villages où il a enseigné. Jamais croix n'a été mieux placée que sur la poitrine d'un tel homme !

En remettant la croix de chevalier à M. Vallory, M. le Président lui dit :

Tout à l'heure, Messieurs, on a éveillé un souvenir qui m'est cher. On a rappelé que mon père avait été ministre de l'Instruction publique en 1848, et qu'il avait préparé l'œuvre de l'instruction gratuite et obligatoire. Dans ma famille, l'amour de l'instruction est resté le même, et je suis heureux de le témoigner aujourd'hui devant cette assemblée. (Nouvelles salves d'applaudissements.)

Quand les applaudissements cessent, M. Carnot ajoute :

Je me lève encore parce que nous avons encore d'autres devoirs à remplir; c'est par l'enseignement militaire que nous avons des officiers capables de donner à nos soldats ce courage, cette énergie, cette discipline qui font la force des nations; c'est pourquoi je suis heureux de pouvoir les récompenser dans la personne du général Dufauré du Bessol, que j'élève au grade de grand-officier de la Légion d'honneur.

On quitte ensuite la table pour assister pendant quelques instants au feu d'artifice. Puis, le cortège présidentiel se rend à la gare, au milieu de nouvelles et de chaleureuses ovations.

La façon dont la ville est illuminée ce soir ne le cède en rien à la beauté de la décoration diurne. C'est superbe; des fusées vont se perdre au pied des montagnes. L'effet est des plus pittoresques et des plus charmants.

La ville de Chambéry a fait à M. le Président une réception digne d'elle et de lui, et dont M. Carnot gardera certainement, comme tous les assistants, le meilleur souvenir.

En somme, journée magnifique. Mais quelle fatigue! Et notez qu'immédiatement après le banquet du conseil municipal, c'est-à-dire un peu après 9 heures, le train présidentiel se remet en route pour Vizille.

Du Champ de Mars à la gare, M. le Président de la République est chaudement acclamé.

Dernier écho des décorations :

Pendant la réception, M. Carnot a remis la croix de chevalier de la Légion d'honneur à MM. Pantozier, capitaine au 4e dragons, et Revel, architecte; la croix du Mérite agricole à M. Nayet, agriculteur à Brides-les-Bains, et une médaille de bronze à M. Blanchet, ouvrier-constructeur de machines. M. Carnot a décerné, en outre, trois médailles militaires.

VIZILLE. — Vue du château où, le 21 juillet 1788, se tint l'assemblée des trois ordres de la province du Dauphiné.

CHAPITRE IX

A GRENOBLE

Arrivée de MM. Floquet et Lockroy. — Discours de M. le Président du Conseil. — La révolution dauphinoise. — La Journée des Tuiles. — Aspect de la ville de Grenoble. — Les arcs de triomphe. — Entrée présidentielle. — Les députations du Sénat et de la Chambre. — Les présentations. — Les discours. — Au banquet. — Visites en ville. — Les illuminations.

Grenoble, 20 juillet 1888. — 10ᵉ JOUR.

Nous étions encore à Chambéry, quand, hier, MM. Floquet, président du Conseil, et Lockroy, ministre de l'Instruction publique et des Beaux-Arts, ont fait leur entrée à Grenoble, où nous les avons retrouvés en arrivant, à 11 heures du soir, par le train présidentiel.

Les ministres ont été reçus à la gare par MM. Marion, sénateur; Bovier-Lapierre, Gustave Rivet, Rey, Saint-Romme et Gaillard, députés, et se sont rendus dans la salle du gymnase municipal où un punch d'honneur leur a été offert, au nom de plusieurs groupes et comités électoraux républicains.

Dans la ville on ne parlait pas d'autre chose que du très beau et très patriotique discours prononcé, dans la journée, par M. le président du Conseil, en réponse au toast des organisateurs du punch.

13

Au milieu d'applaudissements répétés, il a rappelé qu'il était venu à Grenoble, au temps des luttes contre le despotisme impérial, défendre la liberté menacée, dans un journal républicain « coupable d'avoir alors commencé l'entreprise téméraire qui est devenue la République aujourd'hui fondée ».

Il a rappelé les souvenirs nombreux qui rattachent la personne et la famille de M. le Président de la République à la cité grenobloise; et, après une péroraison magnifique, a bu à l'union des républicains français, en commémoration des ancêtres qui se réunirent pour la cause publique, et formèrent la sainte confédération des hommes de liberté dans toutes les villes qui, selon la parole du poète, ont été les monts sacrés d'où la France vit surgir le soleil avec la liberté.

M. Floquet a toasté ensuite à tous les républicains français.

M. le Président de la République avait accepté, sur l'invitation de M. Jean-Casimir Périer, de passer la nuit au château de Vizille.

Tandis que M. le Président dort, jetons un coup d'œil sur l'histoire des événements qui se déroulèrent dans le Dauphiné en 1788. et qui eurent un retentissement considérable dans le pays. Il est utile de les résumer en quelques mots, pour montrer que ces réjouissances commémoratives peuvent réunir tous les Français, sans distinction d'opinion.

Le 10 mai 1788, le duc de Clermont-Tonnerre, lieutenant général de la province, procéda militairement à l'enregistrement des édits qui mutilaient les parlements en leur enlevant le droit de vérification, source de leur autorité politique. La ville de Grenoble, puis la France entière s'émurent : le Parlement tint des réunions secrètes à la suite desquelles on adressa des mémoires de protestation au ministère : celui-ci n'en tint aucun compte et le 30 mai le duc de Clermont-

Tonnerre faisait remettre aux membres du Parlement des lettres de cachet qui les exilaient dans leurs terres et menaçaient les récalcitrants du sabre des soldats.

Cet ordre d'exil fut exécuté le 7 juin ; mais le peuple de Grenoble ne voulut pas laisser partir les conseillers. Quand le premier président de Bérulle sortit de sa maison, la foule détela les chevaux. En même temps, au son du tocsin, les paysans accoururent et enfoncèrent les portes de l'hôtel du duc de Clermont-Tonnerre.

Les troupes royales ne savaient quelle attitude prendre ; sur la place Grenette, un officier commanda le feu. Trois habitants furent mortellement frappés ; du haut des toits, immédiatement, s'abattit sur les soldats une grêle de tuiles. En vain les consuls de la ville s'interposèrent ; les tuiles tombaient toujours dru. Le duc de Clermont-Tonnerre, devant un désastre imminent, consentit à écrire au premier président de Bérulle qu'il pouvait suspendre son départ, mais le peuple voulait obtenir une satisfaction plus complète : il exigeait que le Parlement fût réintégré dans le Palais de Justice dont les soldats l'avaient chassé et il fallut bien céder. Le Parlement, en corps, traversa la ville et rentra dans la salle de ses séances dont le lieutenant général avait dû livrer les clefs. Partout des feux de joie s'allumèrent sur les places publiques ; le peuple était maître chez lui.

Cependant les membres du Parlement ne voulaient pas résister jusqu'au bout aux édits royaux : ils quittèrent un à un Grenoble. Les notables des trois ordres de la ville se réunirent alors dans l'hôtel communal et, après avoir protesté de nouveau contre les édits de mai, ils émirent le vœu que les États généraux du royaume fussent convoqués à bref délai et qu'en attendant le roi permît la réunion des États particuliers de province ; l'assemblée invitait en outre les villes et bourgs du Dauphiné à envoyer d'ores et déjà des députés à Grenoble.

Ce dernier appel fut entendu ; de toutes les cités, sauf de Vienne, Valence, Orange et Gap, des députés vinrent à Grenoble. Le maréchal de Vaux, qui avait remplacé le duc de Clermont-Tonnerre comme lieutenant général, comprit qu'il ne pouvait empêcher, par la force, ces notables de tenir leurs séances. Il exigea seulement que ces séances n'eussent pas lieu à Grenoble, et c'est alors qu'un industriel grenoblois mit à la disposition des députés son château de Vizille, qu'il avait acheté récemment aux Villeroy, les héritiers des ducs de Lesdiguières.

L'assemblée de Vizille se tint le 21 juillet ; elle vota un projet de résolution où les « trois ordres » suppliaient le roi de retirer les nouveaux édits, de rétablir le Parlement du Dauphiné ; ils s'engageaient en outre — « empressés de donner à tous les Français un exemple d'union et d'attachement à la monarchie » — à n'octroyer les impôts « par dons gratuits ou autrement que lorsque les États généraux en auraient délibéré dans tout le royaume ».

L'assemblée, cette tâche accomplie, s'ajourna au 1er septembre ; elle n'eut pas l'occasion de se réunir à nouveau. Le 29 août, les États de la province étaient convoqués à Romans par le ministère même ; le tiers-état y avait une place égale au nombre total des représentants des deux ordres privilégiés, et le 20 octobre le Parlement faisait sa rentrée solennelle dans Grenoble.

Telle est, à grands traits, l'histoire de ces grandes journées dont le peuple dauphinois a gardé l'impérissable souvenir.

Aussi, ne doit-on pas être surpris de l'enthousiasme des populations et des frais que les municipalités ont faits pour recevoir le premier magistrat du pays.

Le coup d'œil que présente la ville de Grenoble est charmant. Des milliers de drapeaux, des guirlandes à foison, des oriflammes, des fleurs, des tentures, pavoisent et égaient toutes les rues, toutes les maisons.

Des arcs de triomphe à tous les carrefours, à tous les coins. En voici un, sur le cours Saint-André, où se fera la réception officielle, qui est magnifique. C'est une superbe, une énorme construction. De grosses pièces en bois recouvertes de branchages et ornées de fleurs. C'est d'un aspect grandiose ; ce monument, — c'en est un, — dépasse de beaucoup en hauteur les arbres de l'avenue. Sur le fronton, un cartouche porte en énormes lettres rouges cette inscription :

A CARNOT

Un autre arc de triomphe... Mais vraiment, il est impossible de les

ÉDOUARD LOCKROY,
Ministre de l'Instruction publique et des Beaux-Arts.

décrire tous. Il y en a partout : sur la place Pierrepontée, dans la rue Vicat, dans celle de la Côte-Thibault, etc., etc.

Tous sont ornés d'inscriptions se rapportant au Centenaire de la Révolution ou de citations des discours de M. le Président de la République.

Une surprise. Les rues Saint-Jacques et du Lycée sont plafonnées.

Je veux dire qu'on leur a fait un plafond de banderoles aux gaies couleurs de France et du Dauphiné. Plus loin, autour du jet d'eau de la place Grenette, une profusion de lampes électriques lance des rayons lumineux de toutes les couleurs : c'est d'un effet ravissant. Dans la rue Montford, un énorme dais de banderoles, ou plutôt un véritable dôme, surmonte les armes de la ville de Grenoble.

L'administration militaire s'est chargée de la décoration de la porte Randon. Elle a fait une pure merveille d'art et de goût.

Cette porte est garnie du haut en bas de vieilles cuirasses, qui lui font un revêtement d'acier d'où surgissent des lances ornées du fanion tricolore, qui claque au vent. De chaque côté, de vieilles pièces d'artillerie de siège montrent leurs gueules sombres par des ouvertures ménagées dans des gabions. Sur le haut de la porte, des petites pièces de campagnes et des faisceaux de fusils.

Comme je l'ai déjà dit, M. Carnot a passé la nuit au château de Vizille, chez M. Casimir Périer.

Le temps s'est mis de la fête, — c'est une vraie fête, ce voyage ; et, c'est sous les rais d'un éclatant soleil que M. le Président de la République fait son entrée dans Grenoble. Lecortège est très beau. Des gendarmes, revolver au poing, précèdent le 4e dragons, sabre au clair.

Les acclamations reprennent de plus belle, et pour ne plus s'arrêter.

Dans les voitures qui suivent celle de M. Carnot, se trouvent M. Floquet, président du Conseil, très applaudi; M. Lockroy; M. le colonel Kornpbrost, M. Arrivière, secrétaire de la Présidence; la députation de l'Isère, etc. Avant d'entrer en ville, nous saluons le pont de Claix, où nous reviendrons demain en allant à Vizille. L'enthousiasme est indescriptible. Les paysans, groupés, massés tout le long de la route, poussent de longs cris de : « Vive la République! Vive Carnot! » Cela ne s'arrête pas. C'est un grondement continu que dominent à peine les canons du fort Rabot et de la Bastille, qui se mettent à tonner lorsque le cortège approche de la ville.

Les acclamations, le canon, les cloches qui sonnent à toute volée, le soleil, le cliquetis des armes, les chapeaux jetés en l'air, les mouchoirs agités, tout cela forme un inoubliable spectacle. M. Carnot, visiblement ému, salue de tous côtés.

M. Gaché, maire de la ville, à la tête du conseil municipal, reçoit M. Carnot, et lui adresse une courte allocution, pas du tout banale, ma foi! et à laquelle M. le Président de la République répond amicalement; puis M. Carnot fait son entrée en ville par le cours Saint-André. Les acclamations s'accentuent et redoublent encore quand un groupe de petites filles des écoles communales, en costume blanc avec l'écharpe tricolore, présentent des bouquets au chef de l'État, à qui les honneurs sont rendus par le 140ᵉ de ligne, le 2ᵉ d'artillerie, le 30ᵉ chasseurs à pied, le 12ᵉ bataillon d'artillerie de forteresse, le 4ᵉ du génie, — et d'autres encore, chasseurs forestiers, intendance, — sous les ordres des généraux Lespiau, Thomas, Faugeron et Saillard, que nous voyons défiler. Disons, en passant, que la grande variété de costumes a complété l'effet pittoresque de cette magnifique réception, à laquelle semble présider, du haut des airs, l'aérostat des ballonniers de la caserne du génie.

Après le défilé, M. Carnot est salué, au seuil de la Préfecture, par M. le Royer, président du Sénat, arrivé la veille avec M. Lebon, son chef de cabinet, puis par un grand nombre de sénateurs et de députés venus pour assister aux fêtes du centenaire de la révolution dauphinoise.

Citons au hasard parmi les sénateurs : MM. Rey, Marion, Couturier, Xavier Blanc, Parent, Durand, Jean Macé, Garran de Balzan, Raymond, Loubet, Fayard, etc.

Parmi les députés : MM. Jules Ferry, Henri Brisson, Spuller, Raynal, Flourens, Antonin Dubost, Saint-Romme, Rivet, Louis Guillot, Durand-Savoyat, Laurençon, Grimaud, Bovier-Lapierre, Aristide Rey, Ducher, Lombard, Gaillard, Madier de Montjau, Germain Casse,

Maxime Lecomte, Bizarelli, Maurice Faure, Richard, Chevandier, Calès, Mesureur, Colfavru, de Mortillet, etc.

M. Darlot, président du conseil municipal de Paris.

M. Carnot reçoit d'abord les magistrats de la Cour d'appel et M. l'évêque Fava, qui, après avoir raconté que le pape avait pour M. Carnot et la France des sentiments pleins d'amitié, conclut ainsi :

Aujourd'hui, Monsieur le Président, le clergé du diocèse, représenté par celui de Grenoble, vient vous présenter le respect qu'il professe pour l'autorité dont vous êtes revêtu, et il demande à Dieu que ses bénédictions assurent à votre personne, à votre famille et à la France, le bonheur et la paix.

M. le Président de la République lui répond :

Vous savez que nous sommes un gouvernement de conciliation et que nous la pratiquons en même temps que le respect de toutes les lois. J'ai la conviction que vous ne l'oublierez pas, et que le clergé de Grenoble est animé des mêmes sentiments.

M. Legrix, premier président, en présentant les membres de la Cour d'appel, prononce une allocution dont voici un passage ;

Monsieur le Président de la République,

Plus heureux que nos devanciers, les membres du Parlement en 1788, nous n'avons point à opter entre nos devoirs de serviteurs de l'État : nous restons en communauté d'idées avec la nation. Vous l'avez séduite, Monsieur le Président, par vos qualités éminemment françaises de droiture inflexible et de fermeté courtoise. Elle a foi en vous, elle sait que la politique que vous représentez assure à l'intérieur l'ordre et le progrès incessant, et à l'extérieur, par sa dignité calme et forte, le respect.

Aussi tous les bons citoyens vous apportent à l'envi et l'absolue confiance et la bonne volonté : forces morales utiles et puissantes dans un pays libre, et dont vous, Monsieur le Président, vous ne voulez vous servir que pour le triomphe de la République et la grandeur de la Patrie.

M. Carnot répond au président de la Cour d'appel :

Je suis profondément touché des paroles que vous venez de prononcer au nom de la Cour de Grenoble. Je suis heureux de penser que ces sentiments sont ceux de tous.

Le gouvernement que je représente est celui de la France, celui de la République, de tous les républicains d'union. J'espère que, tout en aimant la République, comme vous venez de le dire, vous saurez la faire aimer de tous en appliquant avec fermeté et énergie les lois que vous avez pour mission d'interpréter.

Le défilé des municipalités et des corporations commence aussitôt; la plupart des maires du département de l'Isère, au nombre approximatif de 250, passent devant M. le Président de la République, divisés

JULES FERRY.

en trois séries successives, puis les vingt-cinq sociétés de secours mutuels d'hommes et les vingt-deux sociétés de femmes avec tous leurs adhérents.

Parmi les diverses corporations, celle des charpentiers a attiré l'attention générale. Elle s'est avancée précédée de sa bannière. Les compagnons charpentiers portaient une longue canne Louis XIV et des insignes sur lesquels étaient brodés les outils de leur profession.

Au cours de la réception, M. le Président de la République a remis les insignes d'officier de la Légion d'honneur à M. Delatte, préfet de l'Isère, et des croix de chevaliers à MM. Lavial, capitaine au 14e bataillon de chasseurs, Gaché, maire de Grenoble, et Pascal, conseiller général.

14

Ont reçu la médaille militaire : MM. Bernard, adjudant au 4e régiment du génie ; Haerrig, adjudant au 2e régiment d'artillerie ; Bouvet, ancien militaire blessé en 1870.

M. Riondel, architecte à Grenoble, a été nommé officier de l'Instruction publique.

Les palmes d'officier d'Académie ont été décernées à M. Ding, sculpteur à Grenoble ; à Mlle Sac, directrice de l'école de Vif ; à MM. Ricci, docteur en médecine et maire de la Terrasse ; Gallien, directeur de l'école publique de Grenoble ; Donat, maire de Fitilieu ; Cavard, maire de Vizille ; Mollerai, professeur de gymnastique au lycée de Grenoble ; Biron, capitaine de pompiers à Grenoble ; Mlle Bonom, directrice du collège de jeunes filles de Grenoble.

La croix du Mérite agricole a été donnée à MM. Trouillon, maire de Briey ; Calvat, propriétaire à la Tronche.

Enfin des médailles d'argent ont été accordées à Mme Anglade, ouvrière tisseuse à Voiron ; M. Blanc, ouvrier peintre à Grenoble, et des médailles de bronze à MM. Courtand, ouvrier menuisier à Vizille ; Brachai, marbrier à La More, et Trouilloud, ouvrier charron à Voiron.

A midi et demi, un banquet a lieu dans la salle du nouveau Lycée. Inutile de parler des dimensions de cette salle : il y avait 950 couverts, cela dit tout ! MM. Floquet, Lockroy, Gaché, Jules Ferry, le Royer, président du Sénat, Spuller, général Davout, Edouard Rey, le général Saillard, Henri Brisson, Flourens, Delatte, préfet de l'Isère, Couturier, le général Faugeron, Xavier Blanc, Legrix, premier président de la Cour d'appel, le général Lespiau, Ronjat, le général G. Rivet, Brugère, Marion, Raynal, le général baron Thomas, etc., entourent le Président de la République.

Après deux discours de MM. Gaché, Ronjat, procureur général, M. Carnot prononce l'allocution suivante :

Dans les éloquents discours que vous venez d'entendre, M. le maire de Grenoble et M. le Président du Conseil général de l'Isère ont prononcé quelques paroles qui me sont personnelles. Je n'y veux répondre que par un seul mot, mais un mot cordial de remerciement. Je n'y ajoute rien, parce que, aujourd'hui, dans cette impérissable fête, vos sentiments s'élèvent bien au-dessus de toutes les personnes; ils se reportent vers la France elle-même. (Applaudissements.) C'est l'histoire, ce sont les annales glorieuses de la révolution dauphinoise qui doivent parler; elles seules doivent avoir place dans les esprits de cette grande assemblée.

De grands souvenirs ont été évoqués par les élus les plus autorisés de votre ville et de votre département. Le gouvernement de la République tient à vous dire qu'il s'associe de tout cœur aux sentiments si nobles, si élevés, qu'ils ont exprimés.

Il a voulu prendre part à la fête mémorable que vous célébrez. L'accueil qui a été fait à ses représentants a été vraiment triomphal, je prononce le mot, vraiment triomphal.

Toute la population de vos contrées dauphinoises a montré dans cette circonstance son patriotisme ardent, ses sentiments profondément français.

C'est ici, Messieurs, qu'est né, pour la première fois, le sentiment de la solidarité nationale. C'est ce sentiment qui caractérise la révolution dauphinoise.

Aussi je veux boire aux glorieux ancêtres qui, les premiers, l'ont proclamée. (Marques d'assentiment.)

Au nom de la France, de la Patrie une et indivisible, je lève mon verre en leur honneur. (Salve de bravos et d'applaudissements. Cris enthousiastes de : « Vive Carnot! »)

Ici, un incident comique : un maître d'hôtel, en débouchant une bouteille de champagne, inonde M. Carnot d'un flot de mousse. Pauvre maître d'hôtel! On voit bien qu'il n'a pas souvent l'occasion de servir le premier magistrat de la République!... Ce sont les convives qui boivent, — et c'est lui qui est ému!

A 3 heures, visite au Lycée, puis aux hôpitaux. M. le Président donne vingt-cinq louis au personnel. Vous n'imaginez pas l'effet que produisent ces libéralités répétées. Qu'est-ce que vous voulez? Il y a eu, sur l'Élysée de naguère, tant de renseignements dans lesquels il n'était pas question de prodigalité!

Visite sur visite. C'est le Musée maintenant, puis la Bibliothèque, qui contiennent l'un et l'autre des choses remarquables. Le bibliothécaire offre à M. Carnot, au nom de la ville, une collection d'ouvrages richement reliés relatifs à l'histoire de la ville de Grenoble et à l'ancienne province du Dauphiné.

M. Carnot s'est rendu ensuite à l'Hôtel de Ville où M. Borel, président de la Chambre syndicale des gantiers, lui a offert, pour Mme Carnot, un coffret en chêne, délicatement sculpté, renfermant une dizaine de paires de gants de couleurs variées.

Les acclamations n'ont cessé de poursuivre M. le Président à l'aller et au retour. C'est une traînée de poudre continuelle et ininterrompue : l'enthousiasme est si communicatif, dans le Midi! et il faut reconnaître que nul homme, mieux que M. Carnot, ne saurait justifier cet enthousiasme.

M. le Président de la République a donné 2,000 francs pour les pauvres de la ville, et 1,000 pour les hôpitaux; il a offert également, au nom de Mme Carnot, une somme de 1,000 francs pour les ouvrières gantières nécessiteuses.

Enfin, à 7 heures, dîner de quarante couverts à la Préfecture, — dîner purement officiel.

Ce dîner a été suivi d'une réception ouverte, après laquelle M. Carnot a parcouru tous les salons de la Préfecture et salué au passage les nombreuses personnes qui s'y trouvaient rassemblées, et qui appartenaient à toutes les classes de la société.

Quelques détails sur la soirée. Le dîner à la Préfecture, la retraite aux flambeaux et le feu d'artifice ont parfaitement réussi. Le temps continue à être superbe, et c'est sous un ciel merveilleux que brillent les innombrables illuminations de la ville.

Une consommation de feux de Bengale, à rendre rêveur tous les pyrotechniciens.

Il y en a jusque sur la montagne. Le fort Rabot, la Bastille, ont revêtu pour la soirée une brillante toilette qui ne le cède en rien à celle de la journée.

En se rendant à la réception, le cortège officiel est entouré de pompiers. C'est à la lueur des torches qu'on inaugure une plaque commémorative portant ces mots :

Ce jour, quatorze juin 1788
A dix heures du matin
Le corps municipal
Assemblé à l'Hôtel de Ville
A pris la délibération mémorable
Qui a préparé l'Assemblée de Vizille
Et ouvert la Révolution française.

La Société orphéonique joue la *Marseillaise*, dont le refrain est repris en chœur par tous les assistants qui, pour ne rien changer à une habitude devenue de plus en plus chère, crient de nouveau : « Vive Carnot ! Vive la République ! »

CHAPITRE X

A VIZILLE

Drapeaux et fleurs. — Le trajet. — Délégation des écoles. — Compliment d'un bébé. — Inauguration de la statue de la Liberté. — Au château de Vizille. — Discours de M. le Président de la République. — MM. Floquet et Lockroy à Grenoble.

Vizille, 21 juillet 1888. — 11ᵉ JOUR.

Aimez-vous le pittoresque? Aimez-vous l'originalité? Aimez-vous l'enthousiasme? Vizille en a mis partout.

Nous marchons de surprise en surprise, de joie en joie; et je ne peux que répéter encore que M. le Président de la République emportera de cette excursion un souvenir inoubliable.

Je n'avais vu ce petit chef-lieu de canton appelé Vizille que sous une pluie battante; et, naturellement, j'en avais emporté le plus humide des souvenirs. Aujourd'hui, changement à vue. Vous connaissez ces tableaux de féerie : l'antre noir du méchant magicien, plein de ténèbres et de maléfices. Tout à coup, sur un signe de baguette de la bonne fée, la toile du fond s'envole, la scène s'ensoleille, tout prend un air charmant de gaieté et de joie. Eh bien! Vizille aujourd'hui, c'est tout à fait ça. Il y a une bonne fée, qui a donné un coup de baguette. Et c'est exquis, charmant, ravissant. Ah! que le soleil, dans un beau ciel bleu et sur un admirable paysage, est donc une bonne chose!

Mais n'anticipons pas.

La route de Grenoble à Vizille est remplie de monde.

La voiture et le cortège de M. le Président de la République passent au milieu d'une double haie de gens pressés les uns contre les autres, juchés sur des arbres, perchés sur des toits de pataches. Tous crient à qui mieux : « Vive Carnot! » par-ci; « Vive la République! Vive Floquet! » par-là! — A droite, à gauche, en haut, en bas, partout ce sont des cris, des vivats, des acclamations, — un véritable ouragan, ou plutôt un *hourragan* d'applaudissements sympathiques. Des fleurs artificielles sous les pas des chevaux, des bouquets : « Vive la République! Vive Carnot! » — Et tous les dix mètres un arc de triomphe, — amicales Fourches Caudines sous lesquelles on baisse joyeusement la tête.

Ah! cet enthousiasme des Dauphinois!

A Pont-de-Claix et à Jarrie plusieurs municipalités des environs sont venues saluer M. le Président de la République.

Le confluent du Drac et de la Romanche forme un torrent qu'on appelle le Saut-du-Moine; là sont assemblés, autorités en tête, les habitants du petit village de Chony... Quoi! tant d'habitants pour un si petit village? Tant de mâts verdoyants et de drapeaux? Nous avons bientôt l'explication du mystère. Il y a là avec les Chonyais une foule de paysans venus de quatre, cinq, dix lieues à la ronde pour voir et acclamer M. le Président de la République.

Des cris encore, rendus plus bruyants, plus aigus par la voix joyeuse des bandes d'enfants : le Dauphiné considère le voyage présidentiel comme une véritable fête de famille. C'est charmant, charmant, ces voix de moutards et de gamines, ces doux petits faussets un peu voilés, qui crient : « Vive le Pré...sident! Vive Carnot! Vive la Ré...publique! » et qui lancent à l'écho des montagnes la chère petite clameur de la bienvenue des enfants!

Le héros de la fête, M. Carnot, à qui on a fait une espèce de réputation d'impassibilité, ne se donne pas la peine de cacher son émotion. On serait ému à moins! Les seize kilomètres qui séparent Vizille de Grenoble sont franchis en deux heures.

A l'entrée de Vizille, grand et bel arc de triomphe ; on lit les noms de trois célèbres dauphinois, amis de Lazare Carnot : *Demorge, Mounier, Barnave.*

Deux cartouches portent ces inscriptions : *A Carnot. — A Floquet.*

M. JEAN-CASIMIR PÉRIER.

Les honneurs sont rendus par les pompiers, vêtus de coutil bleu, casque de cuir bouilli sur la tête. Avec eux est une société de gymnastique, et le petit bataillon scolaire, très martial, très correct, groupé devant l'école, dont la porte est décorée d'une banderole portant ces mots : *Par l'École, pour la Patrie.* Belle et bonne devise que nous aimerions à voir répandre, comme un témoignage du patriotisme de l'admirable corporation des instituteurs de France.

Des banderoles, des arcs de triomphe ? Il y en a dans tous les coins. Il n'est si humble fenêtre qui ne soit ornée, décorée, pavoisée, avec des drapeaux, des étoffes, du papier peint, de la verdure.

La Grand'Rue, par laquelle nous défilons, est étroite : tous les « endroits » de France n'ont pas de boulevard Montmartre à leur disposition. Mais cette étroitesse même du chemin nous donne une sensation nouvelle : nous défilons sous un ciel tricolore ! Les drapeaux se rejoignent assez pour faire illusion à cet égard.

Entre les pavés sont plantés des pins verdoyants, avec des fruits en papier doré, ou tricolore ! Voici le presbytère, très richement orné. En face, la statue de la Liberté, devant laquelle est dressée une estrade pour M. le Président de la République et son cortège.

Mais avant d'y monter, M. Carnot passe sous une tonnelle, où trois petites filles, vêtues de blanc et ceintes d'écharpe tricolore, toutes trois de l'école laïque dirigée par Mlle Berrier, lui présentent des bouquets. Une de ces enfants, la petite Berthon, récite le compliment suivant :

La jeunesse de Vizille a salué avec joie la nouvelle de votre arrivée dans cette ville où vous venez aujourd'hui rendre hommage à l'auguste Assemblée de 1788. Permettez-nous, Monsieur le Président, de venir, au nom des écoles, souhaiter la bienvenue au chef de la nation, dont les ancêtres ont consacré toute leur existence aux conquêtes glorieuses des franchises dont nous jouissons. Victimes du devoir, les Carnot ont souffert l'exil, plutôt que de faiblir : C'est aux Carnot qu'on peut vraiment dire : « Vous avez bien mérité de la Patrie! » Soyez heureux, Monsieur le Président, la France est heureuse. Vous êtes venu assurer au pays une longue période de sécurité, puisque le seul nom du chef de l'État impose à l'Europe la confiance et le respect. Acceptez ces fleurs comme le gage de notre respectueuse affection, comme un témoignage bien sincère de notre reconnaissance à la République.

Mlles Perrin et Vialet offrent ensuite de nouveaux bouquets à M. Carnot.

Puis, la statue de la Liberté est inaugurée. Plusieurs discours sont prononcés par M. le sénateur Couturier ; M. Guillot, député ; le recteur, qui remet à M. Carnot un livre sur le Dauphiné, livre que viendront compléter tous les instituteurs de la région.

Une allocution du président de la colonie dauphinoise de Lyon met fin aux discours.

M. Ding, l'auteur de la statue, — une fort belle œuvre, par paren-

thèse, d'une grande allure et d'une parfaite élégance, taillée dans un
bloc de carrare d'une blancheur éblouissante, — reçoit de la main de
M. le Président de la République la croix de chevalier de la Légion
d'honneur. Il est plus de midi. M. Jean-Casimir Périer a préparé un
banquet; c'est le moment d'y courir. On veut faire avancer la voiture
de M. Carnot.

— Non, dit-il, pas de voiture. Allons à pied. Je tiens à passer au
milieu de cette vaillante population de Vizille...

Si M. Carnot est acclamé, — ce n'est rien de le dire ! — Tous ces
braves gens ont des figures rayonnantes qui font plaisir à voir.

Connaissez-vous la route d'Onovée et la vallée d'Uriage? Si vous ne
les connaissez pas, allez-vous-en sur la terrasse du château de M. Jean
Casimir Périer, où, naguère, demeura Lesdiguières. C'est tout bonne-
ment admirable. Quel décor grandiose ! Quel cadre à ce déjeuner en
plein air, — déjeuner excellent, par parenthèse, et servi avec une
belle précision.

La tente qui a été élevée à ce propos est ornée de drapeaux, de
faux, de fourches, de faucilles et quantité d'autres instruments ara-
toires. Entre les draperies on aperçoit les flancs accidentés de la
célèbre vallée d'Uriage.

A la table d'honneur, on remarque, aux côtés de M. Carnot,
MM. le Royer, Charles Floquet, Lockroy, Deluns-Montaud, Jean-
Casimir Périer, le général Davout, Jules Ferry, Henri Brisson, Spuller,
Raynal, Flourens, Madier de Montjau, Aristide et Édouard Rey, Xavier
Blanc, Laurençon, Poirier, Lapierre, Bizarelli, Saint-Romme, Rivet,
Maurice Faure, Gaillard, Grimaud, Mesureur, Legrix, premier prési-
dent de la Cour d'appel, Delatte, préfet, les généraux Brugère, Lespiau
et Faugeron, le colonel Kornpbrost, les commandants Toulza et
Chamoin, MM. Darlot, Arrivière, etc.

Aux discours, maintenant! Celui de M. Casimir Périer, d'abord. Le
député de l'Aube rappelle que M. le Président de la République vient
célébrer le centenaire de la réunion des trois Ordres du Dauphiné

rassemblés en dépit de la défense royale. Nous ne redoutons plus le passé, dit-il, quelque drapeau qu'il déploie, quelque manteau qui le recouvre.

L'avenir est à la société telle que la Révolution l'a faite; l'avenir est à la République, qui, dans l'ordre politique, est la consécration définitive de l'œuvre entreprise par nos pères.

Pacifique, parce qu'elle respecte l'indépendance et la volonté des peuples; libérale, parce qu'elle vit de discussion et de lumière; tolérante, parce que son ambition doit être de réunir tous les enfants de la Patrie, la République résume tout ce que la France a conquis, assure tout ce qu'elle veut conserver, promet tout ce qu'elle a le droit d'obtenir.

Cette République, c'est à votre patriotisme, Monsieur le Président, que la France l'a confiée.

M. Guillot, député de l'Isère, parle ensuite, puis c'est le maire, à qui l'émotion dicte un singulier *lapsus :*

« La France, Monsieur le Président, vous apparaît tout entière libérale, démocratique et despotique. » Il a voulu dire patriotique, évidemment. M. Lockroy, qui se rend très bien compte du trouble de l'excellent fonctionnaire, lui remet les palmes d'officier d'Académie, à la grande satisfaction des Vizillois, qui, paraît-il, adorent leur maire.

M. Carnot, répondant aux toasts qui viennent de lui être adressés, s'exprime en ces termes :

Après les éloquents discours que vous venez d'entendre, après les paroles vibrantes de patriotisme qui ont été prononcées, tant dans cette enceinte que tout à l'heure devant la statue de la Liberté, nous n'avons plus qu'une chose à faire, c'est d'applaudir avec vous et nous nous en acquittons de tout cœur (Applaudissements.)

Je ne veux pas, Messieurs, lever mon verre sans avoir constaté très brièvement quels sont les fruits du dévouement de nos ancêtres et des sacrifices qu'ils ont faits.

On vous les rappelait il y a un instant. Le peuple n'a plus aujourd'hui à craindre pour ses droits : ils ne sont menacés par personne. Si jamais ils étaient en péril, c'est le gouvernement lui-même qui les défendrait. (Applaudissements prolongés.)

L'armée n'est plus composée de régiments d'Austrasie et de Royal-Marine

L'armée est la fleur de la nation. Elle a profondément conscience de sa haute

24 JUILLET
1888

BANQUET
DE VIZILLE

CENTENAIRE
DAUPHINOIS

MENU

Hors-d'œuvre
Jambon d York et galantine truffée
Filet de bœuf à la Dauphinoise
Truites de Vizille, sauce française
Petits pois à la fermière
Volailles de Bresse au cresson

Rochers de glace
Gâteaux Vizillois
Pogne de Grenoble

DESSERT

VINS
BEAUJOLAIS, MURINAIS, BOURGOGNE
CHAMPAGNE FRAPPÉ

À LA GLOIRE
DE L'ASSEMBLÉE DE VIZILLE
21 JUILLET 1788
AUX REPRÉSENTANTS
DES TROIS ORDRES DU DAUPHINÉ
QUI ONT LES PREMIERS
AFFIRMÉ LES DROITS DE LA NATION
ET PRÉPARÉ LA RÉVOLUTION FRANÇAISE

MONUMENT COMMÉMORATIF DE VIZILLE

Fac-similé du menu du banquet offert à M. le Président de la République
dans le château de Vizille.

mission. Elle la remplira dignement, si jamais elle y est appelée. (Nouveaux applaudissements prolongés.) Ses chefs sont aimés : ils ont notre confiance. Ils la justifieraient au besoin. (Acclamations et applaudissements.)

Nous ne sommes plus au temps où les dames de Grenoble allaient aux remparts ou aux portes de la ville pour empêcher le pouvoir d'exiler leur parlement. Nous les avons vues hier se rendre au-devant de leurs hôtes d'un jour et recevoir avec une grâce charmante les salutations qu'ils étaient d'autant plus heureux de leur offrir, qu'ils savent ce qu'elles inspireraient de dévouement et de hautes pensées, si jamais les circonstances l'exigeaient. (Applaudissements.)

Un souvenir me restera, Messieurs, c'est celui de l'hospitalité généreuse de la famille Périer, hospitalité grâce à laquelle j'ai l'insigne honneur d'occuper en ce moment la place où siégeait le président de l'Assemblée de Vizille. (Chaleureux applaudissements.)

Hier, j'ai bu aux mâles vertus de nos ancêtres, à leur abnégation, à leur héroïsme,

Je vous demande aujourd'hui de boire aux Dauphinois et aux Dauphinoises de 1888. (Salves répétées d'applaudissements. — Acclamations et cris enthousiastes de : « Vive Carnot! vive la République! »)

M. Gustave Rivet, qui jouit dans ce département, dont il est un des plus distingués représentants, d'une très grande popularité, présente à M. le Président de la République les descendants des membres de la grande Assemblée de Vizille. Parmi eux, citons : le baron Édouard Mounier, petit-fils de Mounier; A.-Édouard Portalis, directeur du *XIXᵉ Siècle*, arrière-petit-fils de Mounier; André Réal, procureur de la République à Meaux, arrière-petit-fils d'André Réal, député de l'Assemblée de Vizille; Laforest, arrière-petit-fils de Laforest, également député à l'Assemblée de Vizille.

Le banquet terminé, M. Carnot reçoit les autorités à l'Hôtel de Ville.

Après la réception, M. le Président visite la gendarmerie et une fabrique de soieries, où on lui offre une robe de lampas blanc pour Mᵐᵉ Carnot, qui, si cela continue, ne saura plus où mettre tous ces témoignages de la sympathie des populations pour elle et pour son mari. M. Carnot laisse, 1,000 francs aux pauvres et 500 francs pour les mères de famille nécessiteuses de l'usine Tresca.

Le matin, il avait fait remettre par M. Arrivière 400 francs aux dragons de l'escorte ; hier, il avait donné 4,000 francs aux pauvres de Grenoble.

On me dispensera de tous commentaires.

Grenoble.

M. Carnot accepte, cette nuit encore, l'hospitalité de M. Jean-Casimir Périer.

Nous revenons à Grenoble, par Uriage, à la suite de M. Floquet et de M. Lockroy.

Dans la soirée, M. le ministre de l'Instruction publique a reçu, dans l'ancienne salle des Facultés, les membres du corps enseignant, qui lui ont fait part de leurs désirs. Ils voudraient une augmentation de traitement pour les petits instituteurs; ils se plaignent un peu du surmenage; ils signalent à l'attention du gouvernement diverses réformes à effectuer dans l'enseignement primaire et secondaire, etc.

M. Lockroy les assure de la chaleureuse sympathie du gouvernement, qui, dans la mesure du possible, tiendra compte de leurs désirs.

La journée avait commencé par des acclamations : c'est par des acclamations qu'elle se termine.

Tout est bien qui finit comme cela.

Départ de Vizille-Grenoble. — Les arrêts aux gares. — Les acclamations.

Vizille-Grenoble, 22 juillet 1888. — 12ᵉ JOUR.

Vous allez trouver que je me répète; mais il n'y a positivement pas moyen de faire autrement.

Si la langue française est pauvre de mots, je n'en puis mais, — et, d'ailleurs, où prendrais-je le temps de forger des synonymes à

« acclamations », « enthousiasme », « vivats », et quelques autres mots du même genre qui sont revenus bien des fois, je le sais, dans le compte rendu de toutes ces fêtes dont je me trouve être l'historiographe?

Le fait est qu'on va de triomphe en triomphe. M. Carnot est ravi ; les ministres, M. Floquet, M. Lockroy, M. Deluns-Montaud, sont enchantés.

Franchement, on le serait à moins. On dirait, ma parole, que la population dauphinoise est innombrable ; c'est qu'elle ne manque pas une occasion de se porter en masse sur le passage de M. le Président de la République. Ainsi, il était 9 heures moins 20 quand le train présidentiel a quitté Vizille ; eh bien! malgré l'heure matinale, il y avait un monde fou à la gare.

A Grenoble, où le train s'est arrêté pour prendre les ministres, les péputés et le reste du cortège, affluence énorme. On est venu de partout.

C'est dimanche aujourd'hui, et les braves gens que leurs travaux retenaient, tous ces jours derniers, loin du centre des fêtes, sont accourus avec empressement. Des vivats et des exclamations (tant pis! je vous ai avertis!) encore et toujours. « Vive Carnot! Vive Floquet! Vive Lockroy! » — Ça, c'est la mélodie. — L'harmonie est toujours la même : « Vive la France! Vive la République! »

Nous allons à Romans, — mais non pas sans arrêt.

M. Carnot n'a pas l'air de savoir ce que c'est que le « surmenage » : — il tient à ne pas brûler les stations sans honorer d'un mot amical les paysans qui, groupés autour des gares, le saluent de leurs acclamations.

Nous voici à Moirans. Le temps d'entendre la *Marseillaise* exécutée par la fanfare de l'endroit, de voir les gendarmes rendre les honneurs, et on repart ; non sans que le maire, grimpé sur le marche-pied du wagon présidentiel, n'ait eu le temps de complimenter M. Carnot, qui lui donne une cordiale poignée de main.

Vingt minutes après, nouvel arrêt. Nous sommes à Saint-Marcellin. M. Carnot descend de wagon. Le sous-préfet, accompagné du maire, du conseil municipal et des juges du tribunal de Saint-Marcellin, le

reçoit. Les pompiers et les bataillons scolaires — ces derniers sont
très admirés : ils sont aussi corrects que leurs camarades parisiens, —
font haie. Encore des fleurs, et — comme par hasard ! — des cris de :
« Vive Carnot ! vive la République ! »

A Saint-Hilaire, trois minutes d'arrêt seulement. M. Carnot, sans
descendre cette fois, reçoit les autorités et invite le maire et l'adjoint
à monter dans son wagon. Pour cette fois seulement, par extraordinaire, pas de musique ; en revanche... je parie que vous vous doutez
que je vais vous parler des acclamations ?

CHAPITRE XI

A ROMANS

L'entrée dans la ville. — Un incident. — Réceptions officielles. — Le banquet. — Discours de M. le Président de la République. — Le monument commémoratif de la Révolution dauphinoise.

Romans, 22 juillet 1888. — 12ᵉ JOUR.

Nous arrivons ici avec une grande demi-heure de retard.

C'est sous un soleil éclatant que M. Carnot fait son entrée dans Romans. M. le Président de la République est accueilli par le maire et par le préfet de la Drôme. On me dispensera de dire avec quelles bruyantes manifestations les Romanois ont fêté cette brillante arrivée.

Une avenue mène de la gare à l'Hôtel de Ville ; elle est décorée avec un goût charmant, et qui serait bien admiré à Paris, où, les jours de fête, nous trouvons toujours, il faut bien l'avouer, les mêmes *motifs*. Ici, les fleurs, la verdure, les tentures jouent un grand rôle.

Jusqu'à la mairie, le 75ᵉ de ligne forme la haie. Sur tout le parcours, de nombreuses sociétés philharmoniques, aux bannières couvertes de médailles scintillantes, donnent des aubades à M. Carnot.

La voiture de M. le Président roule lentement. On jette des branches fleuries sous les pas des chevaux. Les acclamations redoublent. Les noms de M. le Président et des ministres sont répétés mille fois.

Un incident vient accentuer encore l'enthousiasme. Vis-à-vis le débarcadère, trois grands gaillards sont installés à une fenêtre. L'un brandit un drapeau noir, l'autre un drapeau rouge. Le troisième anabaptiste, placé comme un sandwich entre ses deux compagnons, crie à plein gosier : « Vive la Révolution ! Vive l'anarchie ! » On n'y fait pas attention d'abord ; mais, comme ils crient plus fort quand le Président est passé, la foule prend le parti — oh ! mon Dieu ! c'est bien simple — d'étouffer leurs voix sous d'autres cris, animés, ceux-là, d'intentions plus aimables. Aussi s'empressent-ils de déguerpir, de crainte de recevoir les pierres que les patriotes de Romans leur lancent avec énergie.

Le cortège a pris des proportions considérables. Il y a cent voitures pour le moins qui défilent au pas.

Réceptions officielles à l'Hôtel de Ville. Ici, en Dauphiné, on s'arrange toujours de manière à ce que ces sortes de choses débutent de façon à charmer les yeux. Elles sont, en effet, adorables, les jeunes citoyennes, vêtues de blanc, qui offrent un bouquet à M. le Président et lui lisent un joli compliment au nom de la jeunesse des écoles.

Après les souhaits de bienvenue du maire, deux allocutions sont prononcées à la réception des autorités.

Le Président du Conseil général réclame l'exécution des chemins de fer sur les routes, votés par l'assemblée départementale.

M. Carnot lui répond :

Je suis heureux de vous apprendre que ces deux projets ont déjà reçu l'approbation des ministères de l'Intérieur et des Travaux publics, et qu'actuellement ils sont soumis à l'examen du Conseil d'État.

M. le curé doyen de Saint-Bernard, en présentant les membres du clergé, s'exprime ainsi :

J'ai l'honneur, Monsieur le Président de la République, de vous présenter le clergé de notre ville, qui vient avec moi offrir ses hommages au premier magistrat de la République. Si nous rendons à Dieu ce qui appartient à Dieu, nous ne savons que mieux rendre au pouvoir ce qui appartient au pouvoir.

Laissez-moi ajouter, Monsieur le Président, que nous ne sommes pas étrangers aux souvenirs qui se célèbrent aujourd'hui. Dans l'assemblée provinciale du Dauphiné, tenue à Romans dans l'église des Cordeliers le 10 septembre 1780, on comptait 48 membres du clergé qui furent unanimes à s'associer au vote rendu par leurs collègues pour le bien de la nation. Ce bien de la nation, Monsieur le Président, est l'objet de tous nos vœux.

Nous sommes d'autant plus heureux de présenter nos devoirs au premier pouvoir de l'État, qu'il est ici représenté par la justice, la modération et la loyauté.

M. BONNET,
Maire de Romans.

M. le Président de la République répond :

Je suis heureux d'accepter les hommages du clergé de Romans, et je le remercie des sentiments de respect qu'il a exprimés pour le gouvernement d'aujourd'hui, parce qu'il est le gouvernement de tous.

Le banquet, offert par la ville à M. le Président de la République et à ses invités, comporte huit cents couverts. Cette petite fête déjeunatoire a lieu sous une vaste tente, dans la cour de la caserne. Il y a un bout de chemin à faire ; les estomacs continuent à se creuser.

Oh! comme décoration, c'est très bien. Les murs sont garnis de drapeaux, parmi lesquels j'en vois un qui date de 1789, et sur lequel je lis ces mots : *Peuple français, la Liberté ou la mort!* Un autre étendard, de la même époque, apporté par le comité républicain de Saint-Didier, fait pendant au premier.

Mais le banquet lui-même! Disons la vraie vérité : c'est un *ratage.* Ah! nos organisateurs de Paris manquent à la gloire de Romans, et ceux du cru ont perdu la tête. On n'a oublié que le pain! M. Carnot lui-même n'en a pas..

Et le service d'ordre, donc! Jugez-en par cet incident :

Au beau milieu du repas, un jeune télégraphiste fait irruption dans la salle. Il va droit à la table d'honneur, frappe sur l'épaule de M. le Président et lui demande s'il ne s'appelle pas M. Lockroy! Vous voyez l'effet d'ici!

Mais bah! on fait contre mauvaise fortune (du pot) bon visage et l'on attend les discours patiemment.

M. Carnot a à sa droite le docteur Bonnet, maire de Romans, MM. Floquet, Deluns-Montaud, Brisson, Madier de Montjau, Périer, Gal, le général Brugère; à sa gauche, MM. le Royer, Lockroy, le général Davout, Bérenger, Loubet, Fournier, le préfet de la Drôme, Mossant, président du tribunal de commerce, le colonel Kornpbrost, les commandants Toulza et Chamoin, Lax, Guillain, Arrivière, Dupuis, André, Pascal, Bidou, Tamburini, etc., etc.

M. le docteur Bonnet lit un discours où il rappelle les faits des ancêtres dauphinois en 1788.

Puis, M. Madier de Montjau se lève. Le questeur de la Chambre a été le héros des orateurs de la journée. Il a prononcé un discours, le plus vibrant que nous ayons entendu depuis le commencement du voyage. Après avoir rapidement parlé de l'origine des fêtes actuelles, il s'anime, s'enflamme, et, d'une voix tonnante d'indignation, s'élève contre ceux qui, amoureux de réclame, de dictature et de panache, décrètent de leur propre autorité et du haut de leur orgueilleuse nullité, que le Parlement est déchu, sans ressort, sans énergie, sans dévouement à la Patrie.

Et le vieux lutteur finit par un toast à M. Carnot, discours plein de périodes enflammées, d'accents passionnés et superbes, qui arrache des applaudissements frénétiques aux plus calmes, — qui fait venir des larmes aux yeux des gens que je sais, et qui ne sont, ni par tempérament ni par goût, suspects de sensibilité.

M. Carnot embrasse M. Madier, autour de qui tout le monde s'empresse ; chacun cherche à lui serrer la main. On se passe, pour ainsi dire, le vieux lutteur de bras en bras, on l'entoure, on lui donne l'accolade et le silence ne se rétablit que lorsque M. Carnot prend la parole.

Il est impossible, dit M. le Président de la République, de prendre la parole après l'impression profonde produite sur l'auditoire par le discours du vénérable doyen de la démocratie dauphinoise.

Il ne suffit pas du marbre et du bronze pour rappeler les actions d'éclat de nos ancêtres, il faut autre chose, il faut le cœur. C'est dans les cœurs que doivent se graver ces souvenirs.

Ils laisseront, j'en suis convaincu, une trace impérissable dans la mémoire des enfants qui ont jeté ce matin des bouquets sur notre passage.

C'est à ces enfants que je veux boire, à l'avenir du Dauphiné!

Ces paroles sont accueillies par une triple salve d'applaudissements.

Le banquet terminé, M. le Président se lève et, suivi de toutes les personnes présentes, il se rend sur l'emplacement où doit être élevé le monument commémoratif de la Révolution dauphinoise.

M. le Président en pose la première pierre avec le cérémonial habituel.

M. Charvin, vice-président du comité, prononce un discours bien senti sur les événements de 1788 ; en voici la péroraison :

La ville de Romans a donné la première son adhésion. La seconde assemblée des États du Dauphiné s'y est réunie et, pendant les deux sessions importantes qu'elle y a tenues en septembre et en novembre, elle y a voté et élaboré la nouvelle Constitution du Dauphiné. Ce sont là des événements dont nous avons le droit de nous enorgueillir et qui valent bien, assurément, des titres de noblesse.

M. le Président de la République remet ensuite la croix de chevalier de la Légion d'honneur à M. Cognard, capitaine d'infanterie hors cadre ; les palmes d'officier d'Académie à M. Bonnet, maire de Romans, ainsi que des médailles de bronze à MM. Bernard et Bonnardel.

Puis le cortège se dirige vers la gare au milieu des ovations multiples de la foule qui n'a cessé d'acclamer M. Carnot et la République.

Comme on le voit, le patriotisme a de profondes racines dans le Dauphiné ; avec de tels antécédents, il ne saurait, du reste, en être autrement. Ce n'est plus en « regardant la colonne qu'on peut être fier d'être Français », mais c'est en se plaçant devant le monument de Vizille, et en entendant bourdonner à ses oreilles les acclamations d'une pareille population.

Il n'en faut pas davantage, pour se reconnaître sincèrement républicain, et acquérir la force nécessaire pour soutenir ses droits et défendre ses convictions ainsi que le firent nos glorieux ancêtres, et particulièrement les Dauphinois d'il y a cent ans !

CHAPITRE XII

A VALENCE.

Valence, 22 juillet 1888. — 12ᵉ ᴊᴏᴜʀ.

Après la pose, à Romans, de la première pierre du monument commémoratif de la Révolution, M. Carnot est parti pour Valence.

Le chef-lieu de la Drôme est magnifiquement pavoisé. En général la décoration de toutes ces villes du Dauphiné est d'un pittoresque achevé, et d'un caractère particulier.

Les honneurs sont rendus par les hussards, l'artillerie et l'infanterie.

Dès que l'arrivée de M. le Président est signalée, un long frémissement agite la foule. Tout le monde veut voir le chef de l'État et les ministres de la République; pour ce faire, chacun ne trouve rien mieux que de se hisser n'importe où, jusque sur les épaules du voisin qui regimbe, de s'arc-bouter n'importe comment à toute saillie. La foule est tellement compacte qu'il ne reste pas l'espace d'un pavé inoccupé.

17

Enfin, le train entre en gare.

De longs cris de : « Vive Carnot ! vive la République ! » éclatent et couvrent le sifflet de la locomotive.

M. Carnot descend du train et entre dans la salle d'attente de la gare artistiquement aménagée en salon.

M. Clerc, maire de Valence, à la tête du conseil municipal, souhaite la bienvenue à M. le Président et lui offre, au nom de la ville, un bouquet tricolore, qui est une merveille de goût et d'art.

M. Carnot répond quelques mots de sympathie aux souhaits de bienvenue du maire, et remercie également les ouvriers de la maison Pral qui lui ont offert ces magnifiques fleurs.

Pendant ce temps, la *Fanfare de Valence*, la *Philharmonique* et la musique du 99° de ligne, exécutent la *Marseillaise*.

M. Carnot sort de la gare, et est salué par une immense clameur populaire.

Le cortège de M. le Président comporte vingt-quatre voitures, et se dirige vers la Préfecture au milieu des applaudissements interminables des Valençais.

Aussitôt après son arrivée à la Préfecture, M. Carnot reçoit les autorités, ainsi que les corps élus et constitués.

M. l'évêque Cotton, en présentant le clergé, prononce une allocution dont voici la fin :

Monsieur le Président,

Vous pouvez être sûr de notre dévouement à la Constitution et, laissez-moi vous l'avouer avec franchise, si le gouvernement applique d'une manière encore plus complète la liberté et la fraternité pour tous, nous n'en serons que plus heureux.

M. le Président de la République fait remarquer à l'évêque que le gouvernement appliquait toujours le principe de la tolérance dans la plus large mesure.

Le Président du Conseil général assure M. Carnot de son dévouement aux institutions du pays en même temps que de sa sollicitude
pour les intérêts du département, sur lesquels il appelle l'attention du
gouvernement.

M. le Président de la République répond :

Je vous remercie des vœux que forme pour moi le Conseil général.

Quant aux affaires départementales auxquelles vous faisiez allusion tout à
l'heure, vous pouvez être assuré qu'elles seront examinées avec la plus grande
sollicitude. Il s'agit, n'est-ce pas? des tramways sur routes et des canaux dérivés
du Rhône. Vous voyez que je pense à ces questions et que je les connais...

Je puis vous dire que les projets qui s'y rapportent ont été déjà examinés par
les ministres compétents, celui de l'Intérieur et celui des Travaux publics; ils
sont actuellement soumis au Conseil d'État.

En présentant la Chambre de commerce, son président dit que la
population commerciale et industrielle de Valence a à lutter contre
une situation difficile. Elle n'en est pas moins attachée aux institutions
républicaines, qui sont à ses yeux la vivante image de l'ordre et de la
paix. Le président a demandé contre la concurrence étrangère la protection de tarifs de douane sagement ordonnés, ainsi que l'exécution
des chemins de fer sur routes déjà votés par le Conseil général.

M. Carnot a répondu que les questions de tarifs étaient très graves
et très délicates, et qu'elles ne touchaient pas seulement aux intérêts
de Valence. Il a terminé en donnant les mêmes affirmations qu'au
Conseil général sur l'état des questions relatives à l'exécution des
chemins de fer sur routes.

Enfin, le directeur des mines de la Grand'Combe, M. E. Graffin,
mettant à profit le passage du chef de l'État à Valence, lui présente
les légitimes revendications des populations à propos des canaux de
dérivation du Rhône pour irriguer et submerger les terres.

M. le Président de la République, après avoir remercié M. Graffin
de sa démarche, lui répond textuellement ce qui suit :

J'ai eu, en effet, l'honneur de présenter à la Chambre des députés, dès 1881, le projet de loi relatif aux canaux du Rhône voté par elle, et dont le Sénat est actuellement saisi. Cette grande œuvre, si importante pour la prospérité des régions méridionales, a été trop longtemps délaissée, mais le gouvernement a repris l'étude de cette question et va, enfin, la faire aboutir.

Puis il a serré la main à plusieurs reprises à M. A. Dumont, son ancien condisciple à l'École polytechnique. .

Les banquets se suivent et ne se ressemblent pas.

Celui de ce matin était manqué, celui de ce soir, qui a lieu au manège, est réussi de tous points. A la bonne heure! Voilà ce qui peut s'appeler une organisation.

La salle est merveilleusement ornée de trophées d'armes, cuirasses, sabres, lances, reliés entre eux par des guirlandes de fleurs : Mars et Flore !

Toutes les mesures, du reste, ont été admirablement prises. L'équipage réservé à M. le Président est une voiture découverte, attelée en Daumont, et conduite par des artilleurs. C'est d'un très joli effet.

Aussi M. le Président doit-il être très satisfait. Partout les maisons pavoisées avec un luxe de drapeaux et de banderoles qui est plus que de la prodigalité.

Tous les habitants sont dans un enthousiasme indescriptible et accablent M. le Président et le gouvernement de vivats tellement forts qu'il est à craindre que la plupart des Valençais ne gagnent une extinction de voix à force d'acclamer.

Le service d'ordre est facile. Malgré son enthousiasme bruyant, la foule s'écarte respectueusement devant M. Carnot en qui elle salue un chef d'État non en quête d'hommages, mais qui se montre affectueusement à elle pour connaître ses sentiments à l'égard du gouvernement.

On se met à table. A droite de M. Carnot, à la table d'honneur, prennent place M. Clerc, maire de Valence, MM. Floquet, Madier de Montjau, Brisson, Casimir Périer, préfet de la Drôme, général Laro-

CENTENAIRE DE LA RÉVOLUTION DAUPHINOISE

VILLE DE VALENCE

MENU

Bouchées à la Monglat
Jambon d'York

Filet de Bœuf Championnet
Saumon
Petits Pois à la Française

Volaille de Bresse rôtie
Buisson d'Écrevisses

Dauphin praliné
Pièces montées

Dessert

Grands vins
des Côtes du Rhône

Café

Banquet du 22 Juillet 1888

Glyptographie SYLVESTRE & Cⁱᵉ
PARIS

Fac-similé du menu offert à M. le Président de la République
par la ville de Valence.

que, Fayard, général Brugère. A gauche sont MM. le Royer, Lockroy, général Davout, Loubet, Béranger.

Un fort joli menu représentant les armes de Valence et sa place centrale, est remis à chaque invité. On en a vu ci-contre la fidèle reproduction.

Une mention particulièrement honorable à M. le commandant Chamoin qui, depuis qu'il a été question du voyage présidentiel, n'a cessé de donner des preuves d'activité et d'intelligence. Au dernier moment, il apprend ici que la musique militaire, qui joue depuis le matin, fait défaut : les hommes qui la composent n'en peuvent plus. M. Chamoin court, s'enquiert et finit par trouver trois sociétés musicales, dont une chorale, qui exécutent la *Marseillaise* et le *Chant du Départ* avec une telle perfection qu'on bisse les deux airs nationaux.

Pendant l'exécution du *Chant du Départ*, un incident très pathétique se produit. Le ministre de l'Instruction publique, qui ne cessait de converser avec le général Davout, son voisin, s'arrête soudain ; d'animé qu'il était, son visage devient rêveur, ses yeux se noient dans les échos de l'hymne national. Un moment sa main droite s'agite sur place, semblant battre la mesure, puis le ministre reste immobile, le regard brillant.

Cet air rappelait sans doute à M. Lockroy les heures cruelles du siège de Paris. C'est en chantant cet air qu'il avait traversé, avec ses camarades, les rues sombres de la Capitale ; c'est en soupirant cet air qu'il avait souffert le froid et la faim en compagnie de tant d'autres restés sur les champs de bataille ; c'est en pleurant cet air qu'il avait vu livrer Paris.

Le général Davout, lui, un vieux brave, reste impassible : pour lui, la guerre est une science ; pour M. Lockroy, c'est un élan patriotique.

M. le maire prononce un discours ainsi que M. Madier de Montjau. Le discours de ce dernier est souligné par de frénétiques applaudissements qui cessent au moment où M. le Président de la République se lève pour prononcer les paroles suivantes :

Les paroles si cordiales, si patriotiques de votre éloquent représentant vont toujours au cœur de tous ceux qui l'entendent.

J'en suis pour ma part vivement touché, comme je l'ai été ce matin à Romans.

Je l'en remercie cordialement.

Nous ne pouvions mieux achever ce patriotique pèlerinage au berceau de la Révolution qu'en venant à Valence.

Le département de la Drôme a trop souvent prouvé ses sentiments d'attachement profond aux principes de la Révolution. (Applaudissements.)

Il a trop montré quelle était l'énergie de ses représentants pour qu'il soit utile d'insister aujourd'hui au moment de vous quitter.

Nous avons traversé des populations qui ont souvent prouvé qu'elles étaient dévouées non à des personnes mais aux principes de la liberté.

Cet enthousiasme dont nous avons été témoins a été émouvant. (Applaudissements prolongés.)

Rien n'est plus touchant, rien ne montre mieux de quoi les populations seraient capables si jamais nos institutions républicaines étaient menacées.

Elles ne le seront pas, non, elles ne le seront pas.

Vos populations savent qu'elles ont un gouvernement profondément dévoué à nos institutions et profondément résolu.

Si jamais nos libertés étaient menacées, c'est ici que nous trouverons la citadelle des Droits de l'Homme.

Je bois à la ville de Valence. (Applaudissements prolongés.)

M. le Président remet ensuite la croix de la Légion d'honneur à MM. Kips, capitaine d'artillerie, et Chirol, professeur au collège de Valence; les palmes d'Académie à M. Allix, vétérinaire au 11ᵉ régiment de hussards.

Il décerne la croix du Mérite agricole à MM. Pernolat, propriétaire au Grand-Serre; Tezier, horticulteur; Bréhéret, professeur d'agriculture; la médaille militaire à M. Lambert, et la médaille de bronze à MM. Faure Ongellet, Bernard et Boussardel.

Puis l'on assiste à un très beau feu d'artifice donné devant la statue du général Championnet, que les lueurs des feux de bengale éclairent étrangement.

C'est M. Carnot qui, de son fauteuil, sur l'estrade, a mis le feu à la première pièce d'artifice, qu'un fil électrique reliait à lui.

Et c'est fini. C'est fini, car demain lundi, à 8 heures 30, M. le

Président de la République part pour Paris, où il arrivera à 7 heures du soir, enchanté de l'accueil si patriotiquement sympathique qui lui a été fait par les populations dauphinoises.

Derniers détails.

On nous informe, ce soir, que, sur le désir exprimé par M. le Président de la République, les ministres de l'Intérieur et de la Guerre ont envoyé des ordres aux fonctionnaires et aux autorités militaires pour ne pas venir aux gares où M. le Président doit s'arrêter, et de ne pas se déranger pour rendre les honneurs.

M. Carnot a remis 2,000 francs pour le bureau de bienfaisance de Valence et 500 francs pour l'hospice. La générosité de M. Carnot est connue et les pauvres de Valence, comme ceux de toutes les villes traversées par M. le Président, ne l'oublieront jamais !

Départ pour Paris. — A la gare de Valence. — Récompenses aux ouvriers. — Le parcours. — L'arrivée. — Impressions de voyage.

Valence, 23 juillet 1888. — 13ᵉ JOUR.

A 8 heures un quart M. le Président de la République et sa suite étaient à la gare.

Sur le quai une scène touchante s'est passée.

M. le Président de la République, entouré de MM. Noblemaire, directeur général de la Compagnie Paris-Lyon-Méditerranée ; Picard, directeur de l'exploitation ; de Lamolère, inspecteur général ; Henri, ingénieur en chef de la traction ; Michel, ingénieur en chef de la voie ; Morard, ingénieur des ateliers d'Arles ; Véry, ingénieur de la Chazotte, et Châtel, ingénieur de la traction, à Nîmes, a décerné huit médailles d'argent et deux médailles de bronze à des agents inférieurs qui appartiennent à la Compagnie depuis une quarantaine d'années, sans avoir encouru une seule punition.

M. Noblemaire, en termes émouvants, a exposé brièvement à M. Carnot les services obscurs, mais précieux, de ses modestes collaborateurs, et affirmé les liens qui rattachent tous les membres de son personnel, et les réunit en une seule et même famille à la tête de aquelle il s'honore d'être placé.

Voici les noms de ces braves travailleurs : MM. Martin, mineur, 44 ans de services ; Euzet, brigadier à Montpellier, 44 ans ; Quentin, brigadier à Chalon, 43 ans ; Gibert, menuisier, 42 ans ; Barbier, mineur, 41 ans ; Perallon, ajusteur à Nîmes, 40 ans ; Rémonds, brigadier à Dijon, 37 ans ; Auvial, aiguilleur, 32 ans ; Vassier, peintre, 39 ans ; Guillaume, mineur, 37 ans.

Laissant tous ces braves gens à leur joie, M. le Président de la République monte dans le train et... en route pour la Capitale !

Ainsi que les ordres en avaient été donnés les honneurs n'ont pas été rendus à M. le Président de la République aux gares où nous nous sommes arrêtés.

Cette décision est fort sage, M. le Président devant aller faire un voyage à Lyon et ayant déjà reçu, à l'aller, aux arrêts de Mâcon, Chalon-Saint-Côme, Dijon, Montbard, Laroche et Montereau, les autorités civiles et militaires.

Cependant, quelques rares fonctionnaires croient devoir venir saluer le passage de M. le Président de la République. A Montbard, un prêtre lui remet une adresse.

Seule, l'armée s'est rigoureusement conformée aux ordres du ministre de la Guerre, et, durant dix heures et demie de voyage, nous n'entendons aucune *Marseillaise*.

A Dijon, le fils de M. Carnot, sous-lieutenant au 27ᵉ de ligne, et M. Cunisset-Carnot s'entretiennent avec M. le Président.

Jusqu'à Tonnerre, où, — sans jeu de mot, — le premier coup de tonnerre s'est fait entendre, et où la pluie a commencé à tomber dru, nous avons vu des paysans agiter leur casquette ou leur mouchoir et nous les avons entendus crier : « Vive Carnot ! Vive la République ! »

Après, ma foi, il pleuvait, le train filait quatre-vingts kilomètres à l'heure, et les vitres fermées nous empêchaient de regarder et d'entendre.

Avant d'arriver à Paris, M. le Président de la République a remis au lieutenant-colonel Kornpbrost la rosette d'officier de l'Instruction publique, et au commandant Toulza les palmes d'officier d'Académie.

Félicitons ces deux aimables officiers et remercions toute la maison militaire de M. le Président de la République, M. le général Brugère, secrétaire général de la Présidence, et M. le commandant Chamoin, sans oublier M. Arrivière, secrétaire particulier de M. Carnot, qui, avec la plus grande affabilité, se sont mis à la disposition de tous les invités.

Le train présidentiel est arrivé en gare à 7 heures 5 ; M. le Président et son cortège ont été reçus par l'amiral Krantz, le colonel Lichtenstein, M. Lozé, M. Georges Hugo et accueillis par les cris de : « Vive Carnot! Vive Floquet! Vive Lockroy! »

Devant la gare, M. Carnot a été l'objet d'une manifestation sympathique de la part de plusieurs milliers de personnes qui l'attendaient.

M. le Président est monté dans un landau découvert qui a suivi la rue de Lyon, le boulevard Diderot, le pont de Sully, le quai de la Tournelle, le quai Saint-Michel, le quai des Grands-Augustins et la place de la Concorde.

Sur son parcours, il a été reconnu et salué respectueusement par les passants.

Voilà le second voyage de M. le Président de la République terminé.

Il a duré six jours pleins.

Il est certain que ces voyages font plus de bien au gouvernement de la République, et gagnent plus de voix à sa cause, que les campagnes électorales les mieux faites.

J'ai causé avec des paysans : ils avaient *vu* M. le Président de la

République et ils s'en allaient tout guillerets en disant : « Moi aussi je l'ai vu, il nous a souri, c'est un brave homme. Vive Carnot! »

J'ai croisé des maires de cantons, des conseillers de petites communes : ils avaient serré la main de M. Carnot et, très dignes, ils s'écriaient : « Je lui ai serré la main... je lui ai serré la main. »

Si la propreté ne les obligeait à se laver chaque jour, je suis convaincu que certains enthousiastes banniraient de leur cuvette les phalanges qui ont été pressées par le chef de l'État.

Tous ces braves gens sont heureux et fiers.

Plaisantez tant que vous voudrez, mais ces petites satisfactions d'amour-propre, ces orgueils-là sont bons, ils sont l'apanage des cœurs simples, ils rassérènent l'âme et je suis convaincu que M. le Président de la République en est profondément touché.

FIN DU SECOND VOYAGE

FONTAINEBLEAU. — Aile du château de Fontainebleau où M. le Président de la République a passé une partie de la saison d'été.

CHAPITRE XIII

A FONTAINEBLEAU

La joie des carpes. — Une loi spéciale. — Le pavillon Louis XV. — L'ameublement. — Vie de famille. — Deux fêtes. — La journée de M. le Président de la République. — Madame Carnot. — Les bienfaits de la Présidence.

Fontainebleau, 1ᵉʳ août 1888. — 14ᵉ JOUR.

Le premier août 1888, M. le Président de la République venait s'installer à Fontainebleau pour deux mois. Il n'en fallait pas davantage pour réveiller les êtres assoupis de l'antique demeure souveraine, à tel point que les carpes du grand bassin, dont quelques-unes sont, dit-on, archicentenaires, sentirent d'instinct frétiller sous leurs écailles, je ne dirai pas leur cœur, mais un vieux restant de vie contrastant avec leur inertie légendaire.

D'où ces triolets :

Carpes, carpillons et carpettes,
Ont pris hier leur air finaud
Et se sont mis à leurs toilettes.
Carpes, carpillons et carpettes
Ont lu, dans toutes les gazettes,
Que chez eux vient Monsieur Carnot.
Carpes, carpillons et carpettes
Ont pris hier leur air finaud.

Toutes les carpes sont en joie,
Jouant du mir, du mir-li-ton.
Chez elles on saute, on festoie;
Toutes les carpes sont en joie.
« Carnot, c'est le ciel qui t'envoie! »
De tous les côtés chante-t-on.
Toutes les carpes sont en joie,
Jouant du mir, du mir-li-ton.

Une antique carpe radote :
« J'ai vu Napoléon, le Grand,
« Rendre jadis sa redingote. »
Une antique carpe radote :
« Puis, plus tard, avec sa dévote,
« J'ai vu son neveu le brigand. »
Une antique carpe radote :
« J'ai vu Napoléon, le Grand.

« Je devenais paralytique
« Et j'étais sens dessus dessous
« Dans la troisième République,
« Je devenais paralytique.
« Quand, soudain, carpillon m'explique
« Que le pouvoir revient chez nous.
« Je devenais paralytique
« Et j'étais sens dessus dessous. »

Carpillon répond à la carpe :
« Il va te falloir travailler,
« Et ta nageoire est en écharpe. »
Carpillon répond à la carpe :
« Pourras-tu jouer de la harpe
« Sans crainte de te l'écailler? »
Carpillon répond à la carpe :
« Il va te falloir travailler. »

RÉPLIQUE DE LA CARPE

(Envoi)

« Bien jeune était la Présidente
« Quand je la vis au bord de l'eau,
« A côté de sa gouvernante,
« Bien jeune était la Présidente.
« Elle excusera l'Intendante
« Des carpes de Fontainebleau:
« Bien jeune était la Présidente,
« Quand je la vis au bord de l'eau. »

M. Carnot venait à Fontainebleau avec l'assentiment du Parlement, occuper, lui et sa maison, l'aile droite du palais.

Cet assentiment, provoqué par le chef de l'État, lui avait été donné sur un rapport fait au nom de la Commission des Finances.

Le voici tel qu'il fut présenté et voté par le Sénat.

Messieurs,

Le Gouvernement a présenté, à la Chambre des députés, un projet de loi portant ouverture au Ministère de l'Instruction publique et des Beaux-Arts, sur l'exercice de 1888, d'un crédit de 6,000 francs pour l'installation, pendant la saison d'été, du Président de la République au palais de Fontainebleau.

Ce projet, qui a été adopté par la Chambre des députés dans la séance du 10 juillet, a été renvoyé par le Sénat à l'examen de la Commission des Finances.

Les appartements de l'aile Louis XV, où M. le Président établirait sa résidence d'été, ne présentent aucun intérêt historique ou artistique; ils ne sont pas compris dans le parcours des visiteurs du palais dont toutes les parties continueraient à être ouvertes au public dans les mêmes conditions que par le passé.

M. le Président ayant insisté pour prendre à sa charge tous les frais qu'entraînera son séjour à Fontainebleau, le Gouvernement ne demande aucune allocation sur le chapitre des régies (chauffage, éclairage, service, etc.).

Toutefois, en ce qui concerne la dépense résultant des travaux à exécuter pour quelques aménagements intérieurs indispensables, il lui a semblé que cette dépense, s'appliquant aux bâtiments, incombait obligatoirement à l'État; elle est d'ailleurs minime, puisqu'elle est évaluée seulement à 6,000 francs, et on aurait pu l'imputer sur les fonds ordinaires d'entretien.

Cependant le Gouvernement aurait cru dépasser ses droits en ne réclamant pas l'assentiment des Chambres pour l'affectation gratuite, si temporaire et si partielle qu'elle fût, d'un immeuble domanial, c'est surtout par déférence pour l'autorité du Parlement qu'il a tenu à présenter une demande de crédit spécial.

Dans ces conditions, votre Commission des Finances propose à l'unanimité d'approuver le projet de loi ci-joint :

PROJET DE LOI

ARTICLE PREMIER.

Il est ouvert au Ministère de l'Instruction publique et des Beaux-Arts, sur l'exercice 1888, en addition à la loi de finances du 30 mars 1888, un crédit extraordinaire de six mille francs (6,000 francs) qui sera inscrit au budget du Ministère de l'Instruction publique et des Beaux-Arts (2e section), à un chapitre nouveau portant le n° 43 bis et libellé : *Travaux supplémentaires d'entretien au palais de Fontainebleau.*

ART. 2.

Il sera pourvu au crédit extraordinaire ci-dessus au moyen des ressources générales du budget de l'exercice 1888.

Ainsi qu'on vient de le voir par le rapport ci-dessus, M. le Président de la République estimait qu'il n'avait pas le droit de disposer gratuitement d'un palais national, sans l'autorisation préalable des Chambres.

En demandant cette autorisation, M. Carnot faisait un acte pur et simple de politesse, et preuve en même temps d'un tact exquis.

Il va sans dire que la demande d'un crédit de 6,000 francs déposée d'abord par M. Lockroy sur le bureau de la Chambre des députés n'était pas tant pour permettre de faire des réparations indispensables au palais, que pour faire trancher une question délicate, soulevée par M. Carnot, qui avait déclaré vouloir se charger de toutes les dépenses réparatives, lesquelles décuplaient l'allocation votée.

Quel contraste avec les us d'autrefois !

Napoléon III envahissait tout le palais. Plus modeste, ainsi qu'il convient au premier magistrat d'une République, le successeur de M. Grévy se contente d'un pavillon d'angle, le pavillon Louis XV, qui termine la cour des Fontaines, lequel comprend : un rez-de-chaussée, un premier, un second et un troisième étage, le tout fort simplement meublé.

Le secrétariat de la Présidence et les bureaux de la maison militaire et civile occupent le rez-de-chaussée ; on y a meublé, toutefois, une chambre pour le général Brugère.

Au premier étage, les appartements de M. le Président de la République et de Madame Carnot, comprenant une vaste antichambre, une salle à manger, deux salons de réception et quatre chambres à coucher.

La chambre de M. Carnot est celle qu'occupait autrefois M. Fillon, précepteur de l'ex-prince impérial ; cette pièce n'est point décorée. Le lit de M. le Président est en bois doré, tendu de soie rouge sur certaines parties ; il est surmonté d'un baldaquin d'où tombent des tentures en soie gourgouron rouge, qui donnent à la couche un aspect royal.

La chambre de Madame Carnot a ses murs recouverts de soie

jaune. Le lit est en acajou avec des appliques en bronze doré. La pièce contiguë à cette chambre est celle qu'occupait autrefois le prince impérial.

C'est une immense pièce meublée avec un goût douteux et qui n'a de particulier que le lit du fils de Napoléon III, qui sert à l'un des

Général BRUGÈRE, O. ✳
Chef de la Maison militaire de M. le Président de la République,
Secrétaire général de la Présidence.

enfants de M. le Président, et une vaste armoire à glace en acajou, ornée de ciselures en bronze doré. Tous les meubles qui garnissent les appartements occupés par le chef de l'État sont de cet affreux style Empire que Napoléon Ier avait naturellement adopté comme étant la caractéristique de son règne.

Au second étage, deux ou trois petits salons à peine, mais un grand nombre de chambres à coucher destinées aux officiers et aux secrétaires de la Présidence. Les meubles de ces deux étages sont également du style Empire, et quelques-uns Renaissance; pour ceux-ci le mieux serait de dire qu'ils ne sont d'aucun style. Les rideaux sont en reps ou en cretonne.

C'est dans ce même second étage que le Prince-Président logeait les dames qu'il invitait à ses chasses. La future impératrice, alors Mlle de Montijo, y habitait ainsi que sa mère. La chambre qu'elle occupait était une sorte de cellule de pensionnaire, contiguë à une vaste pièce réservée à Mme de Montijo.

Au troisième étage, sont installés les divers services de l'argenterie et de la lingerie, ainsi que le maître d'hôtel.

Certes, M. le Président de la République n'est pas logé luxueusement; mais s'il a des réceptions officielles à faire, il est à la porte de l'Élysée; s'il lui plaît d'offrir quelques agréables parties, il est à deux pas de la forêt de Fontainebleau.

Un wagon-salon, remisé à Paris, est affecté exclusivement au service de M. Carnot, soit qu'il ait à recevoir officiellement à l'Élysée, soit qu'il ait à aller présider le Conseil des ministres.

Pendant le premier mois du séjour à Fontainebleau, le service est assuré par le général Brugère, secrétaire général de la Présidence, et par M. Arrivière, secrétaire particulier de M. le Président de la République; pendant le second mois, la charge incombe au colonel Lichtenstein, assisté des officiers de service.

Le jardin anglais est entièrement clos et réservé spécialement au service de M. le Président.

Pendant toute la durée de sa villégiature, M. Carnot a passé chacune de ses journées d'une façon à peu près uniforme.

Une seule les résume toutes : le matin, réceptions; l'après-midi, promenades en forêt ou visites à différentes expositions de peinture, d'horticulture, essais de canons, de tir, etc., etc., parties de lansquenet très suivies, organisées par Madame Carnot; le soir causeries intimes avec quelques invités au nombre desquels se trouvent souvent M. et Mme Floquet, M. et Mme Ferrouillat, etc., etc.

En dehors des ministres, beaucoup de personnages officiels ou notables de Fontainebleau et des environs sollicitent l'honneur d'être présentés; tantôt ce sont des ambassadeurs et leurs attachés, tantôt des officiers généraux.

On voit souvent au château les deux fils de M. Carnot, dont l'un — François — est à l'école Monge, et l'autre — Ernest — fait ses deux mois de service militaire au 46e de ligne, en garnison à Fontainebleau; ce dernier tient essentiellement à coucher à la caserne; il vient quelquefois dîner au château.

La salle à manger de M. le Président, ainsi que le salon intime de M. Carnot, et le service télégraphique, sont disposés au rez-de-chaussée du pavillon Louis XIV, contigu au pavillon Louis XV.

Les déjeuners de la Présidence sont simples, intimes et tout à fait de famille. On y invite l'officier de garde qui, chaque jour, commande le poste d'honneur.

Pour ce qui est des affaires publiques, concernant directement la Présidence, un planton, chargé du service du secrétariat, part tous les jours à 1 heure 44 pour Paris, emportant une valise pleine de papiers signés de M. le Président, et en rapporte d'autres par le train de 4 heures 15, car il est utile de faire observer ici que tout le service du secrétariat de la Présidence n'a pas quitté l'Élysée.

Le séjour de M. Carnot à Fontainebleau a été marqué par deux fêtes hors ligne : la première donnée par M. le Président chez lui avec un feu d'artifice magnifique sur le lac; la seconde, qui consistait en un splendide carrousel organisé par tous les officiers de la garnison en l'honneur de Madame Carnot, et qui a été absolument réussie.

Une affluence féminine considérable envahissait les tribunes; la majorité n'en était composée que de très jolies femmes appartenant pour la plupart aux officiers organisateurs du tournoi. Inutile d'ajouter que les toilettes étaient non moins charmantes, que la joie et la gaieté rayonnaient sur tous les visages, et que les assistants applaudissaient à tout rompre les habiles cavaliers qui évoluaient sous leurs yeux avec tant de prestesse et d'agilité.

M. Carnot était acclamé comme toujours et aussi Madame Carnot, dont l'enfance se passa à Fontainebleau, et que beaucoup se rappelaient avoir vue jouant dans ce même parc, au pied de ce même château, qu'elle devait habiter aujourd'hui.

Madame Carnot est la digne épouse de M. le Président; c'est la Providence faite femme.

Partout où elle porte ses pas, il y a beaucoup de larmes séchées, auxquelles succèdent de bien doux sourires!

Alors que M. le Président partait en forêt ou allait visiter une exposition quelconque, on pouvait voir Madame Carnot, non contente d'aller soulager les malheureux à domicile, se rendre chez des petits marchands de Fontainebleau, et, pour leur être agréable, leur faire à tous des commandes nombreuses, commandes dont le besoin ne se faisait nullement sentir à la Présidence, mais qui ravissaient d'aise et de fierté tous ces commerçants.

Nul ne peut se figurer avec quelle grâce infinie Madame la Présidente abordait ceux qui l'avaient connue jeune fille! La ville de Fontainebleau sera aussi reconnaissante de ces attentions délicates, qu'elle le sera de l'honneur que lui a fait M. le Président en venant habiter dans ses murs.

Le chef de l'État ne s'est absenté que trois fois pendant ses deux mois de séjour à Fontainebleau : pour aller faire une visite à Melun, en réponse à l'invitation de la municipalité de cette ville ; pour aller inaugurer la statue de Mirabeau à Montargis ; et pour accomplir un voyage de six jours en Normandie.

M. Carnot a répandu ses bienfaits largement à Fontainebleau.

Avant de partir il a fait remettre au maire de cette ville une somme de 2,000 francs pour le bureau de bienfaisance ; 1,000 francs pour la

société des Amis des Arts du département de Seine-et-Marne;
1,200 francs aux employés du château de Fontainebleau et 500 francs
à ceux de la gare.

Enfin Madame Carnot a remis à la supérieure des sœurs de Saint-
Vincent-de-Paul, une somme de 500 francs pour les besoins de son
orphelinat.

Le dimanche 30 septembre, par un train spécial qui a quitté
Fontainebleau à 4 heures, M. le Président de la République et Madame
Carnot sont partis pour Paris, salués par les autorités civiles et
militaires du département de Seine-et-Marne, et par les acclamations
unanimes de toute une population reconnaissante.

A 5 heures un quart, ils étaient rentrés à Paris.

CHAPITRE XIV

A MONTARGIS

Montargis, 5 août 1888. — 15° jour.

Le train qui devait prendre M. le Président de la République à Fontainebleau est parti de Paris à 11 heures 50 du matin.

Des compartiments avaient été réservés aux invités et, grâce à l'obligeance de M. Bidou, secrétaire particulier et sous-chef du cabinet de M. le ministre des Travaux publics, tous n'ont eu qu'à se louer du service.

Un intrus dans le voyage! Le comte de Neuville.

Cet individu est un être bizarre qui se rend dans toutes les réunions anarchistes, qui crie : « Vive la sociale! » aussi bien que : « Vive le roi! », que l'on voit au Mur des Fédérés et à la messe anniversaire de la mort de Napoléon. Ce toqué superbe était parvenu à monter dans le train.

« Je suis, disait-il, un descendant de Mirabeau. » Autrefois, il était un descendant des Borgia.

M. le comte de Neuville a un joli petit complet gris et porte un couvre-chef d'un marron clair superbe. Il brandit une pièce de vers qu'il a l'espoir de lire au pied de la statue de Mirabeau.

Rassurez-vous, il ne lira rien du tout.

Mirabeau est né le 9 mars 1749 au Bignon, canton de Ferrières.

Pourquoi donc sa statue va-t-elle être érigée à Montargis et non au Bignon? L'histoire vaut la peine d'être contée.

En 1881, M. G. Pallain, qui est aujourd'hui directeur des douanes, ayant publié une brochure sur Mirabeau, Gambetta lui écrivit la lettre suivante :

> Mon cher ami,
>
> Il y a bien longtemps que je n'avais goûté pareil plaisir. Je viens de lire et de savourer votre belle étude sur Mirabeau.
>
> Vous avez bien lu, bien profondément pénétré au fond du monstre, et vous en avez retiré le plus pur de la « substantifique moelle ». Je vous félicite de ce coup de maître; vous avez élevé le piédestal; à la France moderne d'y placer la statue.
>
> Ce jour-là nous pourrons célébrer ensemble le plus glorieux génie politique qu'ait eu ce pays depuis l'incomparable cardinal de Richelieu, et je retiens une place à cette grande fête.
>
> Laissez-moi croire que nos conversations d'il y a quinze ans n'ont pas été étrangères à la noble initiative que vous venez de prendre; c'est vous dire combien je suis avec vous de cœur et d'esprit.
>
> Léon Gambetta.

En même temps, Gambetta prenait l'initiative d'une souscription pour élever, au Bignon, une statue au grand orateur de la Révolution, et M. Waldeck-Rousseau, ministre de l'Intérieur, autorisait par décret cette commune à ajouter à son nom celui de Mirabeau.

Le décret, daté du 13 décembre 1881, était ainsi libellé :

> La commune du Bignon, canton de Ferrières, arrondissement de Montargis département du Loiret, portera dorénavant le nom de Le Bignon-Mirabeau.

Précédemment, le 22 septembre, M. Jules Ferry avait pris un arrêté pour charger M. Granet d'exécuter la statue. Voici le texte de cette décision :

MONTARGIS. — M. le Président de la République assiste à l'inauguration de la statue de Mirabeau.

M. Granet, sculpteur, est chargé d'exécuter une statue de Mirabeau pour la ville de Le Bignon, canton de Ferrières (Loiret).

L'attention du ministre avait été attirée sur cet artiste par le projet qu'il avait envoyé au concours pour l'érection, à Versailles, d'un monument en l'honneur de l'Assemblée constituante.

La statue terminée, M. Granet l'envoya au Salon, puis elle resta pendant quelque temps exposée devant le Palais de l'Industrie, et enfin

M. BŒGNER,
Préfet du Loiret.

elle fut érigée sur l'une des places de Montargis ; les membres du conseil municipal voulant juger de l'effet qu'elle produirait dans un cadre plus restreint.

Mais alors, se produisit un fait absolument étonnant : les habitants de Montargis furent tellement enchantés de l'effet obtenu, qu'ils refusèrent de rendre le monument lorsqu'on voulut le leur reprendre pour le transporter au Bignon.

Leurs voisins, les habitants de cette dernière commune, crièrent au voleur, et, afin d'apaiser leurs clameurs, le gouvernement leur promit une autre statue — en bronze, œuvre de M. Caillié — qui avait également figuré au concours de Versailles.

Promesse inutile : les Le Bignonnais ont persisté à réclamer *leur statue;* et ont même déclaré qu'ils viendraient la déboulonner de son piédestal de la place du Cerceau, pour l'emporter dans la ville natale de Mirabeau.

Cette menace ne s'est pas encore réalisée; nous avons même remarqué dans la foule un certain nombre d'habitants du Bignon, qui admiraient fort l'œuvre du sculpteur Granet et acclamaient chaleureusement M. le Président de la République.

Revenons au voyage.

Les invités partent à 11 heures 50 très précises de Paris et, après un court arrêt à Melun, arrivent à Fontainebleau.

A ce train rapide a été adjoint un wagon-salon pour M. le Président de la République.

M. Carnot y prend place, accompagné de M. le Royer, président du Sénat; de M. Deluns-Montaud, ministre des Travaux publics; de M. Aimé Martin, chef de cabinet; de M. le général Brugère; de M. le commandant Chamoin; de M. Poubelle, préfet de la Seine; de MM. Cochery et Dumesnil, sénateurs; de MM. A. Cochery, Bernier et Fousset, députés; de M. Arrivière, secrétaire particulier de M. le Président, et de M. Deschamps, inspecteur de la voie.

Au moment où le train se met en marche M. le comte de Neuville passe sa tête à la portière et pousse un cri étranglé de : « Vive l'empereur ! »

Le train présidentiel s'arrête à Moret, où il prend M. le général Blot, commandant le 5e corps; M. Bœgner, préfet du Loiret ; M. Pandevant, sous-préfet de Montargis.

Ces messieurs devant, aux termes des règlements, aller au-devant du chef de l'État jusqu'à la limite du département du Loiret et ne pouvant s'arrêter à la dernière gare, qui est Ferrières, sont venus rejoindre M. le Président de la République à la dernière gare d'arrêt, qui est Moret.

En changeant de département, M. le comte de Neuville change d'opinion et il crie d'une voix mâle : « Vive le Président Carnot ! »

Cela commence à être drôle.

Enfin, nous arrivons à Montargis à 2 heures moins cinq. Le temps est beau et un rayon de soleil daigne jeter un peu de gaîté sur cette petite ville qui fut, toute la matinée, sous la pluie.

Un salon d'attente, somptueusement décoré, a été préparé par les soins de M. Desmaret, chef de section de la Compagnie P.-L.-M., et c'est dans ce salon que, sortant de son wagon, M. le Président de la République est reçu officiellement par le conseil municipal de Montargis, auquel se sont joints MM. les sénateurs et députés du département du Loiret.

Au dehors éclatent les vivats et les applaudissements de la foule qui, à l'arrivée du train présidentiel, oublie toutes les tribulations que la pluie lui a causées dans la matinée. L'enthousiasme, comme toujours, déborde sur les figures, et le soleil n'a pas maintenant de plus beaux rayons que la joie et le sourire de tous ces braves gens.

Au nom de la ville M. J. Bailly, maire de Montargis, souhaite la bienvenue à M. le Président Carnot, qui lui répond par quelques mots aimables et lui serre très affectueusement la main. Puis le cortège officiel se forme dans l'ordre suivant, pour se rendre à la place Mirabeau.

Dans le premier landau : M. le Président de la République; M. le général Blot, commandant du 5e corps; M. le général Brugère, secrétaire général de la Présidence; M. Bailly, maire de Montargis.

Dans la seconde voiture : M. le Royer, président du Sénat; M. Boullé, premier président de la cour d'appel d'Orléans; M. le général de division Cailliot et M. le secrétaire particulier du président du Sénat.

Dans la troisième voiture : le ministre des Travaux publics, M. Deluns-Montaud; M. Bœgner, préfet du Loiret; M. le général de brigade Moulin; M. Pandevant, sous-préfet de Montargis.

Dans la quatrième voiture, M. le commandant Chamoin, M. Arrivière, et le chef de cabinet du ministre des Travaux publics.

D'autres voitures, au nombre de dix à douze, prennent les sénateurs, députés, et le conseil municipal, les membres du comité Mirabeau et les représentants de la presse parisienne et départementale.

Pendant que le cortège s'organise, les tambours battent, les clairons sonnent aux champs ; les troupes présentent les armes et les officiers saluent de l'épée sur le passage de M. le Président et de sa suite.

La foule applaudit.

Sur tout le parcours du cortège présidentiel, la haie est formée :

De la gare à la route de Paris, par les enfants des écoles ; sur l'avenue de la Gare, par la compagnie des sapeurs-pompiers ; ensuite par toutes les sociétés de secours mutuels de la ville, pour être complétée par le 82e de ligne.

Le cortège est escorté par les gendarmes.

Des salves ont été tirées du côté de la forêt de Montargis, dès l'arrivée du train présidentiel. Elles se continuent pendant le défilé à travers les rues.

Nous passons sous des arcs de triomphe défoncés par la pluie.

Des guirlandes de lampions il ne reste, hélas ! que des morceaux de carton, des fils de fer et des bougies se balancent au bout de longues ficelles.

Tout ça est éreinté, c'est un véritable désastre et les habitants sont un peu contrits.

Sur les écussons on lit : *Progrès, Industrie, Arts, Commerce, Travail, Agriculture, Paix.*

De quelques arcs de triomphe subsistent encore les cartouches portant ces phrases : « *Soyez les bienvenus. — Vive l'armée ! — A la Révolution française !* »

L'avenue de la Gare est toute pavoisée de drapeaux et de rubans tricolores.

D'une fenêtre partent des cris énergiques de : « Vive Carnot ! Vive la République ! » J'interroge un de mes confrères de Montargis, qui m'apprend que cet enthousiaste est un ouvrier ayant gagné, il y a quelques jours, le lot de 500,000 francs des bons du Foncier. Il a bien fait les choses, son logis est merveilleusement décoré.

La rue Dorée est pleine de verdure.

A 2 heures 15 environ, M. le Président de la République arrive sur la place Mirabeau et prend immédiatement place sur l'estrade, occupée déjà par les nombreux invités de la ville.

M. DELUNS-MONTAUD,
Ministre des Travaux publics.

Aussitôt toutes les têtes se découvrent, une forêt de drapeaux et de mouchoirs s'agitent frénétiquement dans les airs. Des cris de « Vive Carnot! Vive la République » roulent dans un *crescendo* formidable et se répercutent dans toute la longueur de la rue de Vaublanc. Malgré l'affluence considérable, l'ordre est parfait.

Aux acclamations retentissantes de la multitude se joignent les sons de la musique du 82e de ligne, qui ouvre la cérémonie d'inauguration.

M. Pierre Granet, sculpteur, fait un signe. Le voile qui recouvre la statue tombe, et le tribun apparaît aux yeux de tous, superbe et fier, beau de cette beauté mâle qui sied si bien aux grands orateurs. Une nouvelle salve d'applaudissements éclate tout à coup, et les accents guerriers de la *Marseillaise*, font mugir les échos de la place et battre les cœurs dans toutes les poitrines.

La solennité du moment pénètre chacun d'une émotion extraordinaire; le silence subit de toute cette foule a une grandeur que nulle expression humaine ne saurait rendre.

La *Marseillaise* achevée, l'*Alliance musicale* joue aussitôt un morceau patriotique d'allures non moins énergiques.

Pendant l'exécution de ce second morceau j'examine l'œuvre de M. Granet et je dois déclarer qu'elle mérite en tous points cette cérémonie officielle :

Rompant avec la tradition du « bras tendu », le geste un peu banal des orateurs, le statuaire a représenté le grand tribun debout, une jambe en avant, les bras serrés contre la poitrine, les poings fermés, prêt à lancer une apostrophe foudroyante.

La tête, rejetée en arrière, est d'une expression de puissance superbe.

Cette statue mesure trois mètres de hauteur, le socle, très simple, a deux mètres et demi.

Sur la face antérieure ces deux mots : *A Mirabeau!* et ces deux dates : 1749-1791.

Quand la musique se tait les discours commencent.

Après M. le Royer, président du Sénat, qui retrace l'œuvre et la vie de Mirabeau, M. Deluns-Montaud prononce un discours remarquable, qui a fait une profonde impression sur l'auditoire.

En voici le passage principal :

Ce n'est pas un de nos moindres sujets de satisfaction de voir cette fête présidée par le premier magistrat de la France. La Révolution triomphante, les institutions républicaines désormais fondées, rendent à la Révolution militante le pieux hommage du pays reconnaissant.

Le nom de Carnot s'associe ainsi à celui de Mirabeau. — La parole et l'épée! — Ce rapprochement est comme la manifestation la plus précise de la pensée de la Révolution : la force au service du droit. (Applaudissements prolongés. Cris : « Vive Carnot! »)

Pourquoi faut-il que la mort stupide, qui scella les lèvres de ce grand homme enlevé dans sa virilité et dans sa force, à l'âge de quarante-deux ans, ait aussi condamné, avant l'heure, à l'éternel silence le tribun, l'homme d'État qui, par son génie et sa tragique destinée, a tant de traits communs avec Mirabeau?

Seule, la voix de Gambetta eût pu parler de lui dignement et le glorifier, cette voix désormais muette, et qui cependant résonne aux oreilles des Français qui l'ont entendue, tantôt les appeler aux armes contre l'envahisseur, et tantôt les convier à l'œuvre sainte du relèvement de la Patrie.

Il se promettait de parler de Mirabeau à l'occasion de l'érection de cette statue, notre grand cher mort; et ce n'eût pas été non plus un spectacle indigne de notre histoire et de cette démocratie que l'éloge de Mirabeau prononcé par Gambetta.

« Vous avez élevé le piédestal, écrivait-il à M. Pallain; à la France moderne d'y placer la statue. Ce jour-là, nous pourrons célébrer ensemble le plus glorieux génie politique qu'ait eu ce pays depuis l'incomparable cardinal de Richelieu, et je retiens ma place à cette grande fête. »

Nous reconnaissons ici l'âme de Gambetta.

Quiconque avait fait la Patrie plus grande lui paraissait grand; il confondait dans le même culte Louis XI, Henri IV, Richelieu, Danton. Ce n'est pas lui qui eût songé à ramasser, chiffonnier de l'Histoire, toutes les vilenies dont les stercoraires de tous les temps ont essayé de ternir tant de radieuses mémoires.

Il aurait dit avec Proudhon qui s'indignait, lui aussi, d'injustes accusations et qui les réfutait : « Honte à la nation qui souille et outrage ses grands hommes! Mirabeau fût-il coupable, le devoir de l'historien serait d'étouffer le vice de l'homme dans la gloire du tribun! »

C'est à ce haut sentiment que vous avez obéi, Messieurs, en élevant cette statue à l'homme qui a tant fait pour la conquête de nos libertés et pour l'éducation civique de notre pays.

Un tonnerre de bravos éclate, et M. Carnot, pressant chaleureusement les mains de M. Deluns-Montaud, le félicite longuement.

M. le maire de Montargis remercie alors M. le Président de la République, le ministre, les députés et les sénateurs d'être venus inaugurer la statue de Mirabeau, et par cela même de s'être associés intimement à la glorification de la Révolution française tout en prouvant, avec M. Pallain, que Mirabeau était bien un enfant du Gâtinais. En terminant, il émet le vœu que l'État fasse rechercher les restes du grand orateur, et ordonne ensuite leur réintégration solennelle dans les caveaux du Panthéon.

De bruyants applaudissements soulignent la proposition de M. Bailly.

L'inauguration de la statue se termine sur une pièce de vers de M. Émile Gouget, un enfant de Montargis, récitée par M. Albert Lambert fils, de la Comédie-Française, et dont voici quelques vers :

> Quand, près du gouvernail et le doigt sur la carte,
> Pressentant Robespierre et flairant Bonaparte,
> Anxieux, tu criais : « Peuple, l'écueil est là ! »
> Mirabeau, devant toi que ce peuple adula,
> Je dis, je jure ici, moi, ta mère chérie,
> Que ces jours-là, mon fils, tu sauvais la Patrie.

M. le Président de la République se rend ensuite à la sous-préfecture, où il reçoit les autorités constituées de Montargis, notamment : M. le colonel Muzac et les officiers du 82e; M. Ballot, président du tribunal civil, et M. Notaire, président du tribunal de commerce; M. le Beau, procureur de la République; M. Paulmier, receveur particulier des finances; M. Gouët, conservateur des forêts, directeur de l'école des Barres; M. Debaise, inspecteur d'Académie; M. Amiot, inspecteur primaire; MM. les ingénieurs; M. l'abbé Godefroy, curé-doyen de Montargis et ses vicaires; M. Jacglé, pasteur protestant, etc.

M. Lacroix, député du Loiret, a, en outre, présenté à M. le Président une délégation d'instituteurs.

M. Carnot a décoré de la médaille militaire le maréchal des logis Battué, du 32e régiment d'artillerie, pour avoir, dans la même semaine, opéré, en deux fois différentes, plusieurs sauvetages au péril de sa vie.

M. le Président de la République a visité également l'hospice, auquel il s'est rendu en passant par la rue de Vaublanc, la place Ducerceau, la rue Dorée, la place de la République et le faubourg de Lyon, dans lequel se trouvait un arc de triomphe magnifique.

Il a été salué à l'hospice par la commission administrative et par M. Camus, receveur; étaient également présents : MM. les médecins militaires Bonny et Wisemans, ainsi que les sœurs et les orphelines.

La bonne tenue de l'hôpital a frappé tout spécialement M. Carnot qui en a manifesté sa satisfaction au bureau d'administration, et a remis à M. le maire de Montargis une somme de 800 francs pour être distribuée aux pauvres de la ville.

Au retour, dans la rue Dorée qu'encombrait la foule, deux charmantes petites filles, Mlles Marguerite Seguin et Marie Depert, ont offert chacune un bouquet à M. le Président, qui a fait arrêter sa voiture, les a prises dans ses bras et les a affectueusement embrassées.

La foule ne se contenait plus. Qui pourra calculer la dose d'air absorbée par les poumons de toute la ville, emportée par l'enthousiasme et la reconnaissance, dans ses interminables vivats jetés san mesure à tous les échos?

En arrivant à l'Hôtel de Ville, M. Carnot est monté par l'escalier de la Bibliothèque dans les salons du Musée, ornés avec un goût exquis et où un lunch avait été préparé en son honneur.

Là, MM. Granet, statuaire; Gouget, auteur de la poésie à Mirabeau, et M. Albert Lambert fils, sont venus saluer le chef de l'État; pour chacun d'eux, M. le Président a trouvé quelques paroles flatteuses.

M. Carnot, en réponse à un toast porté par M. Cochery, président du Conseil général, a remercié la vaillante population républicaine de Montargis et l'a engagée à continuer à soutenir et à défendre les idées et les principes républicains.

A 4 heures et demie, une foule compacte envahissait les abords de la gare, dans le jardin Durza. Sur les ponts de la Chaussée, dans la rue de Loing, sur la place Ducerceau, etc., du monde, encore du monde, toujours du monde. Le 82ᵉ de ligne était massé devant la gare, formant la haie, et présentant les armes.

A 5 heures précises, M. Carnot montait en wagon et, se penchant à la portière, saluait encore une fois et remerciait de la main.

Soudain un coup de sifflet perce les airs, le train s'ébranle ; une formidable clameur de : « Vive Carnot ! vive la République ! » retentit une dernière fois, et le train disparaît.

Le comte de Neuville est resté sur le quai de la gare de Montargis, agitant son mouchoir désespérément. Nul ne sait ce qu'il a crié.

En résumé, une bonne et excellente journée de plus à l'actif de la République !

TROISIÈME VOYAGE

ÉVREUX — CAEN — SAINT-LO — CHERBOURG — LE HAVRE — ROUEN — ELBEUF

CHAPITRE XV

A ÉVREUX ET A CAEN

Départ de Fontainebleau. — Réceptions à Achères. — Les gares intermédiaires. — A Évreux. — A Bernay. — A Lisieux. — Fausse alarme. — Arrivée à Caen. — Défilé d'étalons. — Réceptions. — Discours de M. le Président de la République. — Le banquet. — Les illuminations.

Évreux, — Caen, — 10 septembre 1888. — 16ᵉ jour.

Par une belle matinée du mois de septembre, trois messieurs se dirigeaient vers la gare de Fontainebleau... en landau naturellement.

Rien de plus simple que ce début. C'est qu'en effet, M. le Président de la République a commencé son voyage avec ce calme, cette sérénité, qui est le trait saillant de son caractère. Pas de faste, pas d'apparat, pas de cortège; trois promeneurs, et rien autre. M. Carnot, le général Brugère, officier d'ordonnance de service, et M. Arrivière, secrétaire particulier.

Le sous-préfet de Fontainebleau est à la gare, attendant le chef de l'État, qui monte dans le train accompagné de MM. Picard et de

Lamolère, ingénieur en chef et inspecteur général du P.-L.-M., jusqu'à Villeneuve-Saint-Georges. C'est là que finit le réseau de Lyon.

Le vrai voyage commence.

Nous sommes, en effet, sur la ligne de l'Ouest.

A Noisy-le-Sec, tous les hauts fonctionnaires de la Compagnie reçoivent le premier magistrat de la République. Nommons :

MM. Delarbre, vice-président du conseil d'administration de la Compagnie de l'Ouest; Marin, directeur de la Compagnie; Chardon, chef de l'exploitation; de Griège, ingénieur de la traction; Vigne, ingénieur de la voie; Arnaud, directeur du chemin de fer de Ceinture. Ils prennent possession du wagon-salon qui leur était réservé.

M. Ch. Floquet prend place auprès de M. Carnot. Le président du Conseil des ministres est accompagné de deux secrétaires.

MM. les commandants Cordier et Chamoin, et M. le préfet de l'Eure, feront route avec M. le Président de la République, ainsi que MM. Arrivière, Pascal, André, etc.

A Achères, où les membres de la presse sont présentés à M. Carnot, commence la série des réceptions officielles. Nous trouvons à la gare le maire d'Achères, M. Nicolle, attaché au ministère des Finances, et M. Basset, maire de Sartrouville. On offre à M. le Président une magnifique corbeille de fleurs, cadeau de la Compagnie de l'Ouest, dont la fanfare, venue de Paris, enlève gaillardement la *Marseillaise*. Au départ, la musique des pompiers joue le *Père la Victoire*. C'est assez spirituel, n'est-ce pas, de la part des pompiers de province?

Nous ne restons pas longtemps à Mantes; mais il en est des réceptions comme des œuvres d'art. Le temps ne fait rien à l'affaire. La gare est envahie, — prise d'assaut, on peut dire, — par une foule enthousiaste, Des acclamations bruyantes : « Vive Carnot! Vive la République! » et aussi : « Vive Floquet! » Le maire présente le conseil municipal et fait un très bon, très court et très énergique discours, plein de bons sentiments républicains. Deux petites filles,

CAËN. — M. le Président de la République voit défiler les étalons des grands éleveurs du Perche et du Cotentin.

gentilles comme tout, offrent un bouquet et reçoivent en échange deux retentissants baisers.

Tout à fait réussie, cette réception de Mantes.

Et maintenant, en route pour Évreux. On déjeune en chemin de fer.

Voici le menu :

Hors-d'œuvre.
Truites de rivière meunière.
Filet de bœuf Richelieu.
Fonds d'artichauts provençale.
Perdreaux bardés cresson.
Chaud-froid de volaille.
Salade bretonne.
Fromages et fruits.

Compliments à la Compagnie des wagons-lits. Elle cuisine supérieurement, et son personnel est bien dressé ; les estomacs reconnaissants se font un devoir de lui dire ses quatre vérités.

Évreux, tout le monde descend. Le salon de la gare est magnifique. Fleurs, drapeaux, trophées. Toutes les autorités du département sont là. M. Galtié, préfet de l'Eure, est entouré du maire et du conseil municipal d'Évreux. M. Ducy, maire, présente le conseil municipal à M. Carnot.

Encore un discours très réussi, dont le passage suivant a été applaudi par une foule enthousiaste :

Nous souhaitons que votre présence au milieu de nos populations normandes, que le courant de sympathie qui se crée partout autour d'un chef de l'État si unanimement et si justement respecté, entraînent enfin les indécis, et dissipant les derniers malentendus, rassemblent autour du gouvernement de la République ceux de nos concitoyens qui s'attardent encore dans un vain et stérile regret du passé.

Quelques paroles de remercîment de M. le Président de la République, et on se rend à la Préfecture, où a lieu la réception des autorités civiles et militaires.

Nous traversons une ville brillamment pavoisée. Un monde fou.

Sur les coteaux, l'artillerie tire des salves, dont le bruit est accentué par les clameurs de la population. Les honneurs sont rendus par le 6e dragons et le 74e de ligne.

Les maires du département ont tenu à honneur de venir saluer M. le Président au passage; ils étaient là au nombre de 400 à 500, et parmi eux, M. Moutier à la tête de son conseil municipal.

M. Carnot était entouré de MM. d'Osmoy, sénateur; Papon et Milliard, députés. M. Pouyer-Quertier était également présent.

Le docteur Guindez, conseiller général, est décoré de la Légion d'honneur. M. Corbeau, professeur à l'École industrielle, reçoit la rosette d'officier de l'Instruction publique.

Les palmes académiques sont accordées à MM. Foubert, inspecteur primaire à Bernay; Laignel, vice-président du conseil de préfecture, et Lequesne, président du tribunal civil.

En outre, M. le Président de la République distribue quinze médailles à des ouvriers.

Une protestation contre le projet de captation des eaux de l'Avre a été présentée par MM. Grosfillay, conseiller général, et Marchand, conseiller d'arrondissement de Nonancourt.

Tout cela, au milieu des acclamations les plus enthousiastes. Si j'en juge par le commencement, je crois que les lecteurs feront bien de se préparer à trouver souvent sous ma plume les mots : « enthousiasmes, acclamations, vive Carnot! vive la République! » car on n'entend que cela jusqu'à présent.

Arrêt à Bernay. Un train express, se rendant à Paris, est en gare. Les voyageurs descendent et se mêlent à la manifestation sympathique, dont nous sommes les spectateurs.

Que les impérialistes jubilent! A Bernay, en effet, M. Carnot est reçu à coups de fourches. Rassurez-vous, bonnes âmes! Les fourches ont leurs pointes en l'air, et les paysans ont mis leurs chapeaux au bout.

M. Puel, maire, rappelle la demande formée par le conseil municipal à l'effet d'être autorisé à ajouter aux armes de la ville la croix de la Légion d'honneur, en souvenir de la défense de Bernay contre l'invasion allemande. Il dit :

Permettez-moi de vous rappeler le vœu émis par la municipalité d'une distinction honorifique pour la ville de Bernay. Je tiens à vous renouveler, à cette occasion, l'assurance de notre dévouement aux institutions républicaines et à vous exprimer les sentiments de sympathie et de profonde estime dont je suis heureux d'être l'interprète.

M. le Président de la République répond :

Le gouvernement n'a pas pu jusqu'ici donner satisfaction à votre désir. Il en comprend la légitimité et, en félicitant la ville de Bernay de sa glorieuse attitude, il sait qu'il n'y a pas besoin d'une distinction matérielle pour perpétuer la mémoire de ce fait d'armes, et que vous trouvez dans le souvenir du devoir accompli la plus grande des récompenses.

A Lisieux, — où M. le Président était attendu par MM. Georges Rivaud, préfet du Calvados; Baraston, conseiller général du canton; Peulevey, maire, à la tête du conseil municipal; Marie, sous-préfet de Lisieux; Ménard, sous-préfet de Pont-l'Évêque, — court arrêt, courte réception, qui se termine par la remise d'une médaille de sauvetage au sergent des pompiers. Ce brave a, du reste, l'occasion de payer sa dette immédiatement. Les accidents de chemin de fer sont à la mode, il paraît, et le train présidentiel n'échappe pas à la règle commune.

Le wagon de M. le Président est en feu... Oh! quelques étincelles seulement, causées par le frottement résultant de la vitesse extrême du train. C'est l'affaire de deux seaux d'eau.

En route, et nous voici à Caen.

Il est 4 heures et demie quand nous arrivons dans la vieille ville normande.

Le cortège présidentiel se met en marche. La voiture de M. Carnot est attelée de quatre superbes étalons, envoyés par le Haras du Pin, et conduits par un cocher... Où ai-je vu cette figure? cette stature? cette allure? Eh, parbleu! C'est Dumaine! — Non, ce n'est pas Dumaine, mais l'énorme premier cocher du célèbre haras ressemble à s'y méprendre à l'artiste populaire, et mène son équipage avec autant d'autorité que son sosie en met à conduire une pièce.

Dans la voiture présidentielle se trouvent M. Mériel, maire de Caen, le général Brugère et M. Rivaud.

Belle réception. Une salve de 101 coups de canon est tirée. Pendant une demi-heure, les cloches des paroisses sonnent à toute volée. Le cortège présidentiel passe au milieu des vivats. La haie est formée par la compagnie des sapeurs-pompiers, la musique du 130° d'infanterie, le commandant d'armes à la tête d'un groupe d'officiers sans troupes, une compagnie d'infanterie, les sociétés de gymnastique de Caen, les compagnies des douanes et des remontes, etc.

La *Marseillaise* éclate à tous les coins de rue, jouée par les fanfares d'Orbec, de Falaise, de Mézidon, de Villiers, de Dives, d'Argeuzes, etc., etc.

La suite de M. le Président prend place dans quinze voitures découvertes, escortées de gendarmes et de hussards, et se dirige vers l'Hippodrome.

Là, M. le Président s'installe sur une estrade d'honneur, ayant à ses côtés MM. de Saint-Rerre et Lavalley, sénateurs; Desloges et Ricard, députés; Rivaud, préfet; Faguet, procureur général, et les maires des principales villes du département : Lisieux, Falaise, Vire, Pont-l'Évêque et Honfleur.

On présente de magnifiques spécimens d'étalons de pur sang et de demi-sang, ainsi que des trotteurs. Ces bêtes superbes sont la propriété des éleveurs du Pin et de Saint-Lô.

Nous voyons aussi un lot de chevaux destinés à la remonte générale de l'armée, et provenant des achats effectués dans le département du Calvados.

Pour les courses, nous avons un temps superbe.

Je renonce à vous parler de la foule qui est énorme. On se croirait à Longchamps, ou tout au moins à Chantilly.

Le Prix de Normandie pour chevaux de trois ans, est gagné par Anémone.

Lieutenant-colonel TOULZA,
Officier d'ordonnance de M. le Président de la République.

Vous devinez que tout cela a pris du temps. Il est 7 heures et on attend le chef de l'État à l'Hôtel de Ville.

On traverse à nouveau une partie de la belle capitale de la Normandie, au milieu des cris sympathiques, à travers les pavois et les arcs de triomphe.

Avant dîner, grande réception. Nous retrouvons ici une foule de visages déjà vus. Sur les 553 maires et adjoints qui défilent devant M. le Président de la République, il en est beaucoup qui, le 14 juillet, assistaient au banquet du Champs de Mars. Curieux choix de costumes. Des habits noirs, des redingotes campagnardes, une soutane de curé et deux vigoureux fonctionnaires en limousines. La franchise et la cordialité se lisent sur les figures ouvertes de ces braves gens.

A la droite de M. le Président s'assied le maire de Caen. M. Floquet est à la gauche de M. Carnot. Le maire souhaite très chaleureusement la bienvenue à M. le Président de la République, qui répond par les paroles suivantes, qui provoquent de nouvelles acclamations :

Vous venez de prononcer de bonnes et saines paroles. Je vous en remercie cordialement; elles ont trouvé leur écho auprès de vos convives, dont un si grand nombre représente les communes de votre beau département. (Applaudissements.)

Je suis heureux d'avoir trouvé un pareil accueil dans votre région. Il prouve, Monsieur le Maire, que vous avez traduit fidèlement la pensée des laborieuses populations du Calvados.

Vous avez tenu un langage de calme, d'apaisement et de confiance, qui est de nature à fortifier notre France.

Votre confiance, soyez-en sûrs, Messieurs, ne sera pas trompée.

Les libertés publiques dont M. Mériel parlait tout à l'heure ne sont pas menacées. Si elles venaient à l'être, vous pouvez être certains que le gouvernement de la République saurait les défendre,

(Mouvements et chaleureux applaudissements. Cris unanimes de : « Vive Carnot ! Vive la République ! »)

Quant à nous, Messieurs, cette admirable journée nous laissera d'inoubliables souvenirs. Remerciez, je vous prie, vos populations de leur empressement si chaleureux, et qui nous a été au cœur.

En nous conviant à une des manifestations de votre industrie locale, vous nous avez offert la plus splendide des fêtes hippiques qu'il nous ait été donné de voir.

C'est donc avec bonheur que je bois à la prospérité de la ville de Caen et à celle du département du Calvados.

(Applaudissements répétés. Cris chaleureux de : « Vive Carnot ! Vive la République ! »)

Puis, M. Zévort, recteur de l'académie de Caen, présentant les membres du corps enseignant, prononce une allocution dont voici un passage :

Entre l'Université et le fils du ministre de l'Instruction publique de 1848, les liens sont étroits autant qu'ils sont anciens.

Vous nous appartenez, Monsieur le Président, par les traditions domestiques, par votre éducation au lycée Bonaparte, par vos succès au concours général, et nous nous plaisons à saluer en vous, en même temps que le chef vénéré de l'État, l'universitaire convaincu.

De nombreux instituteurs sont venus des quatre coins du département offrir leurs hommages au chef de l'État.

Pendant la réception, M. Carnot a décerné la croix de la Légion d'honneur à M. le docteur Bourienne, directeur de l'École préparatoire de médecine et de pharmacie ; la croix du Mérite agricole à MM. Laurent, maire de Sassy, et Brunet, maire de Mézidon ; les palmes d'officier de l'Instruction publique à M. Patry, instituteur à Curcy, et les palmes d'officier d'Académie à M. Livet, instituteur à Caen.

Enfin le banquet commence ; on remarque à la table d'honneur MM. Floquet ; Mériel, maire de Caen ; de Saint-Pierre, sénateur ; Rivaud, préfet du Calvados ; le général Brugère ; Faguet, procureur général de la Cour de Caen ; Ricard, député ; Cornette, directeur des haras et représentant de M. Viette, ministre de l'Agriculture ; le préfet de l'Orne ; Lavalley, sénateur ; Desloges, député ; le commandant Chamoin ; le capitaine Cordier ; Zévort, recteur de l'Académie ; Marin, directeur de la Compagnie de l'Ouest ; Chardon, directeur de l'exploitation ; Arrivière, secrétaire particulier de M. Carnot ; André, Pascal, secrétaires de M. Floquet ; Quernet, adjoint au maire de Rouen ; Lagrange de Langres, Charles et Julien, conseillers généraux.

Le menu du banquet était particulièrement soigné ; en voici le relevé :

Consommé aux perles du Brésil.
Saumons de l'Orne, sauce Riche.
Gigots d'agneau d'Aulnay-sur-Odon, façon Chevreuil.

∘❀∘

Perdreaux à la Périgueux.
Cailles en chaud-froid.

∘❀∘

Volailles de Crèvecœur, truffées.
Salade Chicorée.

∘❀∘

Haricots verts, au beurre d'Isigny.
Langoustes, sauce le Doyen.

∘❀∘

Pièces de pâtisserie.
Rochers de glaces.
Fruits variés de la saison,
Dessert assorti.

∘❀∘

VINS.

Haut-Sauterne.	Bordeaux.	Bourgogne.
Château d'Arches.	Ch^{au} Haut-Brion.	Beaune.
	Ch^{au} Mouton-Rothschild.	Chambertin.

Champagne frappé. — Noble joué. — Champagne mousseux.

CAFÉ. — LIQUEURS.

Courons la ville, pendant que M. le Président de la République reçoit à la Préfecture.

N'étaient les maisons à encorbellements, si curieuses, qui abondent dans la vieille cité de Guillaume le Conquérant, on se croirait à Paris, un jour de Fête Nationale.

Rien n'y manque. Illuminations brillantes, pétards, — et même, danses en plein air. Et aussi une bande d'étudiants, formés en monôme, traversant les rues en criant, sur l'air des lampions (un air de circonstance, étant donnée l'orgie d'illuminations), en criant, dis-je : « Vive Carnot ! Vive Floquet ! »

Place Royale, grand concert. Sur l'Hippodrome, magnifique feu d'artifice. Le tout, admirablememt réussi.

Visite à l'Hôtel-Dieu. — Dons. — Remise de médailles. — Le départ de Caen.

Caen, 11 septembre 1888. — 14e jour.

Ce matin, avant son départ, fidèle à une coutume touchante inspirée par un sentiment bien démocratique, M. le Président de la République s'est rendu avec sa suite à l'Hôtel-Dieu de Caen où il a été reçu par M. David Beaujour, membre de la commission administrative des hospices de Caen, qui lui a présenté le personnel de la maison et les enfants des hospices, rangés à droite et à gauche dans la vaste cour.

M. le Président a remercié la commission hospitalière de son accueil. Puis une petite fille de six ans lui a offert un magnifique bouquet orné de rubans tricolores, que M. Carnot a aussitôt fait déposer dans sa voiture.

Il a ensuite visité toutes les salles de l'Hôtel-Dieu et, après s'être fait présenter tout le corps médical, dans la grande salle de chirurgie où tout le monde était en tenue de travail, il a eu une parole aimable pour chacun des praticiens distingués qui le composent et prêtent leur concours dévoué à l'Assistance publique.

M. Carnot est sorti de l'Hôtel-Dieu par l'église dite de la Reine Mathilde, où se trouve le tombeau de cette reine, femme de Guillaume le Conquérant.

Cette église, que M. le Président a fort admirée, est un des plus beaux spécimens de l'architecture chrétienne au xie siècle.

A 8 heures moins un quart, M. Carnot a traversé la ville de Caen tout ensoleillée, et a exprimé à toutes les personnes qui l'accompagnaient la satisfaction qu'il avait éprouvée pendant son court séjour dans le chef-lieu du Calvados.

Des vivats enthousiastes ont salué son passage, puis il est monté dans le train accompagné de MM. Houyvet, premier président de la Cour d'appel; Rivaud, préfet du Calvados; le maire de Caen et les personnes de sa suite.

Et le train est parti salué par une dernière acclamation de : « Vive Carnot! Vive la République! »

M. Carnot a remis à M. le maire de Caen la somme de 2,000 francs pour les pauvres de la ville; il a laissé à l'Hôtel-Dieu 200 francs à distribuer aux malades, et 200 francs pour les enfants des hospices.

Voici, pour finir, les noms des contremaîtres, employés et ouvriers méritants, auxquels M. Carnot a remis des médailles en exécution du décret du 16 juillet 1886 :

MÉDAILLES D'ARGENT.

MM. Gosley (Alphonse), ouvrier imprimeur dans la maison Payan, à Bayeux.

Guibaut (Antoine), employé à l'usine à gaz de Caen.

Le Conte (François-Louis-Barthélemy), ouvrier typographe dans la maison Payan, à Bayeux.

Osmont (Léon-François), ouvrier typographe dans la maison veuve Domin, à Caen.

Planquette (Constant), ouvrier fondeur dans la maison Lecouvreur, à Caen.

Vauquelin (Laurent-François), ouvrier à la manufacture de porcelaine de Bayeux.

CHAPITRE XVI

A SAINT-LO

Saint-Lô, 11 septembre 1888. — 17º jour.

M. Carnot a toujours la main ouverte. C'est une habitude prise chez lui, et je vous garantis que les pauvres ne s'en plaignent pas. Visiter des haras, assister à des courses, recevoir les autorités, — c'est dans le programme officiel, — mais il y a les établissements hospitaliers, aussi; et, quand l'heure pressante le lui permet, M. le Président ne manque jamais de les honorer de sa présence, ainsi qu'on l'a vu dans le précédent chapitre.

Il a visité l'hôpital de Caen avant de partir, et a pensé aux pauvres. Total : deux mille quatre cents francs.

Court arrêt à Bayeux. M. Carnot descend, et, tout souriant, passe au milieu de la foule énorme qui est massée sur les quais de la gare.

Le maire de Bayeux, M. Niolet, dit dans son allocution à M. le Président de la République :

Représentants d'une population essentiellement amie de l'ordre, fidèles et loyaux observateurs des lois et des institutions, nous désirons vivement, nous aussi, avoir l'honneur de présenter nos respectueux hommages au chef de l'État, en qui se personnifient toutes ces choses...

Bravos, applaudissements, acclamations comme toujours ; c'est du reste une tradition tout le long du voyage, et c'est à qui claquera le plus fort des mains ou s'époumonera le mieux à crier : « Vive Carnot ! vive la République ! »

Et ça résonne ! Ils ont du creux, les Normands ; et du *galoubet* donc ! Quelles belles voix de chantres, pour la plupart, et comme vous feriez bien au lutrin, mes amis ! mais, comme Olivier Basselin des *Vaux-de-Vire*, il vous plaît mieux de chanter, de vos grosses voix, le jus de la pomme au cabaret. Je ne vous chicanerai pas là-dessus, braves gens, bien que le plain-chant force aussi bien à boire qu'un joyeux flon-flon ! Pour l'instant, continuez à applaudir et à acclamer M. le Président qui passe.

A Lison, où l'on aiguille pour Saint-Lô, M. le général Hanrion, commandant le 10ᵉ corps ; MM. Floret, préfet de la Manche ; Salvetat, secrétaire général, sont venus recevoir le chef de l'État.

MM. Le Noël, Sébire, sénateurs ; Morel, président du Conseil général, ont pris place dans le wagon de M. Carnot.

Dans toutes les gares situées entre Caen et Saint-Lô, le train a été obligé de ralentir pour permettre aux municipalités de saluer M. le Président de la République. Les cloches des églises des différents villages sonnaient à toute volée.

L'entrée à Saint-Lô est splendide. La ville nous apparaît superbe, perchée au sommet d'une côte assez raide, inondée de rayons de soleil. Tous les dômes et les clochers brillent de loin comme s'ils étaient dorés.

Les cloches sonnent à toute volée, et les chevaux qui traînent les voitures du cortège ont peine à fendre la foule qui encombre la route et qui ressemble, sur toute la montée, à une immense fourmilière noire et grouillante, sur laquelle se détachent de petites notes claires données par les fichus blancs des femmes.

De belles voitures; l'une d'elles attelée de quatre étalons envoyés par le haras de la ville, précédée de deux piqueurs et conduite à la Daumont, attend M. Carnot et ses invités.

C'est à la Préfecture qu'a lieu la réception officielle.

M. Rauline, député conservateur, présentant les représentants du département de la Manche, salue le chef de l'État et le remercie de sa visite au département de la Manche.

Il appelle l'attention de M. Carnot sur le nouveau haras, dont l'achèvement importe aussi bien à l'agriculture qu'à l'armée, — et aussi sur le port de Cherbourg, dont la protection se rattache de trop près aux intérêts généraux de la défense nationale pour ne pas faire l'objet des préoccupations patriotiques du gouvernement.

M. Morel reporte ensuite l'attention de M. Carnot sur la crise agricole que traverse la région, et lui signale les vœux économiques du département en s'excusant de la longueur de ses observations.

M. Carnot répond à M. Morel :

Vous n'avez pas, Monsieur le Président, à vous excuser d'avoir été trop long. Nous sommes venus pour avoir des explications aussi complètes que celles que je viens d'entendre.

Notre présence à Saint-Lô prouve combien nous avons souci de vos intérêts. Vous pouvez être certain que nous les étudierons avec toute la sollicitude qu'ils méritent.

M. Amiard, maire de Saint-Lô, réclame pour l'agriculture une protection efficace et énergique, et, au nom de ses administrés, formule les souhaits les plus sincères et les plus ardents pour la République. Il termine en disant :

Nous savons pouvoir compter sur la fermeté du gouvernement que vous présidez, pour déjouer toutes les tentatives factieuses de restauration monarchique ou dictatoriale.

M. Carnot répond au maire de Saint-Lô :

Je suis profondément touché des paroles que vous venez de prononcer.

Je sais quels sont les besoins de votre ville; vous pouvez être certains que nous veillons avec un soin jaloux à vous donner toutes les satisfactions que vous sollicitez, car vous travaillez aussi pour les intérêts de la France.

L'évêque de Saint-Lô entre seul d'abord. Il rappelle le souvenir de Mgr Dupont-Poursat, grand-oncle de M. le Président, qui, durant trente-cinq ans, gouverna le diocèse de Coutances avec autant de sagesse que de bonté. Puis l'évêque présente son clergé.

A l'inspecteur d'académie qui lui présente le corps enseignant, M. Carnot répond :

Je vous remercie des témoignages de dévouement que vous m'apportez au nom du corps enseignant.

Je sais combien il est dévoué à ses devoirs.

J'ai confiance en lui et je sais que la Patrie partage cette confiance.

Après la réception officielle, M. Carnot visite les étalons de l'ancien haras, dont le directeur, M. Portalis, reçoit la croix de la Légion d'honneur.

On présente successivement à M. le Président, et dans un ordre rigoureux :

Volte-face, Fabricant, Échec, Fripon, Follet, Germinal, Gené, Électro, Dacapo, Gasparin, Fulminant, Fred-Archer, Fontenay, Montbarey, Innocent, Anacharsis et *Palatin.*

Les braves pur sang semblent comprendre l'honneur qui leur incombe : d'aucuns n'envoient pas trop de ruades; d'autres, au contraire, se dressent sur leurs pieds de derrière et soulèvent de terre le garçon qui les tient par la bride. M. Carnot admire leurs splendides performances et en flatte quelques-uns de la main.

Des hennissements de satisfaction se font entendre ; est-ce que les chevaux auraient aussi leur manière d'acclamer ?

Continuant la série des décorations, M. Carnot remet la croix du Mérite agricole à M. Blin, instituteur au Teilleul; les palmes d'officier d'Académie, à M. Longrais, conducteur des ponts et chaussées ; plus, trois médailles, dont une d'or à M. Abraham, capitaine des pompiers, et deux d'argent à MM. Échot, lieutenant des pompiers de Sourdeval, et Letouzé, sergent-major de la compagnie de Saint-Lô.

Pour mémoire : 500 francs aux pauvres, et autant à l'hôpital.

La ville est très hospitalière.

L'enthousiasme s'accroît en raison du peu de temps que nous avons à passer ici ; ce ne sont que cris répétés de : « Vive Carnot! » et aussi de : « Vive la Presse! »

Grand merci, pour mes confrères et pour moi.

Du reste, les invités de M. le Président ont été admirablement traités. De riches éleveurs ont mis à leur disposition de magnifiques équipages. L'un d'eux, M. Guillerme, qui nous avait donné son break, a tenu à le conduire lui-même.

En résumé, tout l'intérêt de notre court séjour à Saint-Lô se concentre sur la visite aux haras, l'ancien et le nouveau.

La ville, elle-même, est fort curieuse à visiter ; mais nous avons dû nous borner à en décrire en quelques lignes l'aspect extérieur à l'arrivée ; il n'y manque pas, dit-on, de maisons historiques dignes d'attirer l'attention du visiteur quelque peu archéologue.

Deux heures après notre arrivée à Saint-Lô, nous en repartions pour Cherbourg, escorté par une population aussi enthousiaste que les précédentes.

CHAPITRE XVII

A CHERBOURG

L'arrivée. — Décoration peu artistique. — Les oublis de M. Moll. — A l'Arsenal. — Au fort du Roule. — Visites diverses. — Le banquet. — Discours de M. le Président de la République. — Simulacre d'un combat naval. — Fête vénitienne. — Feu d'artifice. — Une visite au Lycée. — Les décorations. — Les dons de M. le Président.

Cherbourg, 11 septembre 1888. — 17ᵉ JOUR.

Le canon tiré du fort du Roule annonce l'arrivée du train présidentiel à Cherbourg.

Au moment où M. Carnot descend de wagon, les tambours battent aux champs et la *Marseillaise* lance aux échos ses accents énergiques.

La ville entière s'est portée en masse aux abords de la gare.

Sur le parcours de M. le Président, jusqu'à la Préfecture maritime, où doivent avoir lieu les réceptions, des troupes de toutes armes sont échelonnées et forment la haie.

En deçà du double cordon de troupes se presse la foule impatiente de voir et d'acclamer M. Carnot qui, en ce moment, est attendu dans la cour de la gare par un bataillon du 25ᵉ de ligne avec drapeau, colonel et musique.

Sur le quai de la gare se trouvent : M. l'amiral Krantz, ministre de la Marine, et M. l'amiral Lespès, commandant en chef, préfet maritime, avec leurs aides de camp; M. Martinet, sous-préfet de Cherbourg; M. Moll, maire; MM. Daniel et Frigoult, adjoints; le conseil municipal et diverses autorités civiles et maritimes.

M. l'amiral Lespès, préfet maritime, et M. Moll, maire, au nom de la ville de Cherbourg, souhaitent en quelques mots la bienvenue à M. le Président de la République.

Plusieurs bouquets lui sont offerts par M. le docteur Renauld, au nom de la Société d'horticulture, et par MM. Noël et Crétey, au nom des républicains de Cherbourg.

Puis le cortège se met en route dans l'ordre suivant :

2 gendarmes portant le revolver haut;

1 sous-officier de gendarmerie;

4 gendarmes;

L'officier commandant l'escorte de hussards;

2 pelotons de hussards qui flanquent le cortège jusqu'à la quatrième voiture.

Le cortège est fermé par un piquet de gendarmerie à cheval.

Sur tout le parcours les musiques militaires placées à des intervalles égaux exécutent un morceau au passage de M. le Président.

Toutes les rues sont pavoisées et les places décorées avec plus ou moins de goût. Il est à remarquer ici que si la ville de Cherbourg s'est efforcée de vouloir sortir de la banalité officielle des décorations, elle n'a pas toujours réussi dans son dessein.

Outre certaines inscriptions combinées de la façon la plus niaise, telle que :

A CARNOT

PETIT-FILS DE L'

ORGANISATEUR DE LA VICTOIRE

ce « L' » se répète plusieurs fois dans la même teneur.

Sur la place du Château, en face du théâtre, on a dressé (ô Rodin!)

une statue (ô Dalou!) représentant la ville de Cherbourg!... Jamais elle n'a été si comique que ça, la ville de Cherbourg!

Ajoutons que c'est une ébauche improvisée d'un artiste local. Un malin démon a dû, bien sûr, égarer à plaisir l'imagination de l'artiste, à qui l'on a facilement pardonné, du reste, en faveur de la bonne intention. Mais, c'est égal, cette *débauche* qui n'est même pas une *ébauche*, sur la place du Château, rien n'est plus contraire au bon goût le plus élémentaire et, là comme ailleurs, on eût mieux fait de s'abstenir!

Quelques arcs de triomphe, un peu mieux édifiés et ornés de drapeaux, rachètent les défaillances de l'ensemble décoratif de la ville.

Heureusement, la rade nous dédommage de tout.

Il est vrai qu'elle dépend non de l'autorité civile, mais de la Préfecture maritime. Le coup d'œil est superbe. Les navires sont pavoisés du haut en bas. A tous les mâts sont accrochées de quadruples rangées de ballons qui, selon le mot d'un de nos confrères, donnent l'illusion d'oranges accrochées à une forêt de baliveaux.

Les cuirassés imposants, les torpilleurs, tout cela sous un beau ciel, est d'un effet merveilleux. Ce grandiose spectacle arrache des cris d'admiration.

Mais l'enthousiasme passe vite devant la situation qui est faite aux invités de M. Carnot. Tandis que M. Mériel, maire de Caen, avait réalisé l'impossible pour les satisfaire tous, M. Moll, maire de Cherbourg, a omis maints détails importants.

C'est ainsi que quarante représentants de journaux de Paris ne trouvent plus de voitures, et courent, errants dans la ville, valises en main, complètement perdus et éperdus au milieu d'une cité dont les rues ne sauraient leur être familières.

Le général Brugère apprend ce qui se passe et y met bon ordre. Il réquisitionne le lycée pour y installer nos confrères. Nous avons eu plus d'une fois à signaler la parfaite courtoisie de toute la maison militaire de M. le Président de la République. Dans cette circonstance, le général Brugère, MM. Chamoin et Cordier ont été d'une amabilité et d'une cordialité dont nous ne saurions trop les remercier.

La Presse n'est point invitée au banquet, ce qui est la moindre des choses, mais elle se voit encore interdire l'entrée de l'Arsenal, aucune carte ne lui ayant été réservée!

Évidemment il y a là un mauvais vouloir de parti pris imputable à qui de droit.

Constatons, déplorons et... passons! — Passons d'autant plus vite que cela n'intéresse pas le lecteur.

M. le Président de la République, ayant à ses côtés M. Floquet, président du Conseil; M. l'amiral Krantz, ministre de la Marine; M. l'amiral Lespès, commandant en chef, préfet du 1er arrondissement maritime; MM. les contre-amiraux Planche, major de la flotte, et de Boissoudy, commandant la division cuirassée du Nord, a reçu les autorités civiles et militaires dans l'ordre indiqué par la loi de messidor.

Les réceptions officielles terminées, M. Carnot et son cortège sont allés visiter l'Arsenal. Il était 4 heures.

Deux torpilleurs ont, du bassin Napoléon III, lancé sous leurs yeux quatre torpilles, dans le bassin de l'avant-port.

De l'Arsenal, M. le Président s'est rendu à l'hôpital maritime, au milieu des acclamations des ouvriers du port qui lui ont offert un bouquet tricolore.

Au sortir de l'hôpital maritime, M. le Président s'est rendu au fort du Roule.

Chemin faisant, une des petites filles de M. Pignot, conseiller municipal, dont l'habitation est au pied de la montagne du Roule, a offert également à M. le Président un magnifique bouquet.

M. Carnot a saisi l'enfant dans ses bras et l'a embrassée longuement.

Le fort du Roule, commandé par le capitaine Ricard, du 25e de ligne, avait été décoré avec beaucoup de goût : écussons, faisceaux de drapeaux, trophées d'armes, devises patriotiques qui donnaient un certain air de fête à cette enceinte d'un caractère si sévère.

Du haut du fort on jouit du splendide panorama de toute la rade.

Capitaine de frégate CORDIER, ✳,
Officier d'ordonnance de M. le Président de la République.

MM. Carnot, Floquet et l'amiral Krantz étaient munis de lunettes d'approche mises à leur disposition par le capitaine Ricard, afin de leur permettre de fouiller l'horizon en mer.

Après avoir conféré quelque temps sur la question de la défense de Cherbourg, qui préoccupe beaucoup le gouvernement, M. le Président et sa suite ont quitté le fort du Roule, et le général d'artillerie Zurlinden a vivement félicité le capitaine Ricard des soins qu'il avait apportés dans la décoration du fort.

La visite de M. le Président s'est continuée à l'Hôtel-Dieu, où il est arrivé vers 6 heures et demie.

A la porte l'attendait la commission administrative, ayant à sa tête M. Orry, vice-président, qui a souhaité la bienvenue au chef de l'État, tout en le remerciant de son intérêt et de son affabilité pour les malades et les indigents des hospices.

Une crèche nouvellement établie, et la bonne tenue générale de l'établissement, ont valu à l'administration de l'Hôtel-Dieu les plus vifs et les plus sincères éloges.

M. Carnot a fait un don en argent à la jeune sœur qui dirige la crèche.

Les visites terminées, M. le Président de la République s'est rendu, par la rue de la Paix, à l'Hôtel de Ville où l'attendait le banquet offert par la municipalité.

Le péristyle et l'escalier étaient très bien ornés. Le service de table ne laissait rien à désirer. De splendides corbeilles de fleurs décoratives avaient été dressées. La haute direction du service ayant incombé à M. Meslin, celui-ci s'en est acquitté à la satisfaction générale.

Voici le menu du banquet :

Potage à la d'Estrées.

⋘⋙

HORS-D'OEUVRE :

Croustades à la Wattignies.

⋘⋙

RELEVÉ :

Saumon à la gelée, sauce tartare.

⋘⋙

ENTRÉES :

Filet de bœuf au vin de Chypre.
Poulardes du Mans à la financière.

Timbales de crustacées à la Jean-Bart.
Chaud-froid de perdreaux.
Sorbets au marasquin.

❀

ROTIS :

Dindonneaux truffés.
Pâté de foie gras du Périgord.
Salades.

❀

ENTREMETS :

Aiguillettes panachées aux truffes.
Parfait au moka.
Gaufrettes à la vanille.

❀

DESSERT :

Carte de vins variés.

Au champagne, M. Moll, maire de Cherbourg, a porté un toast :

Au citoyen éminent auquel a été remis le précieux dépôt de toutes nos libertés et qui saura maintenir intactes les conquêtes de notre immortelle Révolution !

M. Carnot, répondant aux paroles du maire, s'est exprimé ainsi :

Monsieur le Maire, Messieurs,

Je serais profondément confus des éloges dont vous venez de me combler si je ne les attribuais à votre patriotisme et à la confiance que vous avez dans le mien.

La population de Cherbourg, par ses acclamations enthousiastes et unanimes, a voulu prouver, elle aussi, qu'elle avait confiance dans le gouvernement qui la visite, dans sa fermeté à défendre les institutions du pays; c'est qu'elle a conscience des efforts que ce gouvernement n'a cessé de faire pour donner à la France les réformes, les améliorations de toutes sortes qui sont la plus sûre garantie de la paix.

Le gouvernement de la République sait ce qu'il peut attendre de notre admirable marine; il sait qu'il peut compter sur ses vaillants chefs.

Le pays le sait aussi, il a la même confiance, il a le droit de l'avoir, les Chambres ont les mêmes sentiments, et vous pouvez être certains, Messieurs, qu'elles ne marchanderont jamais, quand il s'agira de faire un sacrifice quelconque pour rendre notre marine forte et respectée.

C'est le sentiment du pays que la marine est une des forces de la France; c'est notre sentiment à tous.

Je lève mon verre à la marine française.

Des chaleureux applaudissements ont accueilli ce discours, rendant hommage à la marine française.

Pendant le banquet, un concert des plus brillants se donnait sur la place d'Armes, dont l'illumination ne laissait rien à désirer.

A 9 heures, M. Carnot se levait de table et, suivi de son cortège, allait prendre place sous la principale des trois tentes dressées sur le bassin Napoléon III, à l'occasion du simulacre d'un combat naval de nuit.

Au bruit du canon et aux jaillissements continus de lumière électrique, irradiant sur la rade et incendiant de paillettes diamantées les vagues agitées, le simulacre du combat commença.

C'était un spectacle admirable, impressionnant, inoubliable.

L'attraction principale du combat était dans l'attaque d'un cuirassé par une flottille de torpilleurs.

Trois fusées donnent, de l'un des forts, le signal de l'attaque.

Le canon tonnait sans cesse; les feux de mousqueterie déchiraient l'air de leur crépitement.

La lumière électrique se projetait de tous côtés en faisceaux d'éclairs rapides et brillants qui éclairaient diversement toutes les phases du combat, déplaçant constamment le champ de la vision pour permettre aux yeux de suivre toutes les péripéties de l'attaque et de la défense.

L'impression ressentie était profondément émouvante; au bout d'un instant on avait l'illusion de la réalité, et la grandeur tragique du spectacle qui nous était offert ne laissait pas que de nous faire reporter intuitivement aux sanglantes batailles navales d'autrefois, et aux combats éventuels de l'avenir.

Les bâtiments contre lesquels étaient dirigés d'abord les efforts des torpilleurs étaient les trois cuirassés : le *Marengo*, l'*Océan* et le

Suffren, les trois avisos, l'*Élan*, l'*Épervier* et la *Dague*, et la canonnière cuirassée l'*Achéron*.

Aux détonations succédaient, par intervalles, des moments de silence qui rendaient l'effet plus imposant encore. Puis les batteries de l'île Pelée, du musoir de l'Est, des forts Hommet et Flamand alternaient avec les décharges des cuirassés.

Le bruit était formidable et effrayant.

La soirée s'est terminée par une fête vénitienne dans le bassin du Commerce.

Une foule de gondoles splendidement illuminées se balançaient coquettement sur l'eau.

Au centre du bassin, et paraissant sortir de l'eau, on apercevait une pagode chinoise. Ce spectacle était tout à fait surprenant et original. On eût dit l'éclosion spontanée d'une fleur lumineuse.

Soudain l'horizon resplendit d'un portique de lumière blanche : c'est l'illumination des ponts et chaussées avec la tour faite de lampions aux couleurs variées, ingénieuse idée de M. Auger.

Des gondoles partent des flots d'harmonie unis au bruit cadencé des rames; puis, une société chorale, les *Prévoyants de l'Avenir*, fait entendre des chœurs d'un accent doux et mélancolique qui prédisposent à la rêverie.

Après les émotions du combat naval, c'est une sorte de rafraîchissement offert à l'âme.

Enfin, sur le coteau du Cauchin, un feu d'artifice est tiré, reliant ainsi la fête de la terre à celle de l'eau et du ciel.

La fête est terminée.

Les yeux remplis de lumière, sous l'impression des différents spectacles auxquels nous venons d'assister, nous nous rendons au dortoir commun, au lycée, 40 lits dans la même salle.

A gauche de ma couche, une porte avec cette inscription : *Cabinet du censeur*. Demain, sans nul doute, je déclinerai *Rosa, la Rose*, en m'éveillant.

O doux souvenir du jeune âge, comme ta *remembrance* me fait du bien ! que dis-je ? elle me procure immédiatement le repos bienfaiteur dont j'ai tant besoin, puisqu'elle m'aide à m'endormir sans plus tarder.

Les pavots du latin ont produit leur effet ; mais il est bien probable que je ne rêverai pas plus d'Horace que de l'ode à Glycère :

> Mater sæva Cupidinum,
> Thebanæque jubet me Semeles puer,
> Et lasciva Licentia,
> Vinitis animum reddere amoribus...

Hélas !...

Bonne nuit à tous !

A l'occasion de sa visite à Cherbourg, M. Carnot a remis la croix de la Légion d'honneur à M. Verin, maître principal au port, et à M. Monchel, propriétaire du journal le *Phare de la Manche* et conseiller municipal.

L'ordre du Mérite agricole a été conféré à M. Pouppeville, vétérinaire.

M. Barbey, chef d'institution, a été promu officier de l'Instruction publique, et M. Louis, maire de Beaumont, officier d'Académie.

En outre, M. Menier, capitaine de frégate, a été promu au grade d'officier de la Légion d'honneur ; MM. Courson de la Villeneuve, major au 25e de ligne, et Perraux, lieutenant de vaisseau, au grade de chevalier.

La médaille militaire a été accordée à MM. Tanguy et Maro, deuxièmes maîtres canonniers, et à M. Durier, premier maître de timonerie.

M. le Président a donné 2,000 francs aux pauvres de la ville de Cherbourg, 600 francs aux marins de l'escadre, plus 300 francs pour augmentation du prêt journalier.

Enfin une somme de 200 francs a été envoyée par M. Carnot à deux hommes tombés dans le bassin de radoub, pendant les évolutions de l'escadre et qui, par suite de blessures graves, avaient été transportés à l'hôpital.

CHAPITRE XVIII

AU HAVRE

Le Havre, 12 septembre 1888. — 18ᵉ jour.

Toujours le même beau temps. M. Carnot, dès 8 heures du matin, s'embarque à Cherbourg sur le *Marengo*, un magnifique cuirassé. M. le Président est accompagné de M. Floquet, président du Conseil, du général Brugère, du commandant Chamoin, du capitaine Cordier, et de M. Arrivière, son secrétaire particulier.

Inutile de dire que M. l'amiral Krantz, ministre de la Marine, fait partie du cortège présidentiel.

Les invités, ceux de la presse et les autres, ainsi que les autorités, y compris les préfets, s'embarquent sur la *Normandie*, car par ordre de l'Amirauté, l'accès des cuirassés est interdit aux civils. On n'entre pas dans ces navires comme dans un moulin. On rejoint à l'aide d'embarcations de l'État. C'est très amusant et très pittoresque.

M. le Président de la République, et ceux qui doivent l'accompagner, prennent place dans une baleinière remorquée par un canot à vapeur.

Les officiers de quart saluent, aux cris de : « Vive la République! »
Les gabiers, placés sur les vergues, répètent le cri par trois fois.

L'intérieur du canot destiné au chef de l'État est plaqué en acajou.
Son arrière est surmonté d'un dais en velours vert à crépine d'or.

Avant de monter sur le *Marengo*, M. le Président de la République
et les ministres font le tour des bâtiments de l'escadre qu'ils passent
en revue, pendant que les matelots poussent sept cris de : « Vive la
République! », que les cuirassés tirent 31 coups de canons et les
batteries de l'Arsenal les 101 coups réglementaires.

M. le Président de la République est reçu à son arrivée sur le
Marengo, par le contre-amiral de Boissoudy, entouré des officiers
de son état-major. Puis, le vaisseau-amiral l'*Océan*, et le *Marengo*,
se mettent en ligne de file, précédés par l'*Épervier* et suivis par
la *Dague*, qui éclairent l'escadre.

Il y a autant de monde sur l'eau que sur les quais.

Une flottille de canots et de bateaux de plaisance entourent les
embarcations de l'État et les accompagnent jusqu'au départ.

Les personnes qui les montent agitent des drapeaux, des mouchoirs
et des chapeaux; elles acclament M. le Président de la République
aux cris de : « Vive la République! Vive Carnot! » pendant que les
marins poussent les hourras prescrits par les règlements en l'honneur
du chef de l'État et du président du Conseil.

Ce départ est superbe. Le canon des forts tonne sans interruption,
tant que durent les évolutions de l'escadre. Les officiers du bord
répondent aux saluts. C'est un assourdissant tapage qui dure une
bonne demi-heure.

On va partir, on part, on est parti.

L'escadre présidentielle est escortée par les cuirassés l'*Océan*
et le *Suffren*, l'*Achéron*, les avisos l'*Élan*, l'*Épervier*, la *Dague*.
Il y a aussi le navire de l'École de pilotage. Huit torpilleurs flanquent
les cuirassés à droite et à gauche.

Deux contre-torpilleurs font office de mouches de l'escadre.

CHERBOURG. — M. le Président de la République est conduit dans une chaloupe à bord du cuirassé « Le Marengo ».

C'est un magnifique spectacle, et un magnifique voyage.

Le soleil s'est mis en frais. Nous avons une mer superbe. Pas le moindre symptôme de mal de mer.

Je ne vous cacherai pas une minute que c'est surtout le mal de mer que l'on redoutait. Nos hommages à Amphitrite. Elle est belle comme tout, la déesse! Ah! Neptune ne doit pas s'ennuyer.

M. le Président de la République a offert, sur le *Marengo*, un déjeuner aux ministres et aux officiers supérieurs du cuirassé.

Au dessert, l'amiral Krantz s'est levé et a prononcé le toast suivant :

Monsieur le Président, permettez-moi de vous remercier de la visite que vous avez bien voulu rendre à l'arsenal de Cherbourg et de l'honneur que vous faites aujourd'hui à la marine en voulant bien accomplir la traversée de Cherbourg au Havre, sur un des bâtiments de l'escadre.

Le récent voyage du Président du Conseil à Toulon avait déjà montré à la marine la sollicitude du gouvernement envers elle et l'intérêt qu'il porte à ses efforts.

La marine et l'armée ne désirent certainement pas la guerre; toutefois, leur métier est de s'y préparer. C'est ce que nous faisons sans forfanterie et aussi sans faiblesse. Nous savons que la France est désireuse de vivre en bon voisinage avec tous ceux qui lui tendent la main, mais nous voulons qu'elle soit en état de regarder dans les yeux de quiconque voudrait la provoquer.

Monsieur le Président, la marine, par la voix d'un de ses vétérans, vous donne l'assurance qu'elle serait prête à répondre à l'appel du pays, le jour où il s'agirait de conserver son honneur ou de protéger son indépendance.

A peine la terre était-elle en vue, que le paquebot de la Compagnie transatlantique, la *Bretagne*, brillamment pavoisé et chargé de passagers, est venu se placer dans les eaux de l'escadre.

Au fur et à mesure qu'on approche du Havre, on voit augmenter, d'instant en instant, la flottille de vapeurs et d'embarcations aux pavillons de toutes les nations qui se rendent au devant de M. le Président de la République.

MM. Siegfried et Félix Faure, députés, ainsi que M. Hendlé, préfet de la Seine-Inférieure, se rendent à bord du *Marengo* pour saluer M. le Président de la République avant son débarquement.

C'est sur l'*Etna* que MM. Carnot, Floquet et l'amiral Krantz font leur entrée dans le port du Havre.

Il est 3 heures.

La foule qui couvre les deux jetées et les quais de l'avant-port est si considérable qu'on s'y étouffe littéralement.

M. le Président de la République se tient sur la passerelle de l'aviso, entouré des ministres et de sa maison militaire, et répond par des saluts aux acclamations enthousiastes dont il est l'objet.

Une tente ornée des couleurs nationales a été dressée sur le sable de la citadelle.

MM. Milhet-Fontarabie, sénateur de la Réunion; Ricard, Trouar-Riolle, Duvivier, Thiessé, députés de la Seine-Inférieure; Hurard, député de la Réunion; Bret, secrétaire général du département ; Laroche, sous-préfet du Havre; Fourcaud, sous-préfet de Dieppe; Daurot, sous-préfet d'Yvetot; Regnaut, conseiller de préfecture du département, y attendent le chef de l'État pour lui présenter leurs hommages.

Quand M. Carnot et les ministres ont franchi la passerelle et mis pied à terre, M. Marion, maire du Havre, ayant à ses côtés M. Rispal et les autres adjoints, ainsi que le docteur Fauvel et la plupart des membre du Conseil général, viennent à leur rencontre, et M. Marion adresse à M. le Président de la République l'allocution suivante :

Nous sommes heureux, Monsieur le Président, que vous ayez pu accepter notre invitation; nous vous en remercions sincèrement. Vous entrez dans une cité d'affaires, de travail, de progrès, dévouée depuis longtemps à la démocratie et à la République.

L'accueil qui vous attend vous prouvera que notre cité sait honorer comme il le mérite le citoyen digne, intègre, que le Congrès a placé à la tête du pays.

Puis, le cortège se forme; il traverse la rue Royale, les rues des Drapiers, de Paris, les places Gambetta, de l'Hôtel de Ville, le boulevard de Strasbourg.

Une foule considérable se presse sur toutes les voies et à toutes les fenêtres des maisons, qui sont pour la plupart décorées et pavoisées.

Les cris de : « Vive la République! Vive Carnot! Vive Floquet! » se succèdent sur tout le parcours.

M. Carnot descend à la Sous-Préfecture, où il reçoit, à 6 heures, les autorités civiles et militaires.

Il est entouré de MM. Floquet, président du Conseil; l'amiral Krantz; Hendlé, préfet; Marion, maire du Havre; les sénateurs et députés sus-nommés; l'amiral Cloué, sénateur; MM. Lyonnais, député de la Seine-Inférieure; Milliard, député de l'Eure; Mesureur, député de la Seine; Rondeleux, député de l'Allier; Galtié, préfet de l'Eure; Georges Rivaud, préfet du Calvados, et Floret, préfet de la Manche.

A cette réception, M. le consul d'Angleterre, doyen du corps consulaire, s'est exprimé en ces termes :

Monsieur le Président,

J'ai l'honneur de vous souhaiter la bienvenue dans la ville du Havre, au nom du corps consulaire, et de vous exprimer combien il est heureux de l'occasion qui lui est offerte de pouvoir témoigner de son respect au chef de la nation française.

M. Carnot a répondu :

Je suis, Monsieur le consul d'Angleterre, reconnaissant à vos collègues de la démarche qu'ils veulent bien faire auprès de moi; je suis d'autant plus touché des sentiments du corps consulaire, que l'expression m'en est apportée par le représentant d'une nation voisine qui est notre amie.

Les membres de la Chambre de commerce ont été présentés par M. Mallet, président, qui, dans une allocution, a exprimé l'anxiété avec laquelle est attendu le vote du projet de loi concernant les grands travaux du Havre et de la basse Seine.

Grande animation dans la ville dont la décoration est très réussie. Arcs de triomphe, trophées d'armes et de fleurs partout; la municipalité havraise a admirablement compris son affaire et mérite toutes sortes de compliments.

Ceci soit dit surtout pour M. Marion, maire du Havre, dont la large hospitalité, pour les invités de M. le Président, fait pardonner les petits oublis de M. le maire de Cherboug.

Des conversations d'un ton curieux s'engagent dans la foule au sujet de M. Carnot.

— C'est bien à lui d'être venu, disent les uns.

— Oui, répondent des braves femmes. Il a une bonne figure. Il ne fera pas tuer nos enfants...

Les excellentes dispositions de la population sont manifestes.

Après la réception a lieu le banquet à l'Hôtel de Ville.

Le menu, que nous publions ci-après, est fort soigné.

L'exiguïté relative du grand salon où est dressée la table d'honneur n'a pas permis que toutes les tables y fussent également dressées, de sorte qu'on a dû gagner par extension les salons environnants.

La seule chose regrettée par beaucoup d'invités est que cette disposition empêche un grand nombre de personnes présentes d'entendre les discours prononcés par M. Marion et par M. le Président de la République.

On n'en applaudit pas moins de confiance, et le feu roulant des bravos n'en est pas moins nourri.

En cette circonstance, comme en une infinité d'autres, il n'y a que la foi qui sauve, et la foi, il est permis de l'avoir lorsque l'on connaît M. Marion et qu'on a déjà eu l'avantage d'entendre les brèves et éloquentes réponses de M. Carnot!

M. Marion, maire du Havre, a remercié M. le Président de la République de sa venue.

La ville du Havre a-t-il dit, vous adresse l'expression de sa gratitude, de sa confiance, de sa respectueuse sympathie, et c'est en son nom que je vous convie, Messieurs, à porter un toast à M. le Président Carnot et à la République, forte et unie sous ses auspices!

M. le Président de la République, répondant à M. Marion, maire

Ville du Havre

BANQUET
Offert à
Monsieur le Président de la République
LE 12 SEPTEMBRE 1886

Menu

Potage aux Quenelles de Volailles
Consommé à la Printanière

Relevé
Foie gras de Strasbourg à la Talleyrand
Filets de Soles à la Xavier

Entrées
Poulardes à la Demidoff
Côtelettes de Chevreuil Béarnaise
Filet de Bœuf Richelieu
Spooms au Cliquot

Rôté
Dindonneaux Truffés
Aspic de Homards en Bellevue

Salade
Légumes
Petits pois à la Française
Cèpes Bordelaises

Entremets
Glace François 1er

Dessert
Café, Fine Champagne & Liqueurs

Xérès
GOUTTE D'OR

Haut Barsac
1879

Pontet-Canet

Haut Brion
Corton

Chambertin

Champagne
frappé
et non frappé

Pap. A Acher

Monsieur

Servi par E. Simonneau.

Susse frères. Paris

Fac-similé du menu du banquet offert à M. le Président de la République
par la ville du Havre.

de la ville, s'est exprimé ainsi :

Monsieur le Maire,

Vous venez de formuler, en des termes excellents, le programme qui doit être
suivi par tous les républicains.

Laissez-moi vous dire que ce programme; qui comporte la répudiation absolue de toutes les divisions artificielles, de toutes luttes de personnes, que ce programme est le mien. J'ai le droit de le déclarer, parce qu'il a été aussi celui du Congrès du 3 décembre, qui m'a élu Président de la République.

J'ajoute qu'il est certainement celui du pays tout entier. (Applaudissements chaleureux.)

Vous parliez, à l'instant, des visites que je fais au pays. Je les lui dois. Il est, en effet, de mon devoir de m'enquérir de ses désirs, et des voyages que je viens d'accomplir, j'emporte la conviction que vous avez été tout à l'heure, Monsieur le Maire, l'interprète exact de ses véritables aspirations. (Nouveaux applaudissements.)

Il veut l'union, il a conscience qu'elle est tout à fait nécessaire dans l'intérêt de la Patrie elle-même. (Applaudissements prolongés.)

J'avais d'avance la certitude qu'un pareil sentiment avait son écho dans une ville aussi patriotique que la vôtre.

J'ai éprouvé une sincère et profonde émotion en me retrouvant aujourd'hui dans cette cité, dont il m'a été donné, à l'heure de la plus cruelle des épreuves, de partager et les angoisses et les espérances.

Je l'ai revue aujourd'hui, grandie en prospérité; elle travaille encore comme elle travaillait il y a dix-huit ans pour l'honneur de la France. Elle lui consacre toujours et ses efforts, et son courage et ses sacrifices; c'est pourquoi elle peut être certaine que le gouvernement de la République et les Chambres voudront seconder d'aussi nobles efforts et lui venir en aide dans les luttes pacifiques qu'elle soutient. (Bravos et acclamations.)

Les moyens à adopter ont été arrêtés à la suite de savantes études dues en partie à mes anciens camarades. (Applaudissements répétés.)

Je dis en partie, parce que je tiens à laisser à la marine et au commerce le mérite de leur collaboration dans les décisions qui ont été prises.

Le but poursuivi est maintenant atteint; tous les intérêts en jeu ont été mis en équilibre; je crois que le dernier projet soumis actuellement aux Chambres est arrivé à les concilier dans une juste mesure; il sera donc possible d'obtenir une prompte solution. (Applaudissements.)

Vous pouvez être persuadés que, en ce qui le concerne, l'ancien ministre des Travaux publics y emploiera tous ses efforts.

C'est de grand cœur, Messieurs, qu'avant de me rasseoir, je bois à la prospérité de la ville du Havre et de son port. (Salves d'applaudissements prolongés. Cris de : « Vive la République! Vive Carnot! »)

A 10 heures et demie, M. le Président s'est retiré avec toute son escorte.

La foule encombrait toujours les abords de l'Hôtel de Ville et de la Sous-Préfecture, aussi compacte que dans l'après-midi, et non moins enthousiaste.

Avant de quitter l'Hôtel de Ville, M. Arrivière, au nom de M. Carnot, a remis à M. Marion, maire du Havre, une somme de 3,000 francs pour les pauvres.

Pour mémoire ajoutons qu'en descendant du *Marengo*, M. le Président de la République a laissé 600 francs aux marins de l'escadre pour améliorer leur ordinaire du soir.

Après le banquet, un feu d'artifice tiré sur la contre-jetée et qui aurait pu être très beau, a raté un peu. Inutile d'ajouter que les Havrais s'en sont bien vite consolés et que, pour quelques bombes et quelques fusées manquées, ils n'en ont pas moins fini le plus gaiement possible leur journée. La situation de M. le Président n'a pas baissé pour cela au thermomètre de la popularité, mais bien au contraire!

Et puis les illuminations des rues étaient là pour un coup!

Une nuit splendide clôture cette magnifique journée.

Les habitants du Havre ont bien mérité de la République.

Promenade dans le Havre. — Aux Chargeurs-Réunis. — Aux Chantiers de la Méditerranée. — Présentation des maires et instituteurs. — En route pour Rouen.

Le Havre-Rouen, 13 septembre 1888. — 19ᵉ JOUR.

La soirée d'hier a fini fort tard. C'est pourquoi, dès 9 heures ce matin, M. Carnot sortait de la Sous-Préfecture où il avait passé la nuit.

Voyager, quand on est le premier magistrat de la République, ne constitue pas précisément une sinécure, comme vous voyez. M. Carnot, lui, n'a pas l'air fatigué

Outre qu'il fait beau temps, à l'accueil si aimable, si cordial, et si sympathique qui lui est fait, M. Carnot doit oublier qu'à la fatigante journée d'hier doit succéder une journée fatigante non moins. Vous allez voir qu'elle a été bien employée.

... Adonc, à 9 heures, M. Carnot commence sa promenade à travers le Havre.

Il est accompagné de M. Floquet, de M. Krantz, des représentants du département et des autorités.

Le temps magnifique ne contribue pas peu à faire sortir tous les Havrais de chez eux. Y en a-t-il, de ces Havrais! Il y a des foules énormes, compactes, sur tout le parcours du cortège. Plus nous allons et plus nous en rencontrons.

Tout ce monde pousse des cris de : « Vive Carnot! Vive la République! » Gens du peuple, bourgeois, habitants du Havre ou personnes en villégiature, tous sont unanimes.

Après avoir visité Sainte-Adresse, le cortège revient par les boulevards Maritime et François Ier.

A plusieurs reprises, le cortège a été arrêté par des Sociétés diverses, désireuses de présenter leurs hommages à M. le Président de la République et de lui offrir des bouquets.

Aux Chargeurs-Réunis, sous le hall desquels nous passons, un jeune collégien, M. Fernand Cario, fils de M. Cario, entrepreneur de déchargements de navires, offre à M. Carnot, au nom de tous les employés et ouvriers des Chargeurs-Réunis, une corbeille de roses et d'orchidées ; M. Carnot remercie et embrasse le petit bonhomme qui ne se tient plus de joie. M. le Président est visiblement touché. Il faut dire que ce don a été acquis au moyen d'une collecte faite uniquement entre les ouvriers.

C'est le signal des acclamations et des cris de : « Vive Carnot! vive la République. » Le cortège continue sa route et arrive aux Forges et Chantiers de la Méditerranée, rue d'Harfleur.

Les immenses ateliers sont décorés avec goût et profusion.

Des tapis ont été placés depuis la grande porte jusqu'à un trophée, composé entièrement de pièces de machines, et portant inscrit au frontispice ces mots : « Vive Carnot! » L'effet produit par les ouvriers les uns assis, les autres debout sur les machines, est saisissant.

À 10 heures, M. le Président et sa suite sont reçus par l'un des administrateurs de l'établissement, M. Jouet-Pastré, qui présente à M. Carnot le personnel entier : MM. Cazavan, directeur général; Roger, directeur de l'atelier d'artillerie; Cody, Landeau, Sigaudy, Marmiesse, Caville, Canet, ingénieurs; Didelot et Lustron, capitaines d'artillerie, inspecteurs des fabrications.

M. Jouet-Pastré fait ressortir, auprès de M. Floquet et de l'amiral Krantz, l'importance des grands travaux exécutés par l'établissement pour les administrations de la Marine et de la Guerre, ainsi que les services que peut être appelée à rendre encore la Société pour l'armement et la défense du pays.

Ensuite les ouvriers offrent à M. le Président un bronze de Boucher, *la Course*, et un petit apprenti, une hélice miniature également en bronze et montée en presse-papier.

M. Carnot, très ému, remercie les ouvriers et embrasse l'enfant, puis M. Cazavan, directeur des chantiers, et qui a été le condisciple de M. Carnot à l'École polytechnique, conduit son ancien camarade un peu partout, lui fait visiter les ateliers de construction, les machines et les ateliers de l'artillerie; M. Carnot s'arrête de temps à autre devant les plus beaux spécimens de canons, pour recevoir les explications du directeur de l'artillerie au ministère de la Guerre, qui s'est joint au cortège.

M. Carnot distribue des médailles aux contremaîtres et ouvriers dont les noms suivent : Delaunay, tourneur, 51 ans de service; Pigeon, tourneur, 46 ans; Chaumet, ajusteur, 45 ans; Vauthier, mouleur, 42 ans, et Kerien, gardien de nuit, 42 ans de service.

Des acclamations unanimes saluent les noms de ces vieux ouvriers.

Finalement, M. Carnot parcourt l'atelier d'ajustage et de montage, l'atelier d'artillerie où il remarque les gros canons de 32, dont on fait fonctionner devant lui le mécanisme de culasse ; ainsi que les canons espagnols, sur affûts du système Canut ; puis il revient par les docks et les entrepôts qu'il visite, et distribue encore deux médailles à des ouvriers.

M. le Président rentre ensuite par le cours de la République à la Sous-Préfecture, où il reçoit les autorités.

Dans ces différentes visites, M. le Président était accompagné par MM. Duvivier, Siegfried, Félix Faure, Trouard-Riolle, Thiessé, Lyonnais, Lechevallier, Lesouëf, Ricard, Milliard, Mesureur, Hurard, députés ; MM. Ancel, Milhet-Fontarabie, sénateurs ; le premier président de la Cour de Rouen, le procureur général, l'amiral Clouet, le contre-amiral de Boissoudy, les préfets de l'Eure, du Calvados, de la Manche et de la Seine-Inférieure.

En rentrant à la Sous-Préfecture, M. Hendlé a présenté en ces termes, à M. le Président, les maires de l'arrondissement, qui sont venus au nombre de cent treize sur cent vingt-trois.

Monsieur le Président, j'ai l'honneur de vous présenter les maires de l'arrondissement. Je suis sûr d'être leur interprète à tous en affirmant qu'ils sont pénétrés de la plus profonde estime et de la plus respectueuse sympathie pour votre personne, et qu'ils sont heureux de saluer, dans cette grande et patriotique ville du Havre, le chef de l'État et les ministres de la République qui l'accompagnent.

Les applaudissements des maires ayant accueilli cette courte allocution, M. Carnot a ainsi répondu :

Je vous remercie, Monsieur le Préfet, des paroles que vous venez de prononcer. Je vois, en effet, que vous avez été le fidèle interprète des maires de l'arrondissement. Ils ne sont pas ici seulement par sympathie personnelle. J'ai la conviction qu'il y a à leur visite une raison beaucoup plus élevée, quelque chose de plus grand, l'avenir de la République.

Se tournant vers les maires, M. le Président a ajouté :

Je vous remercie, Messieurs, au nom de la République et au nom de la France.

Chaque maire a ensuite passé devant M. Carnot pour lui serrer la main.

A M. de Kerhoënt, maire de Sainte-Adresse, M. le Président a adressé spécialement quelques cordiales paroles. M. Leborgne, maire de Fécamp, a remis un placet à M. le Président.

En présentant à M. Carnot les instituteurs de l'arrondissement du Havre, M. Hendlé a dit :

Monsieur le Président,

J'ai l'honneur de vous présenter MM. les instituteurs de l'arrondissement du Havre.

Les instituteurs sont nos meilleurs et nos plus dévoués auxiliaires, non seulement dans l'œuvre de l'éducation de la jeunesse, mais aussi dans celle du développement des idées républicaines. Nous pouvons compter sur leur dévouement.

Je suis certain qu'ils sont très heureux et très honorés de saluer aujourd'hui le premier magistrat du pays et les ministres qui sont auprès de lui.

M. Carnot a répondu :

Je suis très touché de la démarche du corps des instituteurs de l'arrondissement du Havre. Le corps enseignant tout entier doit savoir quelles sont mes attaches avec les membres de l'instruction publique et quelles sont mes traditions de famille.

Il sait que je suis le fils du ministre qui a donné, je crois, le premier élan à la carrière si utile et si patriotique que ces messieurs remplissent.

Je suis très heureux de les saluer ici et je les remercie de leur empressement.

Après un banquet de trente couverts, offert par M. Carnot aux commandants de l'escadre, aux autorités civiles du Havre, etc., M. le Président de la République est parti, à 2 heures et demie, pour Rouen.

Le train présidentiel devait s'arrêter à Beuzeville, Yvetot et Barentin.

Le premier de ces arrêts a été contremandé ; l'instituteur de la localité, M. Derlé, a reçu hier soir, au Havre, les palmes académiques.

Voici la liste des récompenses, autres que la Légion d'honneur, accordées par M. le Président de la République, lors de sa visite au Havre :

Réception du 12 septembre à la Sous-Préfecture :

MÉDAILLE D'HONNEUR.

M. Laboureix, membre du conseil municipal du Havre.

PALMES ACADÉMIQUES.

M. Périer, professeur de mathématiques au lycée.

MÉDAILLES D'HONNEUR.

MM. le docteur Fauvel, Periodin, Raulin, Lecourt, Érard.

MÉDAILLES DU MINISTÈRE DU COMMERCE.

MM. Daussy et Vignaud, des Docks ; Ocker, des Chantiers de la Loire : Hérou, de la maison Lemâle ; Carpentier, ouvrier à Harfleur ; Poulingue, maison Lemaître, Lavotte et Cie, à Bolbec ; Vénot, maison Chabaune, au Havre ; Voisin, maison Voisin, voilier au Havre ; Carpentier, maison Poulingue, de Bolbec ; Carpentier, maison Fauquet-Lemaître, à Bolbec ; Visse, maison Hendyside frères, à Fécamp ; Avenel, maison Avisse-Vannier, à Fécamp.

Réception du 13 septembre à la Sous-Préfecture, et au moment du départ de M. le Président de la République à la gare :

MÉDAILLES DU MINISTRE DU COMMERCE.

MM. Delaunay, Pigeon, Chaumet, Kerico, Gaultier, des ateliers de la Méditerranée.

MÉRITE AGRICOLE.

M. Ternon, de Montivilliers.

PALMES ACADÉMIQUES.

MM. Gerardin, de l'école professionnelle de Montivilliers ; Joutel, de Bolbec Lhonoré, délégué cantonal de Fécamp ; Mme Guimebert, en religion sœur Saint-Louis, directrice de l'école maternelle de la rue Perconville, au Havre.

MÉDAILLE MILITAIRE.

M. Tesnière, patron-douanier, à Saint-Martin-du-Manoir.

MÉDAILLE DU MINISTRE DU COMMERCE.

MM. Henault, Dupont, Groult, Ligneul, Michel, Deltran, Cornet, Neveu, Gaudron, Bagneux, employés au chemin de fer de l'Ouest.

CHAPITRE XIX

A ROUEN

Rouen, 13 septembre 1888. — 19ᵉ jour.

Le train présidentiel arrive à Rouen à 4 heures et demie. Le même bel et bon accueil que partout ailleurs pendant ce bienheureux voyage. Acclamations, vivats et tout le reste.

A la gare, M. le Président de la République est reçu par M. Dieutre, maire de Rouen, entouré du conseil municipal.

M. Carnot répond au maire avec une parfaite bonne grâce, ajoutant qu'il s'estime très heureux d'avoir pu accepter l'invitation de la ville.

Il ne faut pas plus de cinq minutes pour former le cortège, tant le service d'ordre a été bien réglé.

A la première apparition de M. Carnot, dans la cour de la gare, une immense acclamation se répand de tous côtés, un formidable « vive Carnot! », tel que je n'en ai point encore entendu pousser de pareil jusqu'à présent. C'est comme un éclatant coup de tonnerre.

Le signal de cette bruyante manifestation a été donné par une foule de jeunes gens qui ont trouvé le moyen d'escalader les murs et par les employés de la gare montés sur les toits des bâtiments.

La foule massée au dehors s'en est aussitôt fait l'écho.

Les voitures s'ébranlent; les cris redoublent. La musique du 74e de ligne joue la *Marseillaise*.

La décoration des rues traversées par le cortège ne laisse rien à désirer. Les Rouennais ont fort bien fait les choses.

Rue Verte, on passe devant les officiers et fonctionnaires de la garnison, en tenue de service et formant la haie; puis, devant la compagnie des sapeurs-pompiers, commandée par le capitaine Berson et, à la suite la compagnie des douaniers et le bataillon des chasseurs à pied, qui s'étend jusqu'à la rue Thiers.

A partir de cet endroit, la droite de la chaussée est tenue par les sociétés et corporations.

La rue Jeanne-d'Arc est supérieurement pavoisée. Ce ne sont que faisceaux de drapeaux, banderoles et draperies tricolores à toutes les fenêtres, à tous les balcons.

Les églises sonnent à toute volée, et des salves d'artillerie sont tirées par la 9e batterie du 22e, au rond-point du Grand-Cours.

La population acclame sans relâche et se découvre lorsque passe la voiture présidentielle, escortée de deux colonels qui galopent à chaque portière.

Le soleil inonde les rues et le cortège de ses plus purs rayons, ce qui ajoute à la joie générale.

Boulevard Cauchoise, aux abords de la grille d'honneur de la Préfecture, le cortège retrouve le 20e bataillon de chasseurs à pied faisant la haie, et aussi la Lyre Rouennaise, jouant l'hymne national, comme elle l'avait déjà fait, rue Jeanne-d'Arc, au passage de M. le Président.

A 5 heures un quart, M. Carnot descend de voiture, entre à la Préfecture et va prendre un instant de repos avant les réceptions qui commencent à 6 heures précises, grâce au zèle des trois commissaires:

MM. Bordeaux, chef de division à la Préfecture ; Thirel, sous-chef de cabinet, et Deschamps, chef de bureau.

M. Carnot se tient dans la salle de la Rotonde, ayant à ses côtés MM. Floquet, l'amiral Krantz, le préfet, M. Arrivière et ses officiers d'ordonnance.

L'entourage de M. le Président se grossit peu à peu des généraux, sénateurs et députés, au fur et à mesure de leur présentation.

Voici d'abord les représentants du peuple : MM. Cordier et Pouyer-Quertier, sénateurs ; MM. Dautresme, Duvivier, Félix Faure, Lechevallier, Lesouëf, Lyonnais, Ricard, Siegfried, Thiessé, Trouard-Riolle et Richard Waddington, députés, ainsi que M. Milliard, leur collègue de l'Eure.

M. le général du Guiny, commandant en chef le 3e corps d'armée, vient présenter ses hommages, puis le clergé s'avance.

En présentant à M. Carnot ses vicaires généraux, ainsi qu'une délégation du chapitre et des curés du diocèse, Mgr Thomas, archevêque de Rouen, s'exprime en ces termes :

Monsieur le Président,

En vous offrant mes hommages et ceux de mon clergé, je suis heureux de vous dire que, par devoir et par goût, étrangers aux passions politiques, nous n'intervenons dans la lutte des partis qu'avec des pensées de justice et de paix.

Ministres de l'Église et serviteurs de notre pays, nous ne les séparons jamais, ni dans notre dévouement, ni dans nos espérances, persuadés qu'à l'avenir comme par le passé le génie et l'épée de la France écriront les plus belles pages de l'histoire de Dieu dans les progrès et les conquêtes de la civilisation.

Tels sont nos sentiments. Je prie Votre Excellence d'en agréer l'expression franche et cordiale, ainsi que nos meilleurs souhaits pour son bonheur.

M. Carnot répond à l'archevêque :

Je vous remercie de ces bonnes paroles ; j'y suis extrêmement sensible.

Le gouvernement de la République est un gouvernement de liberté et de tolérance, et vous savez que, si c'est un gouvernement d'égalité, ennemi des privilèges, c'est aussi un gouvernement respectueux des consciences.

M. Montaubin, premier président, présente ensuite les membres de la Cour d'appel.

M. Pouyer-Quertier, à la tête des membres de la Chambre de commerce, dit à M. Carnot :

Les vœux de la Chambre de commerce de Rouen seraient comblés si Monsieur le Président de la République voulait bien donner l'appui de sa haute influence à l'achèvement des travaux de notre port qui s'est si prodigieusement développé depuis dix ans.

Nous vous prions de faire tous vos efforts pour nous permettre d'arriver à terminer les travaux entrepris dans la basse Seine et pour nous aider à améliorer les voies de l'estuaire de telle façon que nos plus grands navires de commerce puissent venir le long de nos quais.

Grâce à l'intervention active et énergique de notre préfet, M. Hendlé, les intérêts de Rouen et du Havre ont pu être conciliés.

Je suis convaincu que ce n'est pas en vain que je fais appel à un homme qui veut défendre les grands intérêts du pays et qui, par sa carrière, connaît d'une manière toute spéciale les travaux indispensables à exécuter afin d'obtenir les résultats attendus.

Je ne puis pas, Monsieur le Président, vous laisser traverser Rouen sans vous parler des traités de commerce qui nous ont été imposés en 1860 et qui, comme nous l'avons prévu, n'ont produit que de funestes résultats. Nous vous demandons donc que jamais aucun traité de commerce ne soit renouvelé, et que la France garde toujours sa liberté industrielle et commerciale, liberté qui lui assure ses puissantes ressources financières.

M. Carnot répond à M. Pouyer-Quertier qu'en ce qui concerne les travaux du port il ne négligera rien pour que les vœux de la ville de Rouen fussent comblés.

Il ajoute :

Quant aux traités de commerce, la question est du ressort du Parlement, qui, seul, est juge en pareille matière.

M. Carnot reçoit ensuite les membres du Conseil général et remercie le président de cette assemblée des témoignages qu'il veut bien lui exprimer.

Au cours de la réception, M. Carnot a remis la croix de chevalier de la Légion d'honneur à M. Berson, capitaine des sapeurs-pompiers ;

M. Besselièvre, conseiller général, a reçu la rosette d'officier de

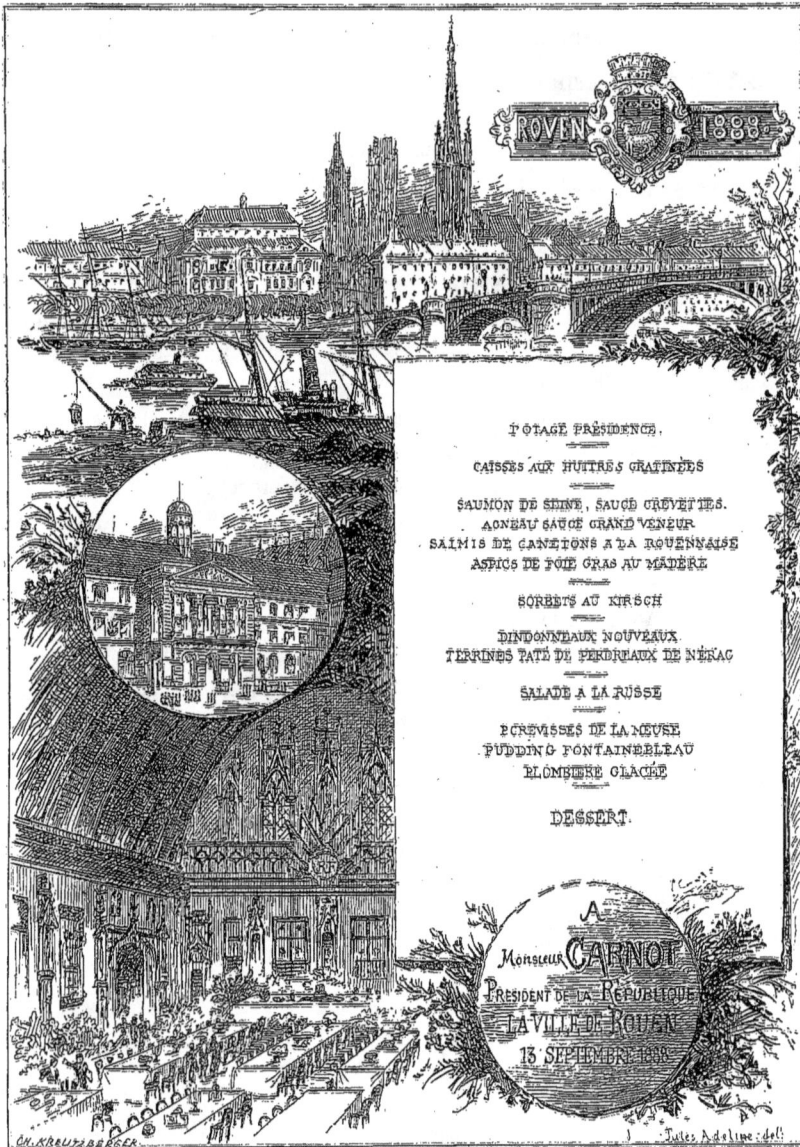

POTAGE PRÉSIDENCE.

CAISSES AUX HUITRES GRATINÉES

SAUMON DE SEINE, SAUCE CREVETTES.
AGNEAU SAUCE GRAND VENEUR
SALMIS DE CANETONS A LA ROUÉNNAISE
ASPICS DE FOIE GRAS AU MADÈRE

SORBETS AU KIRSCH

DINDONNEAUX NOUVEAUX.
TERRINES PATÉ DE PERDREAUX DE NÉRAC

SALADE A LA RUSSE

ÉCREVISSES DE LA MEUSE
PUDDING FONTAINEBLEAU
PLOMBIÈRE GLACÉE

DESSERT.

A
Monsieur CARNOT
PRÉSIDENT DE LA RÉPUBLIQUE
LA VILLE DE ROUEN
13 SEPTEMBRE 1888

Fac-similé du menu du banquet offert par la ville de Rouen
à M. le Président de la République.

l'Instruction publique, et M. Provotelle, professeur au Lycée, le
palmes d'officier d'Académie.

M. Carnot a remis, en plus, la médaille de sauvetage aux sapeurs-pompiers Ottenwalter et Lemoine, au brigadier et au sergent de ville Fourny et Samson.

Une médaille d'honneur de 1re classe au sous-lieutenant des sapeurs-pompiers, M. Warnault.

Enfin, des médailles d'honneur du travail à MM. Richard, Garnier, Wieger, Béard, Niel, Delacroix, Tellier, Lassaigne, Goulay, Grenet, Harder-Gaupois, Féray, Batel, Gervais, Boisgelot, Boulenger, Debarre et Lefan, de divers établissements de Rouen et du département.

Un mot charmant de M. Carnot pour terminer le récit de la réception.

Le premier titulaire des médailles d'honneur, M. Richard, devait recevoir la sienne pendant la présentation des délégations des syndicats ouvriers.

On appelle M. Richard, et, comme il tarde à venir, les délégués ne savent s'ils doivent rester ou partir, M. Carnot se tourne alors vers eux et souriant, leur dit avec une bonne grâce exquise : « Si l'on vous prie d'attendre, Messieurs, c'est pour doubler le prix de la récompense. »

Voilà le secret des sympathies que M. Carnot a conquises pendant la durée de ses voyages !

A 7 heures 40 minutes, M. le Président se rend au Palais de Justice où est dressé le banquet que lui offre la ville de Rouen et qui doit avoir lieu dans l'immense salle des Pas-Perdus.

Une pure merveille architecturale que ce Palais de Justice ! Rien n'est plus imposant que l'aspect de la salle des Pas-Perdus avec sa voûte élancée, éclairée par une double rampe au point de départ de l'ogive, avec l'éclat des lumières de ses candélabres répandus à profusion, avec l'ordonnance de ses tables richement servies et dominées par la table d'honneur ! Un tel cadre est digne de l'hôte de la ville, du premier magistrat de la République !

A l'arrivée de M. le Président, les tambours des pompiers battent aux champs.

A la tête de sa compagnie se trouve le capitaine Berson, le nouveau chevalier de la Légion d'honneur qui salue de l'épée M. le Président.

A l'entrée de M. Carnot dans la salle du banquet, une vive acclamation des convives réunis l'accueille aussitôt. Puis M. le Président prend place entouré de sa suite et des autorités civiles et militaires de Rouen et du département.

Le menu est fort bien composé et surtout artistiquement dessiné.

Encadré dans une série de dessins charmants représentant la salle des Pas-Perdus, l'Hôtel de Ville et une vue de Rouen, ce menu est l'œuvre de M. Jules Adeline.

Une simple remarque en passant :

Depuis le dîner de la Chambre de commerce de Bordeaux, aucun archevêque ne s'était assis à la table de M. le Président de la République. Cette fois, nous apercevons M. Thomas, archevêque de Rouen, qui eut jadis, pour cause de libéralisme, des démêlés avec le Vatican.

Parmi les autres invités citons encore M. Mac-Lane, ancien ministre des États-Unis à Paris, les généraux Billot, Pesme, Haillot, du Guiny, Grandin, Bérenger.

Au dessert, M. Guernet prononce un discours au nom de M. Dieutre, maire de Rouen, et appelle l'attention de M. le Président de la République, tout en faisant appel aux connaissances techniques de l'ancien ministre des Travaux publics, sur les travaux du port.

M. Carnot se lève et répond :

Vos paroles de sympathie et de confiance, l'accueil si flatteur dont nous avons été l'objet dans cette magnifique enceinte, les manifestations si chaleureuses et si touchantes qui ont salué les représentants du gouvernement de la République, à leur passage dans votre belle cité, nous apportent, Messieurs, un encouragement puissant dans l'accomplissement de la haute mission qui nous est confiée.

C'est plus qu'un encouragement, c'est une grande force, c'est un point d'appui solide pour élever, au-dessus de toute atteinte, nos droits constitutionnels, les libertés nécessaires, comme vous le disiez tout à l'heure. Je vous remercie cordialement, je remercie votre population tout entière du concours qu'elle nous donne en cette circonstance. (Applaudissements répétés.)

Vous avez parlé, Monsieur le Maire, de la question qui intéresse le plus vivement l'avenir de la ville de Rouen. Je tiens à vous suivre un instant sur ce terrain.

J'ai, hier et aujourd'hui, en écoutant les républicains les plus autorisés de votre grande cité, constaté avec bonheur que le problème, depuis si longtemps posé, de l'amélioration de votre port, est arrivé à une heureuse solution.

Cette solution, due à la science de nos ingénieurs, à la pratique, à l'expérience de nos marins, à la bonne volonté de tous, paraît satisfaire tous les intérêts, tous les besoins, répondre à toutes les aspirations.

Elle ne touche pas seulement le port de Rouen, elle touche la France entière (Très bien! très bien! Applaudissements.)

Le pays ne peut se désintéresser d'une semblable question au moment où la victoire économique peut dépendre du succès d'une pareille entreprise et où la lutte commerciale est si ardente entre les nations. (Nouveaux applaudissements.)

Vous êtes arrivés à concilier tous les intérêts et tous les besoins. C'est dire que le gouvernement de la République et les Chambres ne refuseront pas d'approuver le projet que vous avez vous-même indiqué. (Applaudissements prolongés.)

Quant au concours de celui que vous appeliez, il y a quelques minutes, l'ancien ministre des Travaux publics, permettez-moi de dire plutôt l'ancien ingénieur (Applaudissements), vous pouvez y compter absolument. (Bravo! Bravo!) Ce n'est pas d'aujourd'hui que ma conviction est faite, mais aujourd'hui j'ai contracté vis-à-vis de la population de Rouen une dette nouvelle dont j'ai à cœur de m'acquitter. (Applaudissements répétés.)

Je lève donc mon verre à cette vaillante population rouennaise, aux vaillantes populations de la Seine-Inférieure. (Salves d'applaudissements, cris de : « Vive Carnot! Vive la République! »)

Le discours de M. Carnot, si net, si simple, si cordial, a un immense succès.

Après le banquet, un beau feu d'artifice est tiré au Champ de Mars, par Ruggieri-Dida.

La foule s'y écrase littéralement.

La revue de Boos. — Un merveilleux coup d'œil. — Les officiers étrangers. — Honneur
à l'armée française. — Déjeuner à la Préfecture. — Allocutions de M. le Président
de la République. — Visites diverses. — Les dons. — Les récompenses. — Le départ
de Rouen. — Félicitations à l'armée. — Lettres présidentielle et ministérielle.

Rouen, 14 septembre 1888. — 20ᵉ JOUR.

Le 3ᵉ voyage de M. le Président de la République tire à sa fin. Ses
invités sont tous plus ou moins fatigués ; c'est certainement le voyage
le plus rempli que M. Carnot ait fait depuis son élection ; pas une
minute d'arrêt, pas un instant de repos.

Il n'y a du reste pas à s'en plaindre, car l'accueil des populations
que le chef de l'État a traversées a été de plus en plus enthousiaste,
aussi bien à Caen et à Cherbourg, qu'au Havre et à Rouen.

Arrivons à la revue de dislocation du 3ᵉ corps.

On avait d'abord songé à la passer à Sottenville, mais le souvenir
du prince Frédérick-Charles, faisant défiler les troupes allemandes
à la porte de cette ville, a détourné les organisateurs, qui ont choisi
le plateau de Boos, pour cette imposante cérémonie patriotique.

M. le Président de la République et M. de Freycinet, ministre
de la Guerre (arrivé à Rouen hier soir, à 9 heures 10 minutes),
M. Floquet, l'amiral Krantz et la maison militaire quittent l'hôtel de
la Préfecture, ce matin à 7 heures, et prennent le chemin de la revue
dans l'ordre suivant :

Première voiture. — M. le Président de la République, le général
Brugère, M. de Freycinet, le général Billot.

Deuxième voiture. — Président du Conseil, amiral Krantz, premier
président, M. Hendlé, préfet.

Troisième voiture. — Maison militaire, M. Arrivière, général Brault.

Quatrième voiture. — M. Dieutre, maire, trois officiers d'ordonnance du ministre de la Guerre.

Cinquième voiture. — MM. le procureur général, Pouyer-Quertier, deux députés.

Sixième, septième et huitième voitures. — Députés.

Neuvième voiture. — MM. de Cormette, André, Pascal, Loir.

Dixième voiture. — Adjoints au maire de Rouen.

Onzième voiture. — Préfets du Calvados, de la Manche, de l'Eure ; M. Bret, secrétaire général.

Douzième voiture. — Quatre sous-préfets.

Treizième voiture. — Conseil de préfecture et chef de cabinet.

Quatorzième voiture. — Officiers d'ordonnance.

Quinzième, seizième, dix-septième, dix-huitième, dix-neuvième, vingtième et vingt et unième voitures. — Conseil municipal.

De Rouen à Boos on compte douze kilomètres, et la revue étant annoncée pour 9 heures, dès 7 heures du matin la route nationale est encombrée.

On n'a pas compté moins de 7,000 voitures : landaus, victorias, mails-coachs, tilburys, cabriolets, charrettes et jusqu'à des camions de chemins de fer, se rendant au terrain de manœuvres ; ce qui explique l'encombrement de la route unique qui conduit à Cello-ville.

Les spectateurs pressés doivent, à mi-chemin, abandonner leurs véhicules pour continuer leur route à pied.

Tant mal que bien, on arrive aux tribunes où des places sont réservées. L'aspect de l'immense pelouse avec tous les pantalons rouges se détachant sur l'herbe verte comme des coquelicots, toutes ces baïonnettes et ces casques brillant sous un soleil superbe, cette longue rangée de canons sombres, et, à vingt pas de la tribune officielle, les uniformes bigarrés des attachés militaires des ambassades étrangères, composent un spectacle véritablement merveilleux.

Un coup de canon ! C'est M. le Président de la République qui arive. Il passe en voiture, conduit en poste par des artilleurs, devant le front des troupes dont les tambours battent aux champs et les musiques jouent la *Marseillaise*.

Avant de prendre place dans la tribune qui lui est réservée, le chef de l'État décerne les distinctions suivantes :

Croix de commandeur de la Légion d'honneur : le général de brigade Bérenger.

Croix d'officiers : le colonel commandant le 12ᵉ chasseurs, M. Jantet, et un lieutenant-colonel d'artillerie.

Croix de chevaliers : un chef de bataillon et le chef de musique du 129ᵉ de ligne.

M. Carnot distribue, en outre, neuf médailles militaires.

M. le Président de la République se rend ensuite près de la mission étrangère ; il serre la main au major Frederiks, attaché militaire russe, qui lui présente les officiers étrangers.

Le chef de l'État prend place dans la tribune présidentielle avec le cortège officiel. Dans un des bas-côtés nous remarquons Mᵐᵉ Floquet, en costume élégant de voyage, Mᵐᵉ Hendlé, Mᵐᵉ Dieutre, femme du maire de Rouen, la femme du consul d'Amérique, etc., etc.

Outre les personnages officiels, le côté féminin est brillamment représenté par un grand nombre de dames charmantes qui, de leurs fines mains gantées, applaudissent le passage des troupes.

L'infanterie défile dans un ordre parfait, en colonne de bataillon en masse ; le front des troupes compte environ cent files, et, malgré les difficultés d'un terrain très accidenté, elle conserve un alignement aussi parfait que possible.

On applaudit l'infanterie de marine, dont presque tous les hommes portent sur la poitrine les médailles commémoratives des campagnes du Tonkin et de Madagascar.

L'artillerie est, comme toujours, l'objet de l'admiration générale. Malgré quinze jours de manœuvres fatigantes, les attelages sont en parfait état.

La cavalerie (chasseurs et dragons) défile au galop, les cavaliers ayant peine à retenir leurs montures; trois ou quatre hommes seulement sont désarçonnés.

Pour terminer, la cavalerie exécute une marche en front de bataille, face aux tribunes.

Inévitablement, la revue a été égayée par des incidents comiques. Ç'a été d'abord des lièvres traversant ventre à terre le champ de manœuvres, puis nos confrères des journaux illustrés, et quelques photographes, fuyant, qui avec leurs albums, qui avec leurs appareils, devant l'artillerie et la cavalerie fondant sur eux.

Les bons chiens des régiments ont eu leur part de bravos.

Un retour très pittoresque s'effectue au milieu d'une haie compacte de populations enthousiastes saluant et acclamant le passage de M. le Président de la République et de son cortège.

Après un déjeuner offert à la Préfecture par M. Carnot, M. le Président reçoit les maires du département, qui lui sont présentés par M. Hendlé, en ces termes :

J'ai l'honneur de vous présenter MM. les maires de la Seine-Inférieure.

Partout dans le département, les populations dont ils sont les représentants, vous acclameraient, comme vous avez été acclamé hier, au Havre et à Rouen. Ils garderont certainement de cette journée un ineffaçable souvenir; tous sont venus avec joie vous présenter leurs respectueux hommages, et ils emporteront de cette visite une impression inoubliable, car, en assistant aujourd'hui à la revue du 14 septembre, en venant saluer le chef de l'État et avec lui ses ministres, M. le Président du Conseil, et MM. les ministres de la Guerre et de la Marine, ils ont entrevu en quelque sorte l'image même de la France, de la Patrie et de la République ! (Applaudissements; cris : « Vive Carnot! Vive la République ! »)

M. le Président de la République répond :

Je vous remercie cordialement d'avoir été un aussi bon interprète des sentiments de MM. les maires du département.

Je dis leur interprète, car ils ont fait à vos paroles un excellent accueil.

Je suis heureux de pouvoir les saluer.

Je vous remercie, Messieurs, d'être venus ici pour m'en donner l'occasion.

En vous serrant la main, je tiens à vous dire combien le gouvernement de la République est fortifié par votre appui, et combien nous sommes tous satisfaits de voir que le département de la Seine-Inférieure répond à son passé, en même temps qu'il se destine à rester la citadelle de la République.

L'effet de ces simples paroles est très grand. M. Carnot, longuement acclamé, serre la main de chacun des maires qui défilent devant lui.

Les instituteurs leur succèdent aussitôt conduits par M. Métivier, inspecteur d'Académie, et par les inspecteurs primaires. M. Hendlé les présente et prononce ces paroles :

Dévouement absolu à leur profession, à l'éducation de la jeunesse qui leur est confiée, à la Patrie, à la République, ainsi se résume le caractère de notre corps enseignant dans le département de la Seine-Inférieure.

Nos instituteurs sont fiers, Monsieur le Président de la République, d'avoir pu aujourd'hui admirer l'armée française, et applaudir à cette magnifique revue, qui leur laissera un impérissable souvenir.

Ils ont eu à cœur de saluer aujourd'hui le chef de l'État et les ministres de la République, et de leur présenter leurs respectueux hommages, ainsi que l'expression de leur vive sympathie.

Même enthousiasme que tout à l'heure, mêmes acclamations, spontanées, chaleureuses dont M. le Président de la République se montre très touché.

Il répond en ces termes :

Monsieur le Préfet,

Vous venez d'exprimer les sentiments des instituteurs de la Seine-Inférieure. Leurs sentiments sont ceux du corps enseignant tout entier, j'en ai la conviction. Tout entier il est animé de ces sentiments patriotiques.

Vos instituteurs le savent, ils ont une population à former, des Français à instruire, des soldats à préparer pour l'avenir, et ces soldats vaudront certainement ceux qu'ils ont admirés aujourd'hui.

Je les remercie de leur constant dévouement, et des sacrifices qu'ils ne cessent de faire pour l'accomplissement de leur devoir, ainsi que de la haute mission qu'ils ont à remplir.

C'est avec plaisir que je prends acte du témoignage que vient de leur rendre M. le préfet; je compte sur leur entier dévouement. (Applaudissements, cris : « Vive Carnot! Vive la République! Vive Monsieur le Préfet! »)

M. le Président remet ensuite la croix du Mérite agricole à

M. Derloche, instituteur au Bois-Guillaume; et les palmes d'officier
d'Académie à M. Kainsart, directeur de l'école Théodore Bachelet, à
Rouen.

Cela fait, M. Carnot quitte la Préfecture.

Il se rend d'abord à l'Hôtel-Dieu et commence sa visite à ce
magnifique établissement hospitalier, par les salles réservées aux militaires dans lesquelles il est introduit par M. Burlureau, médecin-
major de 1re classe, qui lui donne avec une grande compétence tous
les détails désirés sur son service.

Dans les autres salles, M. Carnot est conduit par M. Picard, membre
de la commission administrative, alors que M. Floquet s'entretient
avec MM. Legros et Moinet.

M. Carnot a chargé M. Arrivière de remettre au maire une
somme de 4,000 francs à répartir de la façon suivante : 3,000 francs
pour le bureau de bienfaisance, 500 francs pour être convertis immédiatement en excédent de nourriture pour les pensionnaires des établissements hospitaliers de la ville et 500 francs, au nom de Mme Carnot,
pour le lait que distribue aux enfants l'œuvre des dispensaires.

De l'Hôtel-Dieu, le cortège se rend aux docks de la ville et ensuite
à l'École normale de garçons, rue Saint-Julien.

A son entrée dans ce dernier établissement, M. Carnot reçoit un
superbe bouquet des mains de la petite fille du directeur.

Après avoir apprécié ainsi qu'il convenait la bonne tenue de
l'école, M. Carnot va visiter l'établissement Rivière, rue Pavée.

Tous les ouvriers de la filature l'attendent, rangés dans la grande
cour, ayant à leur tête le directeur de l'établissement.

Une ovation indescriptible est faite à M. le Président qui attache
lui-même à la boutonnière de M. Rivière, la croix de la Légion
d'honneur.

A ce moment, c'est du délire.

On ne se figurera jamais l'enthousiasme des ouvriers. Cette explosion formidable de joie est si sincère que M. Carnot, s'adressant à M. Rivière, lui dit :

La scène à laquelle j'assiste me rend tout heureux, en me montrant combien cette décoration était attendue.

M. Rivière est le fils de ses œuvres. Avant d'être un des premiers industriels de France il a commencé, à douze ans, par être petit commis dans la maison qu'il dirige aujourd'hui. De grade en grade, grâce à son intelligence et à son excessive loyauté, il est arrivé peu à peu à avoir la haute main dans les affaires de la maison. A la mort de M. Sauvage, les actionnaires lui conférèrent la lourde mission de la diriger.

Le chiffre des affaires de la maison Rivière se chiffre par trois millions et demi par an, dont un million est réparti en salaires sur les 1,300 ouvriers qui la composent.

Après avoir visité les nombreux ateliers, M. le Président de la République part à travers Rouen, où il est acclamé par toute la population.

L'heure des adieux approche.

A 6 heures un quart, le cortège présidentiel se rend à la gare de Rouen-Orléans.

M. Carnot remercie M. Marin, directeur de la Compagnie de l'Ouest, et lui fait remettre, par les soins de M. Arrivière, une somme de 2,000 pour être répartie entre les agents de la Compagnie qui ont conduit le train présidentiel.

*
* *

Voici la lettre que M. le Président de la République a adressée à M. de Freycinet, ministre de la Guerre, à la suite de la revue du 3e corps d'armée :

Mon cher ministre,

La revue que nous avons passée, ce matin, a été magnifique. J'ai admiré l'excellente tenue des troupes, leur air martial, leur immobilité sous les armes, et j'ai constaté avec bonheur qu'il n'existe aucune différence entre les hommes de la réserve et ceux de l'armée active.

Le défilé a été exécuté avec entrain et avec toute la régularité que permettaient les difficultés du terrain et l'étendue des fronts.

Cette revue est le digne commencement des manœuvres dont la remarquable exécution m'a été signalée. Je vous prie de témoigner toute ma satisfaction au général commandant le 3° corps d'armée, ainsi qu'aux troupes de toutes armes de l'armée de terre et des troupes de la marine qui viennent de manœuvrer sous ses ordres.

Veuillz agréer, mon cher ministre, l'expression de mes sentiments affectueux.

Signé : CARNOT.

Le ministre de la Guerre a adressé au général du Cuiny, commandant le 3° corps d'armée, la lettre suivante :

Rouen, 14 septembre.

Mon cher général,

Je suis heureux de vous transmettre la lettre que je viens de recevoir de M. le Président de la République à la suite de la revue de ce matin. Je vous prie de le porter à la connaissance des troupes par la voie de l'ordre, avec l'expression de mes félicitations personnelles.

Agréez, mon cher général, l'assurance de mes sentiments dévoués.

Le ministre de la Guerre,
Signé : CHARLES DE FREYCINET.

CHAPITRE XX

A ELBEUF ET CAUDEBEC.

Elbeuf, 14 septembre 1888. — 20ᵉ JOUR.

Nous avons quitté Rouen pour nous rendre à Elbeuf à 5 heures 30.

Après un arrêt à Grand-Couronne, où M. Laporte, conseiller général, a offert à M. le Président de la République, pour Mᵐᵉ Carnot, une robe de tulle noir brodée or et appliquée sur du velours grenat, le train présidentiel est arrivé à Elbeuf à 6 heures 40.

MM. Carnot et Floquet ont été reçus à la gare par le maire et le conseil municipal.

Les réceptions des autorités, des officiers de l'armée active et de l'armée territoriale ont eu lieu dans un salon de la gare.

L'*Harmonie Elbeuvienne*, qui était sur le quai de la gare, a accueilli M le Président en jouant l'hymne national.

Durant le trajet de la gare chez M. Dautresme, ancien ministre, le cortège officiel a été vivement acclamé.

Pendant ce temps, l'artillerie saluait le passage de M. Carnot par les salves réglementaires, et les cloches se mettaient en branle. La haie d'honneur du cortège, précédé et suivi par des cavaliers du 6ᵉ dragons, était formée par la gendarmerie, les pompiers d'Elbeuf, de Caudebec, de Saint-Pierre et de Saint-Aubin, par la Société alsacienne musicale, le comité de l'Union républicaine, une partie du 39ᵉ de ligne, etc.

La population d'Elbeuf et des localités environnantes, curieuse et enthousiaste, se pressait en foule dans les rues Gambetta, Saint-Jacques et voies avoisinantes, et accueillait chaudement M. le Président par les cris de : « Vive la République! vive Carnot! »

Les illuminations de toutes sortes commençaient à éclairer les rues abondamment pavoisées.

Après quelques instants passés chez M. Dautresme, où il a été reçu avec une large sympathie et le respect le plus profond, M. le Président est remonté en voiture et a traversé Elbeuf dont les habitants s'étaient surpassés dans la décoration des rues et des maisons. Rue du Cours, un magnifique arc de triomphe était dressé.

Deux fillettes habillées de blanc et ceintes de l'écharpe tricolore, accompagnées de quatre jeunes garçons également en blanc, portant un fusil, une ceinture et un béret, se sont avancés.

L'une des petites filles s'est approchée et a remis un bouquet à M. Carnot, en lui adressant ces quelques mots :

Monsieur le Président, quoique bien jeune, j'ai été désignée par les membres du comité des fêtes républicaines du quartier de la rue Deshayes pour vous offrir ce bouquet en leur nom.

M. Carnot a été très sensible à ce petit compliment et a embrassé la jolie fillette, dont les joues sont devenues pourpres de plaisir.

A l'Hôtel de Ville, le maire, M. Nivert, a reçu M. Carnot et lui a présenté le conseil municipal.

Puis un banquet a été offert par la municipalité à M. Carnot et à M. Floquet, dans le salon des Fêtes de l'Hôtel de Ville.

Au dessert, le maire, M. Nivert, a prononcé un discours auquel M. Carnot a répondu dans les termes suivants :

Monsieur le Maire, Messieurs,

L'accueil qu'ont rencontré les représentants du gouvernement de la République en entrant dans votre ville couronne dignement le magnifique voyage que nous venons de faire dans les départements normands.

Nous avons trouvé partout des populations profondément dévouées à nos institutions, profondément dévouées à la liberté qu'elles ne veulent pas laisser compromettre. (Applaudissements prolongés.)

Nous avons vu une belle marine, digne de la confiance que le pays a placée en elle ; nous avons vu une armée bien commandée, à la hauteur de la patriotique mission qui lui est confiée. (Applaudissements.)

Nous sommes heureux de pouvoir aujourd'hui venir saluer une population laborieuse qui a inscrit la ruche sur ses armes (Applaudissements).

Vous savez que le gouvernement de la République porte un intérêt passionné au travail et aux travailleurs. (Bravos.)

Vous parliez de l'Exposition, à laquelle notre cher collègue, notre cher député, M. Dautresme, a apporté la plus heureuse impulsion ; cette grande œuvre se poursuit avec activité, avec passion. Au 14 juillet dernier, plusieurs d'entre vous sans doute ont pu se convaincre que l'œuvre avançait. Ce que je disais à cette époque, il y a deux mois, je le répète aujourd'hui : tout sera prêt à l'heure dite.

Alors, Messieurs, la France saura faire à ses hôtes un accueil digne d'eux et digne d'elle. (Applaudissements prolongés.)

La ville d'Elbeuf, comme vous le disiez tout à l'heure, y apportera sa part. (Applaudissements.) C'est à cette population laborieuse, c'est à elle que je veux lever mon verre : au travail et aux travailleurs ! (Applaudissements prolongés. — Cris répétés de : « Vive Carnot ! vive la République ! »)

Après le banquet, les présentations des différents corps constitués ont commencé et se sont prolongées fort avant dans la soirée, car elles étaient assez nombreuses.

Les rues offraient un aspect de gaieté et d'animation extraordinaires. Elles étaient éclairées *a giorno* par une énorme quantité de lampions et de lanternes vénitiennes qui se balançaient à toutes les fenêtres.

Une superbe retraite aux flambeaux a eu lieu, composée de porteurs de torches à pied et à cheval, fournis par la garnison et les régiments de passage dans la ville, notamment par la 4ᵉ batterie du 22ᵉ d'artillerie. Les musiques de Caudebec, de Saint-Pierre, de la Londe, les trompettes des régiments à cheval, les pompiers et la société des trompes de cavalerie, prêtaient leur concours à la retraite qui a attendu jusqu'à minuit le retour de M. Carnot chez M. Dautresme.

La nuit s'est terminée par des danses et des jeux dans tous les carrefours. La sérénité du temps a autorisé ces ébats.

A Caudebec-les-Elbeuf. — Visite aux ouvriers. — Dans les ateliers. — Récompenses honorifiques. — Départ d'Elbeuf. — Rentrée à Fontainebleau.

Elbeuf-Fontainebleau, 25 septembre. — 21ᵉ JOUR.

Ce lendemain matin, M. le Président de la République s'est rendu d'abord à Caudebec où il a été reçu dans la grande salle de la mairie par tout le conseil municipal.

M. Ledran, maire, lui a souhaité la bienvenue. Au cours de son allocution, il a insisté sur la fâcheuse situation de la commune qui ne possède ni abattoirs ni distribution d'eau potable.

Après vous avoir exposé nos souffrances, a dit en terminant M. Ledran, qu'il me soit permis de vous dire combien nous sommes heureux et fiers du grand honneur que vous venez de nous faire, en daignant venir vous inspirer de nos besoins. Nous garderons dans nos cœurs le souvenir ineffaçable de votre présence parmi nous. Nous nous efforcerons d'imiter vos vertus civiques et votre patriotisme et nous n'aurons d'autre pensée que pour la France et pour la République.

M. Carnot a répondu :

Je vous remercie de l'accueil que vous me faites. Je vous félicite, Monsieur le Maire, des paroles que vous m'avez adressées. Je suis heureux de voir à la tête de cette commune industrielle et laborieuse entre toutes une municipalité sympathique et dévouée.

Le maire a présenté ensuite à M. le Président de la République la sœur Séraphie, âgée de soixante-dix-huit ans, qui réside dans la commune depuis l'âge de seize ans. Puis un groupe d'ouvriers dont

DE FREYCINET,
Ministre de la Guerre.

l'un d'eux, M. Prévost, compte soixante-deux ans de bons services. Deux récompenses honorifiques ont été accordées.

M. Carnot a donné de chaleureuses poignées de main à M. Prévost, et à d'autres ouvriers qui étaient à ses côtés.

Avant de sortir de l'Hôtel de Ville, sur la prière du maire, M. Carnot à signé le procès-verbal de sa visite à la municipalité de Caudebec-les-Elbeuf.

L'accueil qu'il a reçu dans cette commune a dépassé toute attente. M. le Président de la République a été acclamé très chaleureusement aux cris de : « Vive Carnot! vive la République ! »

M. le Président de la République, s'est ensuite rendu à l'établissement Blin, qui était à Bischwiller avant la guerre, et qui fabrique des draps pour l'habillement des armées de terre.

Pendant la visite présidentielle de l'établissement, une plaque de marbre a été posée sur un des murs de l'usine. Elle porte l'inscription suivante :

LE 15 SEPTEMBRE 1888

MONSIEUR CARNOT

PRÉSIDENT DE LA RÉPUBLIQUE

A honoré de sa visite notre établissement.

La visite des ateliers terminée, M. Blin a conduit M. le Président dans un petit salon où, par une délicate attention, avait été placé un tableau représentant Lazare Carnot à Watignies, et lui a offert, pour Mme Carnot, trois belles pièces de drap d'une nuance nouvelle : lie de vin, truffe et gris.

Comme M. le Président venait d'attacher la médaille d'honneur sur la poitrine d'un vieil ouvrier encolleur, M. Bachauss, employé chez MM. Blin depuis quarante ans, ses camarades lui ont présenté un bouquet d'orchidées au cri de : « Vive la République ! »

Quelques instants après M. Carnot pénétrait dans la fabrique de MM. Nivert et Boulet, où il a entendu une allocution prononcée au nom de la jeunesse elbeuvienne, et a accepté un coussin sur lequel sont brodées en or les armes de la ville d'Elbeuf : une ruche d'abeille avec la devise : « Tout le monde y travaille. »

Deux médailles de sauvetage ont été décernées : l'une d'or à M. Isidore Caubout, l'autre d'argent à M. Jourdain, et plusieurs médailles de travail à de vieux ouvriers de cet établissement et de celui de M. Simon, rue de l'Hospice.

M. Boulet a profité du passage de M. le Président pour lui présenter ses fameux chiens à toison, et il a demandé à M. Carnot l'autorisation de lui envoyer sous peu un gilet de chasse fait de leur poil.

M. Carnot a laissé une somme de 500 francs pour la caisse de secours des ouvriers de la manufacture.

Il avait fait remettre à Elbeuf, par son secrétaire particulier, M. Arrivière, 1,000 francs pour la commune ; 1,000 francs pour contribuer à la création d'un hôpital dans la commune de Caudebec-lès-Elbeuf; 100 francs au nom de Mme Carnot pour l'orphelinat de Saint-Pierre-lès-Elbeuf; 100 francs pour une autre société maternelle ; 200 francs pour ajouter un supplément au repas du soir des vieillards de l'hospice.

M. le Président de la République est reparti d'Elbeuf par le train spécial, à 2 heures 30; il était accompagné de sa maison militaire.

A Vernon, une réception chaleureuse lui a été faite, un bouquet lui a été offert. M. Carnot a embrassé la petite fille qui le portait.

A Gaillon, le train a ralenti sa marche en traversant cette gare, pour permettre à M. Carnot de voir le bataillon de la colonie agricole des Douaires, petite commune située à 2 kilomètres de la localité.

Les enfants portaient le costume des bataillons scolaires. A leur tête se tenait M. Mathès, directeur de cet important établissement.

Les clairons sonnaient aux champs et leur musique jouait la *Marseillaise*.

A Achères, le train spécial a été scindé en deux. Une partie, comprenant le wagon présidentiel, a été dirigé sur Fontainebleau par le chemin de grande ceinture ; l'autre partie, contenant les invités de M. le Président et MM. Cordier, capitaine de frégate, et le commandant

Chamoin, est rentrée directement à Paris, où le débarquement s'est fait sans incident à 4 heures 35 du soir.

Je n'ai pas eu l'honneur d'assister à la rentrée de M. le Président de la République au château de Fontainebleau, mais je suis convaincu que son visage devait être radieux et qu'il se félicitait intérieurement du voyage enthousiaste qu'il venait de faire.

FIN DU TROISIÈME VOYAGE

CHAPITRE XXI

A MELUN

Une visite de bon voisinage. — Les réceptions. — Au collège Jacques Amyot. — La colonie égyptienne. — A l'hôpital. — Le drapeau des sapeurs-pompiers. — A l'Hôtel de Ville. — Le départ.

Melun, 25 septembre 1888. — 22ᵉ JOUR.

La municipalité de Melun, profitant du séjour temporaire de M. le Président de la République à Fontainebleau, fit les démarches nécessaires pour obtenir du chef de l'État la faveur d'une visite au chef-lieu du département de Seine-et-Marne.

M. Carnot, avec l'empressement qui lui est habituel, accepta l'invitation aussitôt, et le 24 septembre 1888, deux jours avant l'arrivée de M. le Président, les murs de la vieille cité se couvraient de l'affiche suivante :

RÉPUBLIQUE FRANÇAISE

Le Président de la République à Melun.

Chers concitoyens,

Le Président de la République vient visiter notre ville.

Je vous demande de répondre à l'honneur qu'il nous fait par un accueil digne de lui et digne de vous.

M. Carnot représente deux choses qui vous sont chères : LA PATRIE ET LA RÉPU-
BLIQUE.

M. Carnot est l'élu de l'unanimité des républicains. Son nom, qui évoque les
plus glorieux souvenirs de notre histoire nationale, *autorise les espérances qui
nous tiennent le plus au cœur.*

Unissez vos efforts pour le bien recevoir et dites-vous qu'en le faisant vous
rendez hommage, non pas seulement au citoyen éminent et dévoué qui préside
aux destinées de la France, mais aussi à ces institutions démocratiques et républicaines qui nous assurent le maintien des libertés publiques que vous avez
toujours défendues avec un dévouement et une persévérance inébranlables.

VIVE LA RÉPUBLIQUE!

Le Maire,
BANCEL.

Melun, le 24 septembre 1888.

Une seconde affiche, placardée quelques instants après, donnait
l'heure exacte à laquelle devait arriver M. le Président par la route de
Fontainebleau (avenue Thiers), ainsi que l'ordre et le programme de
la fête.

L'exactitude étant la politesse des Présidents de République,
M. Carnot n'y faillit aucunement et, à 2 heures 20 minutes du soir,
— heure portée sur les affiches, — les clairons postés sur la route
de Fontainebleau, annonçaient aux Melunois l'arrivée du chef de l'État
venant leur faire une « visite de bon voisinage ».

Un nuage de poussière s'élève sur la route; un landau, attelé
en poste, apparaît et, dans ce landau, se trouve M. Carnot accompagné du colonel Lichtenstein, attaché à sa maison militaire.

De formidables acclamations poussées par une foule enthousiaste,
saluent l'arrivée de M. le Président, dont la voiture s'arrête aux portes
de la ville, à la hauteur du bureau d'octroi, sous un magnifique velum
tendu en travers de l'avenue Thiers.

M. Carnot met pied à terre et reçoit aussitôt les souhaits du
préfet et du maire, ce dernier parlant au nom de toute la municipalité.

La foule exulte; maintenue dans ses lignes par un détachement du 1er chasseurs, elle observe le plus grand ordre et se découvre respectueusement devant M. le Président, qui écoute avec attention le discours de bienvenue que lui adresse M. Bancel, maire de Melun.

A ce discours, plein de tact et fort bien dit, M. Carnot répond par quelques paroles de remerciement, et invite aussitôt M. Reboul, préfet de Seine-et-Marne et M. Bancel, maire de Melun, à prendre place dans sa voiture.

Des cris de : « Vive Carnot! Vive la République! », poussés par la foule, se prolongent comme un roulement de tonnerre tout le long du parcours.

M. le Président de la République salue amicalement à diverses reprises, puis le cortège se met en marche.

Bien que l'arrivée de M. le Président à Melun n'ait été annoncée que deux jours à l'avance, la ville est décorée avec une profusion inimaginable.

De chaque côté de l'avenue Thiers, des mâts se dressent nombreux surmontés de banderoles et d'oriflammes; il y a des drapeaux et des cartouches aux armes de la ville, à toutes les fenêtres, à toutes les portes.

Un peloton de gendarmes précède le cortège. La fierté mâle qui se lit sur leur visage ajoute du prestige à leur tenue martiale et héroïque. Chacun d'eux paraît fier de sa tenue et de son emploi et ne céderait pas pour un empire, l'honneur d'escorter la voiture présidentielle.

Derrière celle-ci huit autres suivent occupées par le conseil municipal et la presse locale.

Suivant l'ordre du programme, le cortège se rend à la Préfecture où doivent avoir lieu les présentations officielles.

M. le Président de la République reçoit les membres du conseil de préfecture, puis se rend au collège.

L'ovation faite au chef de l'État atteint des proportions formidables, on l'acclame sans le voir, alors qu'il s'entretient dans la cour de l'hôtel de la Préfecture, avec MM. Foucher de Careil, sénateur, Gastellier, Frédéric Humbert, Lefebvre et Montant, députés, venus pour le saluer, et auxquels il répond en serrant la main des uns et des autres.

Les représentants de Seine-et-Marne prennent place également dans le cortège présidentiel, et les voitures sortent de la cour de la Préfecture.

L'ovation redouble d'intensité sur tout le trajet de la Préfecture au collège Jacques Amyot.

A la porte du collège sont MM. Pestelard, inspecteur d'académie, et le proviseur principal entouré de tous ses professeurs et des membres du conseil d'administration.

Le collège de Melun est un bâtiment élégant et d'une architecture légère. M. le Président en admire l'ordonnance et la bonne installation et témoigne à M. le principal la satisfaction que lui cause cette visite; puis il rencontre les jeunes filles des écoles, venues pour le saluer avec de gros bouquets à la main; une d'elles, Mlle Courtellemont, parlant au nom de ses camarades, débite à M. Carnot un compliment tourné à ravir.

Il y a au collège Jacques Amyot une petite colonie égyptienne qui en suit les cours avec intelligence et beaucoup d'application; le cheik qui l'accompagne ayant sollicité l'honneur d'être présenté, avec sa petite troupe, au chef de l'État, ce dernier y obtempère avec empressement.

Le cheik, en costume national, paraît et s'incline profondément devant M. Carnot qui lui adresse quelques gracieuses paroles dont il semble profondément touché.

Après cet épisode, M. le Président quitte le collège et se rend à l'hôpital où il est reçu sur le seuil, par la commission administrative, les médecins et le personnel.

La visite de M. Carnot aux pauvres malades leur laissera dans l'esprit un souvenir ineffaçable; M. le Président s'approche de chaque lit, serre les mains aux souffreteux, les encourage tantôt d'un sourire, tantôt d'une bonne parole, et, pour un instant, il semble, à quelques-uns d'entre eux, que tout mal est guéri et qu'ils peuvent reprendre aussitôt le dur collier de la vie.

Enfin, après avoir reçu un énorme bouquet des mains d'une jeune

M. ARRIVIÈRE, ❋,
Secrétaire particulier de la Présidence de la République.

fille de l'ouvroir, M. le Président remonte en voiture, non, toutefois, sans avoir fait remettre par le colonel Lichtenstein 500 francs pour l'hospice et 500 francs pour le bureau de bienfaisance.

La voiture présidentielle se rend à l'Hôtel de Ville pendant que les clairons sonnent aux champs.

Sur la place, l'Orphéon-Fanfare exécute la *Marseillaise*.

30

La foule est devenue si compacte que la voiture de M. le Président peut à peine avancer.

Au risque de s'écraser, de s'étouffer, tous les habitants et curieux accourus de plusieurs lieues à la ronde se pressent, se heurtent, montant les uns sur les autres, se hissant n'importe comment pour mieux voir.

Sur le perron de l'Hôtel de Ville, les sapeurs-pompiers en grande tenue forment la haie.

Lorsque M. le Président passe près d'eux, il s'arrête devant leur vieux drapeau qui flotte au vent, le salue et il lit cette surprenante inscription :

RÉGION MÉRIDIONALE DU DISTRICT DE MELUN

R. F.

Cantons environnant Melun

BATAILLON ORIENTAL

LA LIBERTÉ OU LA MORT

Ce drapeau a son histoire.

La ville de Lille l'offrit en 1792 aux pompiers de Melun, en témoignage du secours qu'ils avaient si généreusement apporté à la ville. Les Lillois ne l'ont, du reste, point oublié depuis, et les sapeurs-pompiers de Melun garderont toujours le souvenir de l'ovation enthousiaste qui leur fut faite à Lille, il y a deux ans, à l'occasion d'une fête commémorative à laquelle ils s'étaient rendus.

Le capitaine des sapeurs-pompiers, l'ingénieur Aubrat, est un des anciens collègues de M. Carnot à l'École polytechnique.

Tout en lui serrant la main, M. le Président lui dit :

— Je suis enchanté de trouver un ancien collègue sous cet uniforme.

L'Hôtel de Ville est somptueusement décoré.

Sa façade disparaît sous les drapeaux, les banderoles et les écussons. Des guirlandes de fleurs s'étendent d'une fenêtre à l'autre, s'accrochent aux voûtes, s'entrelacent à l'infini, balançant leurs arcs embaumés au-dessus de la tête des visiteurs.

A l'Hôtel de Ville, le maire présente à M. le Président de la République le conseil municipal, tout en insistant sur le dévouement et les qualités administratives de chacun, sur l'union et la concorde qui ont toujours régné dans le conseil, ce qui ne peut que profiter aux intérêts de la commune.

— Il serait à souhaiter, répond M. Carnot, qu'il en fût ainsi dans toutes les communes de France.

Les présentations officielles ont lieu, dans l'ordre accoutumé, des sénateurs et députés aux notaires et avoués, en passant par les finances et la magistrature, puis viennent :

Une députation des membres de la Société de gymnastique, la *Melunaise*, président : M. Simon Tanné ;

La Chambre syndicale du commerce et de l'industrie ;

La Société de secours mutuels, président : M. Heulot ;

Le petit-fils de M. Debonnaire, qui, au nom des Pupilles, adresse un compliment à M. le Président ;

Les délégations ouvrières ;

Le clergé ;

La Société colombophile, le *Messager patriote*, président : M. Wichard ;

La Société *Chorale*, président : M. Louviot ; et l'*Orphéon-Fanfare*, président : M. Despagnat.

L'*Alsacienne-Lorraine* de Seine-et-Marne, etc., etc.

L'armée, en l'absence du général Charreyron, en congé, et du colonel du 1er régiment de chasseurs, est représentée en la personne de ses officiers, par M. le lieutenant-colonel Chambry, du 31e de ligne.

La réception terminée, M. le Président de la République signe sur le registre des délibérations du Conseil municipal, au-dessous de la mention suivante :

« L'an 1888, le mercredi 26 septembre, M. Carnot, Président de la République française, a fait l'honneur à la ville de Melun de la visiter.

« Le conseil municipal tout entier lui adresse l'expression de sa sincère et bien vive reconnaissance et de son entier dévouement. »

M. Carnot se rend au buffet, pendant que la *Chorale*, — directeur Joubier, — fait entendre les meilleurs morceaux de son répertoire.

A 5 heures, M. Carnot remonte en voiture, et, toujours escorté de la population enthousiaste de Melun, regagne la route de Fontainebleau.

En prenant congé de la municipalité, qui l'a accompagné jusqu'à la limite du territoire de la ville, M. le Président de la République l'a hautement remercié de l'accueil si chaleureux et si sympathique qu'il avait reçu à Melun.

Puis sa voiture s'est éloignée aussitôt.

Le soir, en souvenir de cette visite de « bon voisinage », toute la ville était illuminée et une retraite aux flambeaux terminait cette fête dont Melun gardera un long et durable souvenir.

Quant à M. le Président de la République, une fois de plus, il pourra répéter les mots de Titus : *Diem non perdidi.*

QUATRIÈME VOYAGE

LYON — ANNECY — BEAUNE — DIJON

CHAPITRE XXII

A LYON

En voyage. — Arrêts à Dijon, à Villefranche. — Arrivée à Lyon. — Que d'eau! — Présentation officielle. — Banquet. — Discours de M. le Président de la République. — Retraite aux flambeaux.

Lyon, 6 octobre 1888. — 23ᵘ jour.

Nous voilà repartis. Il y a dix mois seulement que M. Carnot est Président de la République, et il a déjà parcouru un certain nombre de kilomètres. Et cela n'est pas fini. Je me suis laissé dire que le programme présidentiel comportait encore pas mal de voyages. Si cela continue, nous finirons par connaître la majeure partie des communes de France.

Mais n'anticipons pas.

Départ calme. Il fait froid. Ce n'est point à deux pas, la gare de Lyon; et, pour être là à l'heure, il a fallu se lever longtemps avant les poules. Tout le monde se frotte les yeux, sauf quelques malins qui, hier soir, sont venus s'installer dans un des hôtels qui avoisinent le terminus. Les autres se battent les mains et remontent les collets de leurs pardessus.

M. Noblemaire, directeur de la Compagnie de Lyon, vérifie l'installation, pendant que M. de Lamolère, inspecteur de service, se met, avec son obligeance et sa gracieuseté habituelles, à la disposition des invités de M. le Président, qui, à son arrivée à la gare, a été reçu par M. Pierre Legrand, ministre du Commerce, et par MM. Noblemaire, Picard, chef de l'exploitation ; Reynoul, inspecteur de la gare de Paris ; Lozé, préfet de police, et Caubet, chef de la police municipale.

M. Carnot sera accompagné dans son voyage par MM. Pierre Legrand, ministre du Commerce ; Le Royer, président du Sénat ; le général Brugère, le colonel Lichtenstein et M. Arrivière, secrétaire particulier de la Présidence.

Le commandant Chamoin, parti en avant pour régler le cérémonial et l'organisation — on connaît sa compétence en ces matières, — attendra le train présidentiel à Dijon. MM. Noblemaire et de Lamolère resteront avec M. Carnot jusqu'au retour.

Entre Paris et Lyon, il y a, comme dit la chanson, de jolies filles. Nous nous en apercevons dès le départ. Malgré le vent et la pluie, elles sont aux aguets, et, au passage du train, agitent gaiement leurs mouchoirs. C'est très gentil à vous, dames et damoiselles, de vous être levées si tôt, pour nous laisser admirer vos gentils visages et votre bonne grâce.

Nous en avons pour pas mal de temps avant de nous arrêter, car des ordres ont été donnés aux autorités civiles et militaires de ne pas venir aux gares... On a beau aimer la *Marseillaise,* quand on l'a entendue deux ou trois milliers de fois, on n'est pas fâché d'être dispensé de quelques auditions.

Nous filons sur Laroche. Brusquement le train s'arrête. Moment d'émotion ! Qu'est-ce qu'il y a ? Encore un accident ?

Tout juste. Un incident, plutôt, et sans importance. Le train est muni de deux freins, dont l'un, qui est à air comprimé, refuse tout service. Quel drôle de frein ! Est-ce qu'il aurait été soudoyé par les réactionnaires ?

Le train repart. M. de Lamolère a fort à faire, pendant un bon quart d'heure, de répondre aux questions qui pleuvent sur lui drues comme grêle :

— Ça n'est pas encore l'accident?

— Pourquoi l'accident n'est-il pas sur l'horaire?

— Est-ce que la Compagnie a un directeur spécialement chargé des accidents?

Moitié riant, moitié navré, l'aimable inspecteur tient tête à tout le monde. Trois accidents se sont produits depuis la catastrophe de Velars. Or, il paraît que, d'après les statistiques, il ne saurait y avoir plus de trois déraillements de suite. C'est égal. Celui qui met un frein au train présidentiel doit être joliment vexé.

Nous voici aux Laumes. La gare est gentiment pavoisée. Le général Galand vient saluer M. le Président de la République, qui s'entretient quelques minutes avec lui.

Pas de réception officielle à Dijon : on doit s'y arrêter un jour au retour. Le général Tricoche et le maire de Dijon présentent leurs hommages à M. Carnot. La population, encore que ce ne soit pas dans le programme, est venue tout de même, et en masse. Et voici les acclamations qui commencent.

Aux fenêtres, de très jolies femmes : c'est une série, décidément. Elles sont charmantes.

Pas une note discordante. Rien que des cris de : « Vive la République! Vive Carnot! »

M. Cunisset-Carnot est venu serrer la main de son beau-père.

Tout cela, très rapidement, car, je le répète, il n'y a pas d'apparat jusqu'à présent.

Villefranche, 6 octobre 1888.

Cy commencent les réceptions officielles. Vous me permettrez de ne pas insister longuement sur ce que je vous ai si souvent décrit au cours des précédents voyages. Une compagnie du 134ᵉ rend les honneurs. Une petite fille frisée, habillée d'un costume aux couleurs nationales, présente un bouquet; pompiers, autorités, etc., etc. Il y a aussi de la musique. Elle joue un air... Quel air? Je cherche le titre, il ne me revient pas. Mais certainement vous le connaissez.

M. Carnot est reçu par les députés, les autorités civiles et militaires. M. le secrétaire général Gravier présente à M. le Président de la République, M. Ebeling, sous-préfet. M. Dellil, maire de Villefranche, lui souhaite la bienvenue, et lui présente les membres de la magistrature et du clergé.

M. Carnot lui répond :

Je vous remercie de vos bonnes paroles, j'y suis profondément sensible.

C'est avec une véritable satisfaction que je me suis arrêté dans votre ville et que je viens ici saluer une population dans laquelle certainement la République trouvera d'énergiques défenseurs.

Puis il décerne la croix de la Légion d'honneur à M. Savigny, président du Tribunal de commerce. Et le train repart, aux chaudes acclamations d'une foule très nombreuse et très sympathique. Il paraît que nous arriverons à Lyon avec une demi-heure de retard. C'est moins que rien !

Ah! le nom de l'air dont je vous parlais plus haut me revient subitement. C'est la *Marseillaise*...

Nous arrivons à Lyon.

Il fait un temps glacial, et il paraît que la pluie n'a cessé de tomber depuis plusieurs jours. Cependant la réception est superbe, des salves d'artillerie sont tirées du fort de Saint-Just, et l'arrivée prend un caractère imposant !

On voit que nous sommes dans la seconde ville de France.

Sur le quai de la gare, M. le Président est reçu par M. Gailleton, maire de Lyon, ayant à ses côtés MM. Bouffier, Rossigneux et Lavigne, adjoints de la ville; par MM. Millaud, Munier et Perras, sénateurs; Chavanne, Thévenet, Lagrange, Guillaumou, Rochet et Jacquier, députés du département; Audiffred, de la Berge, députés de la Loire; Tondu, Duché, députés de l'Ain; par les membres du Conseil d'arrondissement et de la Chambre de commerce.

Conduit par MM. Gailleton et Gravier, ayant à sa droite M. le Royer, président du Sénat, et à sa gauche M. Pierre Legrand, ministre du Commerce et de l'Industrie, et suivi de la maison militaire, M. le Président de la République s'est rendu dans le salon d'honneur de la gare,

M. LE DOCTEUR GAILLETON,
Maire de Lyon.

où l'attendaient MM. Fourcade, premier président de la Cour d'appel; Foulon, archevêque de Lyon; Maillard, procureur général près la Cour d'appel; Charles, recteur de l'Académie de Lyon; Clapot, président du Conseil général du Rhône; Nolat et Lornay, vice-présidents; Gimand et Genet, secrétaires; Goulley, secrétaire général pour la police.

Tous les sénateurs et députés du Rhône, à l'exception de MM. Ballue et Thiers, gravement malades, avaient tenu à honneur de venir saluer le chef de l'État à son arrivée à Lyon.

M. le maire de Lyon a prononcé une allocution de bienvenue à laquelle M. le Président a répondu.

M. Millaud, sénateur, a lu un discours auquel a répondu M. Carnot.

Douze voitures attendent. M. Carnot prend place dans la première avec le général Davout, le général Brugère et M. le Dʳ Gailleton, maire de Lyon.

Dans la seconde voiture, M. le Royer, M. Pierre Legrand, M. Fourcade, premier président de la Cour d'appel de Lyon, et M. Léopold Gravier, secrétaire général de la préfecture du Rhône.

Les sénateurs, députés, le recteur de l'Académie, les adjoints au maire, le bureau du Conseil général prennent place dans les autres voitures.

Depuis la gare jusqu'à la Préfecture, où il doit résider, M. Carnot est escorté par la gendarmerie et les troupes de la 3ᵉ brigade de hussards. Le cortège défile dans l'ordre suivant :

1° Un peloton de gendarmes à cheval commandé par le colonel chef de la 14ᵉ légion.

2° La voiture de M. le Président de la République ayant : à la portière de droite, M. le général Effantin, commandant la 3ᵉ brigade de hussards et commandant l'escorte, et à la portière de gauche, M. le général Raynal de Tissonnière, commandant la place ;

3° Les voitures de la suite ;

4° Le 3ᵉ régiment de hussards en entier. Ce régiment a détaché quelques cavaliers pour flanquer, à droite et à gauche, les voitures officielles.

Tous ces hommes ont le sabre au clair. La double haie de cavaliers est continuée par des municipaux à cheval, qui ont le sabre au fourreau.

Les monuments sont superbement décorés; la municipalité a tenu à honneur de bien faire les choses. La foule envahit les rues, et, sur le passage du cortège, on entend de nombreux cris de : « Vive Carnot! vive la République! » — Et un déploiement extraordinaire de musiques qui jouent, toutes, un air dont le rythme nous est familier.

En présentant le conseil municipal, M. Gailleton a prononcé l'allocution suivante :

Monsieur le Président de la République,

J'ai l'honneur, au nom de la population lyonnaise, de vous souhaiter la bienvenue et de vous exprimer ses profonds remerciements pour avoir répondu à l'invitation de la ville de Lyon.

Notre cité démocratique et républicaine salue en vous le chef de la République française, le citoyen que la confiance du Parlement a si justement élevé à la première magistrature de l'État, persuadée que la sécurité de la Patrie ne pouvait être remise en des mains plus vaillantes et plus dignes.

M. Carnot lui a répondu :

Je suis bien sensible, Monsieur le Maire, à vos bonnes paroles de bienvenue. Il y a longtemps que je désirais visiter la seconde ville de France.

Si je n'ai pas fait plus tôt cette visite, c'est que les circonstances m'en ont empêché. Je suis heureux aujourd'hui d'accomplir ce voyage, quelques difficultés matérielles qu'il puisse présenter.

Vers 7 heures, au moment où commence le banquet, la pluie se met à tomber de nouveau ; c'est insupportable. Ah ! les pluies de province ! Presque aussi désagréables que les nôtres ! Les Parisiens, depuis cet été, croyaient avoir le monopole des averses rebutantes ; il n'en est rien. La météorologie fait de la décentralisation. Elle aurait bien pu s'en dispenser.

Je recueille des racontars.

Vous savez que le conseil municipal de Lyon se compose de 54 membres, dont 18 socialistes. Hier, les comités ouvriers ont interdit à 12 de ces derniers d'assister à la réception d'aujourd'hui ; et je vous donne en mille pourquoi ? — Mais vous ne trouveriez jamais ! J'aime mieux vous dire tout de suite qu'on compare les voyages de M. Carnot à ceux de l'empereur, et que les dépenses qu'ils entraînent paraissent déplaire à quelques têtes chaudes !

C'est bien ça. On reprochait à M. Grévy de ne pas voyager assez. Décidément, l'art de contenter tout le monde et son père est un art perdu.

Tout cela n'empêche pas la municipalité d'offrir un fort beau et fort brillant banquet. M. Carnot est assis entre M. Gailleton et M. le Royer.

M. Gailleton prononce un court et énergique discours, au cours duquel il rappelle la vaillance de la population lyonnaise, si républicaine, si active, si ardente dans la grande et noble lutte du commerce, de l'industrie, des sciences et des arts et s'efforçant de continuer les glorieuses traditions du génie français contre nos rivaux de l'ancien et du nouveau monde.

Il dit que cette population, toujours à l'avant-garde du progrès et confiante dans l'avenir et dans le gouvernement de la République,

... n'a cessé d'appeler de tous ses efforts l'avènement d'une ère nouvelle, féconde en réformes économiques, administratives et sociales; mais cette démocratie, ce qu'elle sait bien, c'est qu'elle ne saurait atteindre ce noble but par des coups de force dynastiques ou révolutionnaires, mais bien par la pratique constante de la liberté, par le développement incessant et progressif des principes de 1789, par la volonté du seul souverain, le suffrage universel.

Répondant au toast de M. Gailleton, M. Carnot s'exprime ainsi :

Oui, Monsieur le Maire, la Patrie, la liberté, la République peuvent compter sur mon dévouement. (Applaudissements.) La vaillante population lyonnaise n'en doute pas. (Marques d'assentiment.)

Et c'est à cette confiance dont j'ai le droit de me montrer fier que je dois l'accueil si chaleureux, si sympathique fait tout à l'heure, dans votre belle cité, au représentant du gouvernement de la République. (Applaudissements prolongés.)

Je vous remercie, Monsieur le Maire, de vous être fait l'éloquent interprète des sentiments de vos concitoyens. Le tableau que vous avez tracé de main de maître met en pleine lumière l'esprit d'une démocratie laborieuse attachée aux libertés conquises (Applaudissements), demandant le progrès au développement régulier des institutions du pays (Bravo! bravo!), sachant tout ce qu'elle doit à la République et résolue à ne pas laisser ravir ou compromettre ses bienfaits. (Nouveaux applaudissements.)

Un tel exemple, Messieurs, donné par la seconde ville de France, est bien fait pour inspirer au pays confiance dans ses destinées et pour éclairer sur leur impuissance les ennemis de la République, alors que, pour consommer sa ruine,

DINER
OFFERT
PAR LA VILLE DE LYON
À
M. le Président de la République
6 OCTOBRE 1888

Menu
Potage Sévigné

BEAUJOLAIS VIEUX

Chapons truffés au Consommé
Truite sauce Lyonnaise
Filet de bœuf Renaissance

MADÈRE DE L'ILE

Salmis de Perdreaux
Queues d'Écrevisses Nantua

HAUT SAUTERNE

Sorbets au Kirsch

BORDEAUX
CHATEAU DU TERTRE 1878

Haricots verts à la française
Dindonneaux truffés rôtis
Morilles à la Crème
Cailles sur Canapé
Galantine en Bellevue
Salade Russe

BOURGOGNE
MUSIGNY-VOUGEOT 1878

CHAMPAGNE
MOËT FRAPPÉ

Bombe Nationale
Dessert

Maison Ménnier Giacér   Imp. Storck Lyon

Fac-similé du menu du banquet offert à M. le Président de la République
par la municipalité de Lyon.

ils ne craignent pas de contracter entre eux les alliances les plus inattendues.
(Salves d'applaudissements.)

La démocratie lyonnaise qui veut grandir et prospérer par le travail (Applaudissements), qui veut la paix et la sécurité du foyer, qui répudie les divisions et les rivalités de personnes (Nouveaux applaudissements) pour faire appel à l'union et à la concorde dans l'intérêt suprême de la Patrie (Bravo! bravo!), la démocratie lyonnaise sera entendue de la France entière.

C'est en son honneur que je veux lever mon verre. A la démocratie laborieuse et patriote de Lyon! (Triple salve d'applaudissements. « Vive Carnot! Vive la République »!)

M. Millaud, sénateur, au nom des représentants du département du Rhône, s'exprime ensuite en ces termes :

Monsieur le Président de la République,

M. le maire vous a exprimé les sentiments de notre glorieuse ville de Lyon.

J'ai la fortune et le grand honneur de venir vous saluer, à mon tour, au nom des représentants du Rhône au Parlement et des populations dont ils sont les élus.

Les ovations spontanées qui vous ont accueilli dans toutes les contrées où vous avez bien voulu vous rendre, les acclamations qui ont répondu de toutes parts à vos paroles toujours si nettes, toujours si loyales, toujours au-dessus des passions et des partis, sont les plus précieux témoignages des aspirations de la France.

Profondément dévoués à leur pays, réfléchis et laborieux, aussi fermes dans leurs convictions républicaines que prudents à se déterminer dans leur conduite politique, sans cesser de marcher à l'avant-garde de la démocratie, les habitants de notre belle région du Lyonnais sont impatients de vous apporter leurs libres hommages. Si nous sommes tous fiers et heureux de vous savoir notre hôte pour quelques jours, veuillez me permettre de vous dire, Monsieur le Président, combien est particulièrement vive l'émotion que j'éprouve à retrouver dans le chef de l'État le compagnon fidèle de nos luttes pour la liberté et le cœur sincère que le pouvoir ne saurait changer, si ce n'est pour le grandir.

M. Carnot a répondu :

Je vous remercie, mon cher Millaud, mon cher ami. Je suis heureux de serrer aujourd'hui la main de l'homme dont j'ai été longtemps le collègue dans les Assemblées.

Je me souviens que nous avons fait partie du même ministère, que nous avons travaillé ensemble et bien travaillé.

Le programme de la soirée comporte une retraite aux flambeaux, qui traverse les principales rues de Lyon, et surtout les quartiers populeux. J'aime à constater que les ouvriers montrent beaucoup de cordialité et manifestent chaudement leurs sympathies; la pluie, qui n'a pas cessé de tomber ne les ont point empêchés d'envahir les rues. Petite pluie abat... Vous connaissez le proverbe. Mais ici, l'averse a eu affaire à un vent d'enthousiasme trop grand, pour pouvoir être facilement abattu.

Quelques détails sur l'installation présidentielle :

Les appartements qu'occupe M. le Président de la République à l'Hôtel de Ville sont situés à l'angle de la rue Puits-Gaillot et de la place de la Comédie. Toutes les fenêtres donnent sur la cour d'honneur.

La chambre à coucher est tendue de lampas vert; les meubles, très luxueux, sont du style second Empire. Toutes les pièces de l'appartement sont meublées dans le même style; leur décoration, qui remonte à une trentaine d'années, a été faite d'après les plans de M. Dujardin.

Une autre chambre à coucher, séparée de celle de M. Carnot par un boudoir orné de quelques tableaux empruntés au Musée, est réservée à M. le général Brugère, secrétaire général de la présidence; elle est tendue de satin bleu.

Au coin de la place de la Comédie, se trouve un grand salon donnant sur la terrasse de la Préfecture. Ce salon sert d'ordinaire aux réceptions intimes de M. le maire de Lyon; un panneau de Domer, récemment placé, et qui personnifie le Suffrage universel, surmonte la cheminée.

Certaines modifications sont apportées au programme du voyage. On quittera Lyon lundi, à 5 heures de l'après-midi, pour se rendre à Annecy; mais, au lieu de passer par Ambérieu et Culoz, on passera par la Tour du Pin et Chambéry.

Le pont de Yon-Artemart a été emporté par l'inondation; et, malgré les compagnies du génie en garnison à Versailles, venues pour seconder les équipes de la Compagnie du chemin de fer, il sera impossible de le rétablir avant plusieurs jours.

Réception à l'Hôtel de Ville. — Le consul d'Italie. — Décoration. — A l'Hôtel-Dieu. — Banquet de la Chambre de commerce. — Discours de M. le Président de la République. — Ateliers et ouvriers. — Les fourneaux de la presse. — La revue. — Banquet du Conseil général. — Discours de M. le Président de la République. — Au Grand-Théâtre.

Lyon, 7 octobre 1888. — 24ᵉ jour.

Un temps atroce! Ah! nous étions bien venus de nous plaindre de notre été mouillé! C'est bien autre chose à Lyon!

Nous, au moins, nous avons eu un mois de répit, et il paraît que le temps reste satisfaisant à Paris. Mais, ici, justes dieux! Il paraît que depuis six jours, sans arrêt, sans interruption, sans intermittences, l'eau tombe, tombe, tombe toujours, avec un bruit monotone qui vous glace jusqu'aux moelles. Pas un petit coin de ciel bleu; pas un rayon de soleil. Rien. La pluie tout le temps, l'odieuse, et terrible, et désastreuse, et désolante pluie. Nous en voyons des échantillons ; mais il paraît que cela n'est rien. A ceux d'entre nous dont les nerfs se crispent devant ces douches épouvantables, les Lyonnais répondent ironiquement :

— Nous, nous commençons à nous y habituer !

Eh bien! je vous assure qu'il faut une rude dose de bonne humeur pour s'accoutumer à cela. Il paraît, du reste, que nous ne risquons rien de faire provision de philosophie. Les dépêches d'Annecy annoncent la neige, au blanc (mais désagréable) cortège... Pourvu que M. le Président et ses invités ne restent pas bloqués dans les glaces ! Pour ma part, je ne me vois pas bien, jouant le rôle d'un Esquimau ou d'un Groënlandais !... Enfin, il adviendra ce qu'il pourra...

Conformément au programme, la réception des autorités a eu lieu à 8 heures à l'Hôtel de Ville. Le général Davout d'Auerstaedt a présenté les officiers de l'armée de Lyon. Savez-vous que nous comptons pas mal de bons orateurs, parmi nos officiers généraux? Éloquence brève, soit; mais éloquence, néanmoins.

En présentant les officiers de l'armée de Lyon, le général Davout d'Auerstaedt a dit :

Général DAVOUT, duc D'AUERSTAEDT
Commandant de la place de Lyon.

Monsieur le Président,

J'ai l'honneur de vous présenter MM. les officiers de l'état-major du gouvernement militaire de Lyon.

Je me fais l'interprète de toute la garnison et du 14ᵉ corps d'armée en vous priant d'agréer l'assurance de notre respectueux dévouement. Vous portez, Monsieur le Président, un nom particulièrement cher à l'armée : il rappelle de grandes victoires sur l'Europe coalisée, un ardent patriotisme qui a porté votre aïeul à mettre la défense du territoire au-dessus de tout, une constance inébranlable dans les mauvais jours, une confiance absolue dans les destinées de la Patrie.

Ce sont là des souvenirs, Monsieur le Président, dont nous nous inspirerons tous le jour où, la France étant menacée, le gouvernement de la République nous enverrait à la frontière.

M. Carnot a répondu au général Davout :

32

J'ai confiance dans le dévouement de l'armée entière et je suis heureux d'entendre ces témoignages de la bouche du duc d'Auerstaedt.

M. Foulon, archevêque de Lyon, ancien évêque de Nancy, qui, en 1870, a été condamné à deux ans de forteresse par le gouvernement allemand, s'est présenté à la tête de ses vicaires généraux, de son chapitre et des membres du clergé de Lyon, venus en très grand nombre.

Il s'est exprimé en ces termes :

Monsieur le Président,

Permettez-moi de vous offrir mes hommages respectueux et ceux de mon clergé. Appliqués de tout notre cœur aux devoirs de notre ministère pastoral et profondément dévoués à notre pays, nous continuerons de montrer que l'amour de l'Église et le patriotisme savent marcher ensemble. C'est dans ces dispositions, Monsieur le Président, que nous vous prions de vouloir bien agréer nos vœux les plus sincères.

M. Carnot a répondu à M. Foulon :

Je vous remercie de vos bonnes paroles; je sais que vous avez fait vous-même preuve de patriotisme et que vous alliez ces sentiments à tous ceux de votre ministère.

Après la réception des membres de la Cour d'appel et du parquet, le préfet a présenté les instituteurs du département. Puis sont venus les professeurs des Facultés et ceux du Lycée.

En présentant les membres du Conseil général et du Conseil d'arrondissement, M. Nolot, vice-président du Conseil général, s'est exprimé ainsi :

En l'absence de M. Clapot, l'honneur m'incombe de vous présenter le Conseil général du département du Rhône et le Conseil d'arrondissement de Lyon : ces deux conseils sont fermement attachés aux institutions républicaines; ils s'occupent tous deux, avec grand zèle, des affaires du département. Ils désirent cependant, aussi, voir lentement, mais sûrement, se réaliser tous les progrès sociaux et politiques que comporte la forme républicaine.

M. Carnot a répondu :

Vous trouverez toujours, Messieurs, l'appui du gouvernement dans la voie sage et républicaine que vous suivez.

Les maires du département ont été ensuite introduits.

Répondant au préfet qui les lui présentait, M. Carnot a dit :

Je vous remercie des témoignages que vous m'exprimez au nom de ces messieurs; je suis sûr qu'aucun d'eux ne démentira vos paroles. Ils n'ignorent pas combien le gouvernement de la République est attaché aux libertés dont ils usent si largement et si utilement dans l'intérêt général. J'ai la conviction que c'est en administrant comme ils savent le faire qu'ils contribueront à fortifier la République.

M. Cambon, préfet du Rhône, atteint d'une grave indisposition, est étendu sur une chaise longue. C'est dans cette posture qu'il préside à toutes ces présentations. Il opère lui-même en ce qui concerne les instituteurs. Il dit :

Ces messieurs savent toute la sollicitude de la République pour l'instruction publique et en particulier pour l'instruction primaire; ils donnent tout leur dévouement, leur zèle et leur savoir, afin de préparer pour l'avenir de bons citoyens.

Encore quelques paroles de remerciement adressées par M. le Président de la République aux instituteurs. Puis, le consul d'Italie, — vive attention sur tous les bancs, comme disent les comptes rendus parlementaires, — présente le corps diplomatique.

Ici, il s'agit de sténographier.

Voici d'abord le discours du consul :

Monsieur le Président,

Le corps consulaire, au nom duquel, comme doyen, j'ai l'honneur de porter la parole, est heureux de vous souhaiter la bienvenue dans la ville de Lyon. Nous nous associons tous à l'expression universelle de profonde et respectueuse sympathie dont vous recevez partout des témoignages si éclatants. Nous vous offrons nos vœux les plus sincères pour votre prospérité et pour celle du noble pays dont vous êtes le chef suprême, respecté et aimé.

M. Carnot a répondu :

Je remercie le corps consulaire tout entier de la démarche qu'il veut bien faire auprès de moi. Je remercie en particulier Monsieur le Consul général d'Italie des expressions si aimables dont il a bien voulu se servir en se faisant votre interprète.

Je connais les excellents rapports qui existent entre tous vos nationaux et la bonne population lyonnaise. L'administration désire faciliter, autant que possible, l'accomplissement de votre mission dans notre pays.

J'éprouve une satisfaction d'autant plus grande en recevant les vœux dont vous m'offrez l'expression, qu'ils sont un gage de liens pacifiques qui nous unissent à toutes les nations que vous représentez.

Les présentations sont terminées.

N'oublions pas qu'il y a eu distribution de décorations. M. Carnot a promu au grade de commandeur de la Légion d'honneur, M. Gailleton, maire de Lyon, et il a nommé chevaliers MM. Rossigneux, deuxième adjoint ; Rebatel, conseiller général, et Pierron, président du Conseil d'arrondissement.

Il a nommé officiers d'Académie MM. Jean-Marie Grinand, conseiller municipal ; Jacques Grinand, chef de division à la Préfecture ; Polonus, lieutenant-colonel, et Bellier, chef de laboratoire.

Il a décerné les distinctions militaires suivantes :

Ont été promus : au grade d'officier de la Légion d'honneur, M. Pioche, commandant le bureau de recrutement ; au grade de chevalier, M. Fraguier, major au 30e d'infanterie.

M. Carnot a donné la médaille militaire à MM. Givaudan, adjudant au 22e d'infanterie ; Gérin, adjudant au 139e d'infanterie ; Tournier, adjudant au 3e hussards ; Tardieu, adjudant au 30e d'infanterie.

Après la réception de l'Hôtel de Ville, visite à l'Hôtel-Dieu. C'est le doyen des établissements hospitaliers français, cet Hôtel-Dieu de Lyon.

A la porte du dôme que l'architecte Soufflot construisit en 1741, M. Carnot accompagné de MM. Pierre Legrand, le Royer, Gailleton, le général Davout, de la municipalité et de plusieurs membres de divers conseils, est reçu par un grand nombre de professeurs de la Faculté de médecine, à la tête desquels se trouve M. Poncet, chirurgien en chef de l'Hôtel-Dieu, entouré de ses internes.

M. le Président traverse le grand couloir tendu de magnifiques étoffes, monte le grand escalier d'honneur de la salle Saint-Pierre, passe par la chirurgie de M. Ollier, au delà de laquelle on accède dans la salle Saint-Louis. Dans cette salle se trouvent les agents blessés dans l'affaire de la rue Ponteau en arrêtant des malfaiteurs. En récompense de leur belle conduite, M. le Président décerne à M. Vincent Besson, blessé d'une balle à la poitrine, une médaille d'or; à MM. Ferdinand Janudet, Antoine Baud et le brigadier Arnold, une médaille d'argent de 1re classe.

Le président de la commission offre au premier magistrat de la République une médaille d'or en souvenir de sa visite.

M. Carnot remet la croix de chevalier de la Légion d'honneur à M. Tripier, professeur à la Faculté de médecine, et les palmes d'officier d'Académie à M. Mathian, économe de l'hospice.

M. le Président de la République a reçu une médaille d'or commémoratives.

Il fait un large don en argent aux malades. Je ne veux pas insister sur ces dons, qui, chez M. Carnot, deviennent une habitude.

En sortant de l'Hôtel-Dieu, le chef d'État, s'est rendu par le quai de la Charité à l'hôpital militaire Desgenettes.

Un piquet d'honneur, placé à la porte de l'hôpital, présente les armes à M. le Président, qui salue et passe.

M. le Président est aussitôt reçu par le corps des officiers de santé, médecins et pharmaciens, tant de l'armée active que de la réserve et de la territoriale.

M. Vallin, médecin inspecteur, assisté de MM. Albert, médecin en chef de l'hôpital, et Villigens, médecin des blessés, se met à la disposition du chef de l'État. La visite commence, rapide, sans explication ni incidents quelconques. La froide ordonnance qui règne dans les salles de l'hôpital n'a d'équivalent que leur bonne tenue et leur propreté remarquable.

M. Carnot est conduit ensuite au salon d'honneur, orné d'un splendide mobilier en bois d'ébène, œuvre vraiment admirable d'un infirmier qui le sculpta en 1863-1864. On assure que la table seule a été évaluée à la somme de 2,500 francs.

M. le médecin-inspecteur Vallin donne tous ces renseignements à M. le Président de la République qui les écoute avec le plus grand intérêt.

La cérémonie terminée, M. Vallin remercie M. Carnot qui monte en voiture au milieu des multiples acclamations d'une foule compacte, massée à la porte de l'hôpital et dans toute l'étendue du quai. M. Carnot fait aussitôt abaisser la capote de sa voiture et salue de la main.

Les acclamations de plus en plus nombreuses se succèdent sans interruption jusqu'à l'endroit où a lieu le banquet offert par la Chambre de commerce, et où M. le Président arrive après une matinée bien remplie.

M. Sevène, au nom de la Chambre de commerce, prononce un long, mais intéressant discours, dont voici quelques extraits :

Qu'il nous soit permis de vous dire qu'entre toutes les industries de la France, l'industrie lyonnaise, si variée dans ses applications, et en particulier notre industrie capitale de la soie, est digne de l'attention du chef de l'État. Vous trouverez en elle, Monsieur le Président, la plus ancienne industrie du pays, qui a su conserver depuis près de cinq siècles une suprématie incontestée; industrie jadis de haut luxe, qui s'est maintenant si merveilleusement assouplie qu'elle satisfait à la fois les plus riches et les plus modestes ; industrie dans laquelle l'art et la science, le beau et l'utile s'associent nécessairement; où le patron ne cesse de progresser, et où l'ouvrier urbain est remarquable entre tous par son ingéniosité et son esprit de recherche.

Elle a vraiment le droit de s'appeler une industrie nationale.

. . . .

De concert avec nos corps élus et nos principales chambres syndicales ouvrières, forts de l'appui de nos sénateurs et de nos députés, qui ne nous a jamais fait défaut, nous avons lutté contre les droits atteignant le pain et la viande.

Nous y reconnaissons sans doute un obstacle à la production industrielle, mais nous avions surtout à cœur de combattre en eux la charge qu'ils font peser sur nos collaborateurs ouvriers.

Enfin, un nouveau projet de dérivation des eaux du Rhône menace de porter un autre préjudice à la cité lyonnaise. C'est au moment même où la navigation du Rhône, désormais assurée dans toutes saisons par d'habiles et coûteux travaux, prend un développement notable et favorise notre mouvement commercial en maintenant une concurrence avec les voies ferrées, qu'on vient parler de canaux dérivés, devant grever lourdement le Trésor et qui seraient exploités à des prix que l'agriculture ne peut aborder.

Nous espérons que votre gouvernement invitera le Parlement à repousser ces projets et à s'arrêter dans la voie dangereuse où le protectionnisme nous engage sans relâche. . . . .

..... Nous saluons respectueusement en vous, Monsieur le Président, l'homme qui représente les idées que tous, à Lyon, nous professons. Vous avez été élevé à la première fonction de la République par le seul effort d'un noble caractère, d'une haute probité, d'une vie intacte et d'un esprit conciliant. Toutes ces qualités qui vous distinguent sont particulièrement appréciées dans cette vieille ville de Lyon, dont la fortune commerciale s'est constamment appuyée sur la conscience et sur l'honneur. Elles nous donnent la certitude que votre action saura toujours s'exercer pour le bien de la France.

M. Carnot répond par le remarquable discours suivant :

Monsieur le Président,

Je ne saurais répondre aux flatteuses appréciations dont vous venez de me combler, qu'en m'attachant à les justifier et en restant fidèle, dans l'accomplissement de la belle mission qui m'est confiée, à cette belle devise : « Honneur et conscience » que le commerce lyonnais a portée sur tous les marchés du monde. (Bravo! Bravo!)

Laissez-moi vous redire ici, Messieurs, combien je suis touché de l'accueil que je rencontre au milieu des représentants du travail et des grands intérêts industriels et commerciaux de votre cité,

Je tenais à venir saluer à Lyon une gloire séculaire, à voir de près cette fabrication pour laquelle votre population laborieuse reste sans rivale. Vous avez compris, Messieurs, l'intérêt tout patriotique qui m'appelait vers vous. Je vous en remercie. (Applaudissements.)

Vous venez, Monsieur le Président, de formuler dans d'éloquentes paroles les vœux du commerce lyonnais. Vous avez apporté un noble témoignage de l'énergie et de la puissance d'une industrie qui ne veut se recommander que de la liberté et qui, pour étendre sa clientèle, ne réclame autre chose que l'abaissement de toutes les barrières.

Si j'ai, au cours de récents voyages, entendu un langage tout différent, constaté d'autres besoins et d'autres tendances, soyez certains que vos fières revendications ne manqueront pas d'appeler, à leur tour, l'attention des pouvoirs publics, soucieux de la prospérité nationale. (Applaudissements prolongés.)

Dans quelques jours, Messieurs, vous aurez à soutenir une de ces luttes pacifiques que vous avez appelée de vos vœux. La France, le monde entier admireront les merveilles de votre belle industrie. (Applaudissements.)

L'Exposition universelle se prépare avec une activité qui fait honneur à tous les artisans de cette œuvre nationale. Presque toutes les galeries sont couvertes. Elles seront certainement prêtes dans moins d'un mois, et les exposants auront six mois pleins pour organiser leur industrie.

Aussi, peut-on prévoir un admirable assemblage de toutes les merveilles de la science et de l'industrie moderne et rétrospective. La France offrira une large hospitalité aux nombreux exposants étrangers qui n'ont pas attendu les encouragements officiels pour prendre part à la joute courtoise qui leur est ouverte. (Applaudissements longtemps répétés.)

L'industrie lyonnaise saura y tenir haut le drapeau national et prouver au monde qu'elle est digne de son glorieux passé. (Salves d'applaudissements. Cris de « Vive Carnot! vive la République! »).

Des bravos tumultueux accueille le toast de M. le Président de la République.

L'ordonnance de ce déjeuner était parfaite et le menu, délicatement soigné, était ainsi composé :

Bouchées américaines.
Becfigues au consommé.
Saumon à la Nantua.

—◦✦◦—

Quartier de bœuf printanier.
Chaufroids de perdreaux.
Foie gras en Bellevue.
Salade russe.

—◦✦◦—

Bombe pralinée.
Dessert.

—◦✦◦—

VINS :

Coutenac, 1870, en carafes; Château-Margaux, 1865; Chambertin, 1870; Sauterne; Château-Raynes, 1874; Veuve Clicquot.

Après le repas, M. Causse, président de l'Union des chambres syndicales lyonnaises, a présenté ses collègues à M. Carnot et lui a adressé un souhait de bienvenue au nom de la Chambre de commerce de Lyon.

Il a offert à M. le Président de la République, pour Mme Carnot, quatorze robes de différentes couleurs, représentant les divers types les plus réussis de l'industrie lyonnaise, plus un grand panneau

M. CAMBON,
Préfet du Rhône.

représentant un faisan broché, et, pour compléter, plusieurs portraits de M. Carnot, tissés et imprimés en soie.

M. Carnot a visité le musée d'art et d'industrie de la Chambre de commerce, où il a pu admirer une collection unique au monde de tissus classés par époque.

Cette collection contient de nombreux types antérieurs à l'ère chrétienne, beaucoup de tissus des VIIIe et IXe siècles, ainsi que toute la série des étoffes des XVe, XVIe, XVIIe et XVIIIe siècles.

M. Carnot, avant de partir, a remis une trentaine de médailles à de vieux serviteurs, ouvriers et employés de commerce et d'industrie.

Après quoi, une délégation du comité de bienfaisance des fourneaux de la presse a été présentée à M. le Président de la République par le maire de Lyon.

M. Gailleton a exposé l'organisation de l'institution et les nombreux services qu'elle a rendues depuis quatre années. Elle a pu distribuer, à cette heure, près de deux millions de repas. Le maire de Lyon a insisté sur le caractère tout spécial de cette œuvre qui, en réunissant les journaux de Lyon de toutes les opinions, donne un exemple rare de solidarité bienfaisante et de paix sociale.

M. le Président de la République a répondu que l'œuvre des fourneaux de la presse lyonnaise ne lui était nullement inconnue, qu'il appréciait hautement les services qu'elle est appelée à rendre encore. Il a félicité la presse lyonnaise de cette alliance féconde sur le terrain de la bienfaisance; il l'a encouragée à persévérer dans cette tradition de généreuse solidarité.

Puis, pour témoigner tout l'intérêt qu'il porte à l'institution, M. le Président de la République a remis à un de nos confrères du *Courrier de Lyon*, pour la caisse de l'œuvre, un don personnel de 2,000 francs.

La délégation s'est retirée, après avoir manifesté, au nom des malheureux que l'œuvre assiste, toute sa reconnaissance pour cette gracieuse offrande.

Et maintenant, à la revue.

Malheureusement, il pleut toujours. C'est sous cette maudite pluie que M. Carnot s'est rendu au Grand-Camp pour assister aux manœuvres des troupes. Encore et toujours, une foule considérable sur tout le parcours, et des acclamations, des cris répétés de : « Vive la République! Vive Carnot! » — Des arcs de triomphe sont dressés sur la place de la Bourse, la rue de la République, le boulevard de l'Hippodrome.

La pluie n'empêche pas les fenêtres d'être pavoisées, ni la foule d'être enthousiaste au point que les fantassins ont peine à la contenir.

La Société des courses de Lyon a mis sa tribune d'honneur à la disposition de M. Carnot, qui y fait son apparition à 3 heures et demie.

Ah! cette pluie!... Ce vent!... Ce froid!... Voilà trois jours que le génie et les terrassiers travaillent à ensabler le terrain, défoncé par cet incessant déluge. En vain! Les tombereaux de sable sont comme des gouttes d'eau dans l'océan. Grand-Camp est une immense mare! On parlait de faire défiler les troupes sur le cours du Midi ; et même, il paraît que M. Carnot, averti de ce qui se passait, aurait voulu qu'on contremandât la revue ; mais la population n'aurait certainement pas été satisfaite.

Lyon a tenu à ce que tout ce qui fait partie intégrante de la vie sociale, rendît hommage à l'homme respecté qui est à la tête du gouvernement de la République.

La revue a donc eu lieu.

Elle a été ce qu'elle pouvait être par ce temps terrible. Mais je dois dire que les troupes y ont mis une bonne humeur charmante.

Ah! les braves gens! Ils semblaient avoir pour devise : « A la revue comme à la guerre ! »

C'est le général Robillot, commandant la 6ᵉ division de cavalerie, qui commandait les troupes. M. le général Davout, sur l'invitation de M. Carnot, avait pris place dans la tribune présidentielle.

Le « clou » de la revue a été une grande marche en avant de toutes les troupes, avec toutes les musiques des garnisons de Lyon et de Sathonay, massées à leur tête, ainsi que tous les clairons et tambours et toutes les trompettes de cavalerie. Cette partie du programme a pu être réalisée.

L'infanterie a défilé par bataillons en masse et la cavalerie au pas, dans l'ordre suivant : escadrons de chasseurs en tête, cuirassiers au centre et hussards aux ailes.

Dix mille hommes de troupes, environ, ont pris part à cette fête militaire.

Elle a débuté par un grand lâcher de pigeons et s'est clôturée par un défilé de toutes les Sociétés de tir, de gymnastique, d'orphéon et de musique de la ville et de la région.

La Société d'Alsace-Lorraine, qui a défilé précédée de son drapeau ayant à la hampe un crêpe noir, celle des mutilés de 1870, celle des mobiles de Belfort, une Société suisse d'orphéon et deux Sociétés musicales italiennes ont été particulièrement applaudies.

Il y a eu quatre-vingt-douze Sociétés en tout.

M. Carnot s'est montré très content et a exprimé sa satisfaction à M. le général Davout au sujet de la tenue et de l'entrain des soldats placés sous ses ordres.

Au moment de la marche en avant en masse, quand toutes les troupes, s'arrêtant subitement, ont présenté les armes, l'enthousiasme de la foule a éclaté. Les gens en habit, les gens en redingote, les gens en blouse, les femmes les enfants, — tout cela s'est mis à pousser une immense acclamation, dans laquelle on n'entendait que : « Vive l'armée! Vive Carnot! Vive la République! »

Ç'a été une indescriptible, une magnifique et enthousiaste ovation. Voilà quatre fois que j'ai l'honneur d'accompagner M. le Président de la République. Je n'avais encore rien vu de pareil.

Pendant la revue, M. Giraudet, maire de Saint-Étienne, a demandé la grâce des grévistes mineurs, Chevalier, Verrier, Véricel, Reymond, Beauregard, Bonnefoy, Molaure, Delorme, condamnés à des peines variant de un à six mois de prison. Il a demandé aussi celle du malheureux Chanut, estropié dans la catastrophe du puits Montmartre, déclaré responsable et condamné à un mois de prison. L'infortuné a une femme enceinte et deux enfants, tout cela dans la plus noire misère; de l'avis du médecin, il a un bras perdu : il est cruellement victime, et de la catastrophe, et du tribunal correctionnel. M. Carnot a bien accueilli la requête qui lui était adressée. Sous peu, les grâces seront expédiées.

Retour à l'Hôtel de Ville. Nous traversons de nouveau les quartiers ouvriers, la Guillotière. Ici les acclamations se reproduisent, avec

LYON. — M. le Président de la République, face à la mission des officiers étrangers, assiste au défilé des troupes.

le caractère très énergique de celles de la revue. On me dit, — car je déclare n'avoir rien entendu, au milieu des cris de : « Vive Carnot! Vive la République! » — que deux ou trois mécontents ont crié, sur l'air des *Lampions* : « Cent mille francs! cent mille francs! » faisant allusion à la somme votée par le conseil municipal pour la réception de M. le Président.

Il va sans dire que ceci ne touche en rien à la popularité de M. Carnot. Ces pauvres gens n'ont pas travaillé depuis des mois ; et c'est en somme du pain qu'ils demandent.

Le conseil général du Rhône a offert à M. Carnot un magnifique banquet, auquel assistaient les sénateurs et députés du département, le gouverneur militaire de Lyon, les généraux, etc. Il y avait en tout 372 convives.

A la table d'honneur avaient pris place à gauche de M. le Président : MM. Pierre Legrand, Clapot, président du conseil général, Meunier, général Brugère, Guyot, Thévenet, Burdeau, Joliet. A droite : MM. le Royer, Davout, Millot, Gailleton, Perras, Reynal de Tissonnière, Millon, président du tribunal civil, Lagrange, Gaulley, Marmonnier, Sevène. En face : MM. Charles, Ebeling, Guillaumou, Chabrière-Arlès, colonel Lichtenstein, procureur général Chepié, Arrivière, Bloch, Jacquier, Duchez, Nolot, Pierron, Sestier, Rain, Gravier, Martin, Blanchard, Sornay, Héron, Rocault, Bouffier, Rossigneux, Petit, Tervers, Farges, Villet, Michon, Poirier, Dupont, Moncorge, Louvier, Milleron, Garapon, Lassalle, Du Sablon, Quivogne, Geneste, Clavenad, Lavigne, Mongoin, Lagrange, Fouveille, Boiron, Guinaud, Fouquet, Vuiller, Cordier, Ferrouillat, Champalle, Fouilloux, Sonnery, Grinaud, Martel, Campo-Casso, Genet, Lagrange, etc.

Les maires des cantons de Villefranche, de Thizy, de Vaugueray, de Limonest, de Givors, d'Amplepuis, de Villeurbanne, de Condrieu, de Saint-Genis-Laval, de Saint-Symphorien, de Tarare et de l'Arbresle.

Les autres maires avaient pris place dans la salle Henri IV.

Le banquet était particulièrement soigné.

En voici le menu :

Potage Parfait.
Truite sauce Nantua.
Poulardes de Bresse truffées.
Filets à la Financière.
Selle de Chevreuil chasseur.

❦

Sorbets.
Petits Pois à la Française.
Perdreaux rôtis.
Champignons à la crème.
Faisans truffés.
Aspics de Foies gras.
Langouste rémoulade.

❦

Bombe.
Dessert.

❦

VINS :

Sauterne; Saint-Julien, 1874; Corton, 1878; Rœderer.

Au dessert, M. Clapot, président du Conseil général, a prononcé un discours dont voici la péroraison :

Quel sort digne d'envie, que celui de votre famille, Monsieur le Président! Sa destinée est toujours étroitement liée au sort de la Patrie! Croyez-le, ce n'est pas pour trouver des oreilles favorablement ouvertes que nous disons ces paroles, c'est pour rendre témoignage à la vérité. Dans nos régions qui sont avides de tranquillité et de paix, il faut avoir connu l'appréhension de la transmission des pouvoirs présidentiels, de cet essai fait dans l'inconnu, pour sentir le prix de l'apaisement inouï produit ici par le choix du Congrès.

L'histoire a sa philosophie. Par le choix d'un citoyen placé au-dessus des querelles parlementaires, on a assuré désormais la présidence au plus digne. C'est une garantie de plus pour cette institution de la présidence qui longtemps encore sera une sûreté pour la République contre les factions et une force pour la France devant l'étranger.

Par l'intelligence de son choix, le Congrès a frappé au cœur la doctrine plébiscitaire. On s'en félicitera dans le département du Rhône, où nous faisons ce que nous pouvons pour nous améliorer, sans parti pris, pour atténuer en nous ce fonds naturel d'opposition contre le gouvernement établi qui est dans le sang national.

Ne désespérons pas, car nous avons déjà réussi à implanter dans nos fêtes républicaines, et cela volontairement, librement, la coutume du toast au chef de l'État, et vous honorez trop la fonction, Monsieur le Président, pour que nous n'apprenions pas à la respecter.

Messieurs, je bois avec vous au Président de la République, à la République!

M. Carnot a répondu, dans les termes suivants, au discours de M. Clapot :

Monsieur le Président,

Si j'ai accepté avec plaisir l'invitation du Conseil général du Rhône, lorsque vous avez eu la bonne pensée de me l'apporter à Fontainebleau, c'est de tout cœur que je vous remercie de votre démarche.

Vous m'avez fourni l'occasion de faire la connaissance des élus de vos cantons et d'un grand nombre des maires de vos communes parmi lesquels j'ai retrouvé avec plaisir quelques-uns des invités du gouvernement de la République au 14 juillet. (Applaudissements.)

Vous m'avez permis de constater quel est l'attachement profond et réfléchi des élus de votre département pour les institutions libres que le pays s'est données. (Nouveaux applaudissements)

Les acclamations et démonstrations qui ont accueilli aujourd'hui partout le Président du gouvernement de la République ne peuvent laisser aucun doute sur la résolution avec laquelle la population laborieuse et éclairée de Lyon saura toujours défendre ses libertés. (Applaudissements.)

C'est avec une joie patriotique que, dans les belles fêtes militaires auxquelles nous venons d'assister, j'ai vu combien, au milieu de vous, l'armée nationale, cette fleur de notre jeunesse (Applaudissements prolongés), est entourée d'une fraternelle affection, et combien tous les cœurs étaient à l'unisson quand les mains applaudissaient les manœuvres de nos beaux régiments. (Salves d'applaudissements.)

Avide de paix, de sécurité, de travail, cette vaillante population est pénétrée d'une profonde reconnaissance pour cette brave jeunesse qui n'épargne rien afin de lui assurer les bienfaits de la paix et la fécondité de ses labeurs. (Nouvelle salve d'applaudissements.)

Je suis sûr d'être l'interprète fidèle de vos sentiments, Messieurs, en associant l'armée française au département du Rhône.

(Applaudissements longtemps prolongés. Cris de : « Vive la République! Vive Carnot! »)

Après quoi, nous assistons à la représentation de gala du Grand-Théâtre, où l'on joue *Aïda*. La foule est énorme, et sur le parcours et au théâtre. Au moment où M. le Président entre dans la salle, tous les spectateurs se lèvent, d'un seul mouvement, et acclament la République et M. Carnot, cependant que l'orchestre joue la *Marseillaise*.

Et voilà la journée finie, une rude, fatigante, mais fortifiante journée.

Ce qui se dégage le plus clairement du spectacle auquel je viens d'assister, c'est le sentiment de profonde et sérieuse sympathie que M. Carnot inspire aux populations, le respect qu'on a pour sa personne et son caractère. Il y a eu, surtout dans les quartiers ouvriers, des manifestations d'une spontanéité et d'une unanimité touchantes.

Le départ pour Annecy, qui aura lieu demain, est avancé de trois quarts d'heure.

Par contre, l'arrivée sera retardée de vingt-huit minutes. Tout cela, à cause des inondations.

Que d'eau ! que d'eau !

--- --- ---

Visite à la Croix-Rousse. — L'accueil des ouvriers. — Arrêt à la mairie. — L'hommage du pauvre. — Les Compagnons du Devoir. — Chez les tisseurs. — Aux Facultés. — Remise d'un drapeau aux étudiants. — Défilé des sociétés savantes. — Distinctions honorifiques. — Inauguration de la statue d'Ampère. — Pose de la première pierre du monument de la République. — Départ enthousiaste. — Envahissement de la voie ferrée.

Lyon, 8 octobre 1888. — 23ᵉ JOUR.

Le quartier de la Croix-Rousse jouit d'une célébrité universelle. C'est Belleville, c'est le mont Aventin, — c'est la tanière du lion socialiste, c'est l'antre de la plus farouche démagogie. C'est là que, dès la première heure, M. Carnot s'est rendu aujourd'hui à 8 heures du matin.

Remarquez qu'on s'est couché tard hier, après une journée particulièrement éreintante. Mais il n'y paraît pas, et c'est sans aucun effroi, sans le moindre frémissement, que M. le Président de la République se met en route pour aller entendre rugir les monstres qui, à en croire les bruits répandus, doivent le dévorer tout cru !

On disait, en effet, que les socialistes devaient faire un beau tapage. On ne peut pas perdre une occasion de manifester, n'est-ce pas ?

Eh bien ! je l'ai vue, la manifestation. Je n'en ai pas perdu une bou-

M. LÉOPOLD GRAVIER,
Secrétaire général de la préfecture du Rhône.

chée, et je puis affirmer que M. Carnot gardera toujours le souvenir de l'accueil cordial, sympathique, presque attendri, qui lui a été fait par les bonnes gens des classes laborieuses. Ça vaut mieux, ces choses-là, que tous les arcs de triomphe, que tous les feux d'artifice, que toutes les illuminations du monde.

Les habitants du réactionnaire quartier des Terreaux ont cru faire œuvre de gens distingués en modérant leur enthousiasme ; il se sont imaginés que la Croix-Rousse ferait du bruit : ils se sont trompés du tout au tout. Pendant ses voyages, M. Carnot a été l'objet de bien des réceptions respectueuses et sympathiques. Aucune d'elles, j'en suis sûr, ne lui a été au cœur comme celle d'aujourd'hui.

Il n'y a que les ouvriers pour manifester avec entrain. Les Parisiens se souviennent de la féerique illumination, si spontanée, des quartiers ouvriers de Paris, le jour de l'inauguration de l'Exposition universelle de 1878. Ici, aujourd'hui, même spontanéité. Pas un quartier de Lyon n'était pavoisé comme ces vieilles rues qu'habitent, depuis un temps immémorial, les ouvriers tisseurs en soie, ces *canuts* qui sont une des plus antiques gloire de la grande cité lyonnaise. Les rues Tolozan, Flesselles, du Bon-Pasteur, etc., sont pleines, pleines de drapeaux.

Les *canuts* travaillent chez eux. Beaucoup sont les propriétaires de leur métier ; les autres vont travailler chez les ouvriers plus fortunés. Les grandes fabriques, si fréquentes dans nos villes industrielles, sont pour ainsi dire l'exception ici. Eh bien ! toutes les humbles maisons, qui comptent autant de métiers que d'étages, sont ornées de banderoles et de verdures. Dans les rues, une foule de mâts vénitiens et de massifs de verdure sont installés. Et des arcs de triomphe, donc ! Et des inscriptions !

En voici quelques-unes : *Hommage à Carnot. — L'Étoile lyonnaise à la République. — Souviens-toi du passé, prépare-toi à l'avenir. — Gloire à la République. — Travail, Paix, Patrie. — A l'illustre famille Carnot, honneur de la Patrie.* Et d'autres, beaucoup d'autres que je passe. A chaque coin de rue, un arc de triomphe, avec des inscriptions comme celles que vous venez de lire.

Les pauvres maisonnettes aux murs vermoulus, peintes en rouge, disparaissent sous les drapeaux. Pas élégants ceux-ci, mais d'autant plus plaisants à voir ! Car il faut savoir que les habitants de la Croix-Rousse ont tout fait à leurs frais. Ils n'ont reçu aucun subside officiel et c'est avec le concours de cotisations particulières qu'ils ont offert à M. Carnot cette touchante — je me répète, mais tant pis ! réception. Il y a eu un véritable élan. Jusque sur les étals du marché de la Croix-Rousse où l'on a arboré des petits drapeaux !

Ce qu'il y a de plus amusant dans ceci, c'est qu'on ne s'y attendait pas du tout, du tout. Disons plus : le programme ne comportait pas d'arrêt à la mairie, car on redoutait les cris de quelques braillards mal élevés. Il a fallu s'arrêter quand même. On a fait stopper la voiture présidentielle dans laquelle se trouvaient, outre M. Carnot, M. Pierre Legrand, le général Davout et le général Brugère; on a invité tout le monde à descendre. — Impossible. Cet arrêt n'étant pas prévu.

C'est alors que M. Grinand, adjoint, prend la parole :

— Monsieur le Président, si vous voulez passer devant la mairie sans vous y arrêter, il faudra que vos chevaux écrasent ces enfants...

Et aussitôt, cinquante petites filles en blanc se jettent devant la voiture!

Force est à M. Carnot de mettre pied à terre. Il n'a pas à s'en repentir.

Les ouvriers, en tenue de travail, avec leurs femmes et leurs mioches, défilent devant lui, l'entourent, le pressent, lui offrent des bouquets, qui, tout mal ficelés qu'ils sont et fabriqués à la six-quatre-deux, font certainement plus de plaisir à M. le Président que les riches corbeilles offertes officiellement.

Ah! le denier du pauvre!

M. Carnot se rend dans la salle des fêtes de la mairie. La réception est toute spontanée.

M. Carnot remercie vivement la municipalité de la cordialité avec laquelle elle le reçoit. Au même instant, un défilé de sociétés commence au nombre desquelles les *Compagnons ferrandiers*, présentés par M. Guillaumou, député; ceux-ci remettent à M. le Président un diplôme de membre bienfaiteur.

L'institution de jeunes filles de Mlle Bonnard est également présentée à M. Carnot; une fillette lui offre un gros bouquet aux applaudissements unanimes de tous les assistants.

La marche se termine sur les Compagnons du Devoir, en train de faire leur tour de France, et dont les pittoresques costumes méritent qu'on s'y arrête. Imaginez des touristes-ouvriers : grandes cannes, chapeaux à larges bords, bourgerons de velours. Cela rappelle tout à fait les anciennes corporations ouvrières.

Les Compagnons du Devoir, de passage à Lyon, ont retardé leur départ de vingt-quatre heures, pour saluer M. le Président. C'est fait maintenant, et ils s'en vont porter la bonne parole à travers les départements.

Voilà, en somme, une réception imprévue et qui donnera à M. Carnot une idée exacte de la popularité dont il jouit parmi les ouvriers.

M. Carnot est allé visiter l'école normale des filles située sur le boulevard de la Croix-Rousse. Mlle Rabois, élève, a lu un discours de réception. Cette visite a fort intéressé M. le Président de la République.

Je m'aperçois que je n'ai pas parlé des acclamations; mais vous sentez bien que tout cela ne s'est pas passé silencieusement. Pendant tout le temps : « Vive Carnot! Vive la République!... » Pas un cri discordant, pas une exclamation mécontente, pas une récrimination; et on sait pourtant si les tisseurs ont sujet de se plaindre, depuis la crise!

Puis, M. le Président visite l'école municipale de tissage, dont M. Chavant, président du conseil d'administration, lui fait les honneurs, et se rend ensuite chez deux *canuts : M.* Guicher, rue Gigodot, et M. Genaivre, rue d'Ivry. Trois étages à monter chez le premier, quatre étages à gravir chez le second. M. Carnot passe une demi-heure au milieu des ouvriers qui travaillent sous ses yeux, s'entretenant avec eux de leurs travaux et de leur existence. Il y en a quelques-uns, des vieux durs-à-cuire, pourtant, qui ont eu de petits picotements dans les yeux. Leur opinion sur M. le Président? ils la formulent ainsi :

— C'est un brave homme!

Cette appréciation de travailleurs en vaut bien une autre, que je pense!

Rentrons maintenant dans le programme. Nous devons visiter le

LYON. — M. le Président de la République visite un atelier de tissage.

palais des Facultés, où M. Carnot est reçu par M. Charles, recteur de l'Académie de Lyon.

M. Charles prononce un discours. Prononce? Non pas! Il lit. Et il est troublé, faut voir! Les feuillets s'embrouillent dans ses mains; il fait des efforts surhumains pour rattraper le fil de son discours, qu'il achève enfin, rouge et pâle tour à tour, et sans avoir pu voir les sourires que les assistants avaient quelque peine à réprimer.

Du reste, plein de bonnes choses, ce discours. Je le reproduis *in extenso*, parce qu'il me paraît résumer les sentiments de l'immense majorité des membres de notre admirable corps enseignant :

Monsieur le Président de la République,

Tous les maîtres de l'enseignement public que vous voyez rassemblés, ceux qui distribuent aux enfants leurs premières leçons et ceux qui conduisent les jeunes gens et les hommes faits jusqu'aux sommités de la science éprouvent, en vous recevant ici, une émotion que j'essaye de vous traduire.

Ils vous sont profondément reconnaissants de l'honneur que vous voulez bien leur faire; ils y attachent le plus grand prix, non seulement parce qu'ils sont pleins de respect pour votre personne, pour votre caractère et pour la haute dignité dont vous êtes revêtu, mais encore parce qu'ils y voient une preuve visible que le gouvernement de la République persévère, quoi qu'on puisse dire pour l'en détourner, à s'intéresser, au milieu de tant d'autres soucis, à la réforme et au progrès de l'éducation nationale.

Cette cause n'est pas celle d'un parti, encore moins d'une corporation, c'est celle de la nation remplissant envers elle-même le premier devoir d'un peuple qui veut rester libre : celui de s'instruire. Les efforts que la France a faits depuis quelques années pour l'accomplir ont été pénibles, parce qu'ils avaient été négligés pendant trois quarts de siècle, mais les sacrifices qu'elle s'est imposés pour réparer le temps perdu n'ont pas été stériles; nos villes et nos campagnes se sont couvertes d'écoles, de lycées, de facultés, pendant que nos frontières se hérissaient de forteresses : deux tâches également nécessaires à notre indépendance.

Les résultats, tout le monde les aperçoit; mais ce qu'on voit moins, et ce qui est plus fortifiant encore, ce sont les effets de ce mouvement sur l'enseignement qui, à tous ses degrés, a gagné en vitalité, en étendue, en profondeur; on travaille beaucoup et l'on travaille bien.

Monsieur le Président, dans toutes ces écoles, que le patriotisme de la ville de Lyon a ouvertes à l'enseignement primaire, a si largement installées; dans ces lycées de filles et de garçons qui espèrent la même fortune ; dans ces Facultés, bientôt groupées en un centre et qui réunissent déjà autour d'une centaine de chaires près de douze cents étudiants, tous ceux, à qui la République a confié une part si modeste qu'elle soit de cette grande œuvre, ont pris pour devise les mots inscrits au fronton de cet édifice : « *Scientia et labore :* par la science et le travail. » Ils y en ajoutent un autre, qu'on a négligé d'y écrire, sans doute parce qu'il est profondément gravé dans nos cœurs : « *Pro Patria :* pour la Patrie ! »

Voilà notre mot d'ordre : nous sommes heureux de le prononcer en face du chef de l'État, issu d'une famille où le travail, le savoir et le patriotisme sont des vertus héréditaires.

M. Carnot répond comme suit :

Monsieur le Recteur,

Je tenais d'une manière particulière à venir apporter ici un témoignage de la sollicitude du gouvernement de la République pour l'enseignement à tous ses ses degrés.

C'est le plus cher de mes devoirs ; je suis heureux de l'accomplir au milieu de ces dévoués défenseurs de la République, qui forment une génération nouvelle et qui préparent des Français destinés-peut-être à voir des jours meilleurs que ceux qu'il nous a été donné de traverser.

C'est alors qu'a lieu la remise d'un drapeau à l'Association des étudiants de Lyon, drapeau offert par les professeurs. M. Caillemer, président de la Faculté de droit, présente ce drapeau, dont la cravate porte les palmes d'officier d'Académie, et prononce l'allocution suivante :

J'ai l'honneur, en qualité de doyen du corps universitaire et au nom de mes collègues des quatre Facultés, de vous prier de vouloir bien remettre à nos élèves ce drapeau que nous leur offrons en témoignage de la profonde sympathie qui existe ici, d'une part entre les professeurs de tous les ordres de l'enseignement supérieur, et d'autre part entre les maîtres et les élèves.

Nous avons associé dans ce drapeau les couleurs de l'Université aux couleurs nationales, pour leur rappeler que leur vie entière doit être comme la vôtre, Monsieur le Président, comme celle des hommes éminents qui ont illustré votre nom, consacrée à la science et à la Patrie, que nous ne séparons jamais dans nos préoccupations.

Nous y avons inscrit notre vieille devise du xiiiᵉ siècle pour exhorter ces jeunes gens à marcher toujours dans la voie du progrès, « en avant, en avant! » pour les exhorter à rester les meilleurs parmi les étudiants de France, pour les encourager à faciliter les réalisations de ce qui n'est encore qu'un rêve, un vœu que nous demandons la permission de vous exprimer respectueusement, celui de voir la grande famille réunie en ce moment autour de vous, obtenir la consécration légale et devenir bientôt l'Université lyonnaise. (Applaudissements.)

Voici la réponse de M. Carnot :

Je suis profondément touché, comme l'assistance entière, des paroles si patriotiques que vous venez de prononcer.

Je suis heureux de pouvoir être l'intermédiaire entre vous et vos disciples pour leur remettre ce drapeau.

C'est l'emblème de l'honneur. Je sais qu'il sera bien porté.

Le drapeau est alors remis par M. Carnot à M. Pic, étudiant en médecine et doyen de l'Association, qui, au nom de ses confrères, prononce un fort beau discours, dont voici quelques extraits :

Monsieur le Président, nos professeurs que je tiens à remercier en votre présence, ont voulu que notre drapeau fût orné des palmes académiques : c'est un bien grand et trop grand honneur pour des étudiants, mais nous nous efforcerons de le mériter, car tous nous avons à cœur de nous rendre digne du zèle et du dévouement inépuisable de nos maîtres, ainsi que des sacrifices que la ville de Lyon, que le gouvernement de la République française se sont imposés et s'imposent chaque jour encore pour développer notre enseignement supérieur. Tous nous voulons, par des efforts continus, par notre travail de chaque jour, contribuer dans la mesure de nos forces à la renommée grandissante de notre chère Université lyonnaise, à laquelle nous sommes fiers d'appartenir.

Mais vous n'avez pas voulu seulement, Monsieur le Président de la République, nous conférer les emblèmes universitaires, vous avez voulu avant tout nous donner un drapeau français; nous savons tous, Monsieur le Président, combien est grand l'honneur que vous nous faites en nous jugeant dignes de porter haut le drapeau de notre Patrie. Aux jours de danger, cet étendard nous rappellera que tous nous sommes soldats français; tous alors, Monsieur le Président, nous nous souviendrons de l'antique et altière devise de notre chère cité lyonnaise : « En avant! En avant! » que nos maîtres ont fait broder en lettres d'or sur les trois couleurs de notre drapeau national.

M. Carnot serre la main de M. Pic, puis la cérémonie se continue par le défilé de toutes les sociétés savantes de la ville de Lyon, dans l'ordre suivant :

Tous les étudiants en droit, en médecine, en lettres et en sciences ;
Académie des Sciences, Belles-Lettres et Arts de Lyon ;
Association lyonnaise des amis des Sciences naturelles ;
Société académique d'architecture ;
Société d'agriculture, d'histoire naturelle et des arts utiles ;
Société des Amis des arts ;
Société d'Anthropologie ;
Société des Artistes lyonnais ;
Société de Géographie de Lyon ;
Société botanique de Lyon ;
Société linéenne ;
Société littéraire, historique et archéologique de Lyon ;
Société nationale de médecine ;
Société nationale d'éducation ;
Société de pharmacie et des sciences utiles du département du Rhône ;
Société des sciences industrielles ;
Société des sciences médicales ;
Société horticole lyonnaise ;
Société d'horticulture pratique du Rhône ;
Société pomologique de France ;
Société régionale de viticulture ;
M. l'inspecteur d'Académie de Lyon et les inspecteurs primaires ;
M. le proviseur et les professeurs du Lycée de Lyon ;
Les élèves et les professeurs des écoles primaires supérieures de Lyon ;
Les élèves et les professeurs des écoles primaires (garçons et filles).

Le défilé se termine sans qu'aucun discours soit prononcé, puis M. Carnot décerne les distinctions que voici :

A MM. Acis, professeur au lycée, Broteau, inspecteur primaire, Feuillade, professeur au lycée, la rosette d'officier de l'Instruction publique ; à M. Geneste, architecte, et Perrachon, président de la Société des beaux-arts, les palmes d'officier d'Académie ; à MM. Berney, Guillaud et Plissonnier, la croix du Mérite agricole.

Après quoi, retour à la Préfecture, où un déjeuner est offert par M. Carnot aux sénateurs et députés, au général Davout, à M. Gailleton et aux principaux fonctionnaires.

« Vive Carnot ! Vive la République ! Vive la France ! » Cela mille et mille fois répété sur tout le parcours.

C'est à 3 heures que la statue d'Ampère est inaugurée devant M. le Président.

Je remarque dans la tribune officielle : Mme P. Sarcey de Sutières, petite-nièce d'Ampère, M. Gravier secrétaire général de la Préfecture, le doyen de la Faculté, les sénateurs et les députés du Rhône, etc.

Ampère est représenté assis dans un fauteuil, la plume à la main, la tête légèrement inclinée.

Des discours sont prononcés par MM. Gailleton, Tessier, Cornu, délégué de l'Institut. M. Carnot remet à M. Textor, auteur de la statue, les palmes académiques.

A 3 heures 30, a lieu sur la place Perrache la pose de la première pierre du monument de la République.

Après une allocution de M. Gailleton, M. Carnot remet des médailles de sauvetage aux pompiers.

L'heure nous presse, car M. le Président et ses invités doivent quitter Lyon à 4 heures 40.

Le départ a lieu au milieu d'une foule enthousiaste, venue de tous les faubourgs de la ville.

Lyon, jusqu'à la fin, aura été à la hauteur de sa grande réputation, et M. Carnot emportera de sa visite un ineffaçable souvenir.

Le cours du Midi, la place Perrache sont envahis par une population énorme. Pendant un quart d'heure M. Carnot salue, soulevant de bruyantes acclamations.

Le quai et les voies sont débordés, au point que le train présidentiel est contraint de s'arrêter et de ne repartir que très lentement, pour ne pas écraser le monde ! Le quai de la Charité, le quai Saint-Bernard, sur lesquels on se presse, présentent un merveilleux spectacle, celui de toute une population soulevée par un unanime sentiment de vive sympathie !

C'est sous cette magnifique impression que nous quittons la ville de Lyon.

Le train présidentiel emporte des fleurs en masse. Le nombre des bouquets offerts à M. Carnot, pendant sa visite à la Croix-Rousse, a été si considérable que les quatre ou cinq premières voitures du cortège en étaient absolument remplies.

Et, pour ne rien omettre, disons que M. Arrivière, secrétaire particulier de M. le Président de la République, a remis en son nom les sommes suivantes, destinées à des œuvres de charité :

Pour les pauvres de Lyon, 5,000 francs, au bureau de bienfaisance ; pour les fourneaux de la Presse, 2,000 francs ; puis, à M. le président de la Chambre de commerce, au nom de Mme Carnot, 5,000 francs, pour être distribués aux familles nécessiteuses des ouvriers tisseurs en soie.

Quant à nous, journalistes, nous devons un témoignage de reconnaissance à la municipalité, qui nous a fait le meilleur accueil, et tout particulièrement à M. Beissières, conseiller municipal, qui, par son affable cordialité et son zèle, a singulièrement facilité notre tâche.

Encore merci à la patriotique municipalité lyonnaise. Honneur aux républicains de la seconde ville de France !

Pendant son séjour à Lyon, M. le Président Carnot a occupé, à l'Hôtel de Ville, les appartements réservés au chef de l'État (décrits plus haut) et qu'avaient occupés, en dernier lieu, le maréchal de Mac-Mahon et, antérieurement, l'empereur Napoléon III et l'impératrice Eugénie.

La réception du maréchal de Mac-Mahon, en raison des circonstances dans lesquelles elle se produisait, a passé absolument inaperçue et n'a laissé aucun souvenir.

Celle de l'empereur et de l'impératrice avait provoqué des démonstrations plus officielles que spontanées, mais, enfin, avait laissé un réel souvenir.

Mais, de l'aveu unanime, sans distinction de parti, l'accueil fait à M. le Président Carnot dépasse de bien loin toutes les réceptions antérieures ; elle est absolument sans précédent.

En ce qui concerne la dépense de la Ville, il faut remonter jusqu'à

Louis XIV pour trouver, proportion gardée pour la valeur de l'argent, une réception analogue.

La Chambre de commerce de Lyon a offert pour Mme Carnot les chefs-d'œuvre de sa merveilleuse industrie et à M. le Président son jeton de présence en or; le Conseil général des Hospices a fait de même.

Pour consacrer et perpétuer le souvenir de l'inauguration du bâtiment de l'École normale d'institutrices par M. le Président Carnot, la Commission départementale a décidé, sur la proposition de M. le préfet du Rhône, de faire poser une plaque commémorative avec cette inscription :

RÉPUBLIQUE FRANÇAISE
DÉPARTEMENT DU RHÔNE

L'AN MDCCCLXXXVIII
LE LUNDI, HUIT OCTOBRE

CARNOT
PRÉSIDENT DE LA RÉPUBLIQUE,
JULES CAMBON ÉTANT PRÉFET DU RHÔNE,
LÉOPOLD GRAVIER, SECRÉTAIRE GÉNÉRAL POUR L'ADMINISTRATION,
JEAN CLAPOT, PRÉSIDENT DU CONSEIL GÉNÉRAL,
A INAUGURÉ L'ÉCOLE NORMALE D'INSTITUTRICES DU DÉPARTEMENT DU RHÔNE
ÉDIFIÉE EN EXÉCUTION DE LA DÉLIBÉRATION DU CONSEIL GÉNÉRAL
DU QUINZE DÉCEMBRE MDCCCLXXXIII,
D'APRÈS LES PLANS ET SOUS LA DIRECTION DE M. GENESTE, ARCHITECTE.

Un dernier renseignement sur la réception de M. le Président, à Lyon.

M. Jules Cambon, préfet du Rhône, souffrant d'une phlébite, a été, à son grand regret, empêché de remplir auprès du chef de l'État les devoirs de sa charge; il a été remplacé dans sa tâche par M. Léopold Gravier, secrétaire général de la préfecture (pour l'administration).

M. Gravier s'était rendu à plusieurs reprises à l'Élysée et au palais de Fontainebleau pour régler avec M. le Président et sa maison militaire les divers détails du voyage.

Il faut rendre à M. Léopold Gravier cette justice : c'est que dans ces délicates fonctions, il a toujours été d'une grande courtoisie, d'une affabilité parfaite, sans cependant se départir un instant du rôle officiel qu'il avait à remplir.

CHAPITRE XXIII

A ANNECY

Voyage pittoresque. — Arrivée à Annecy. — Courte réception.

Annecy, 8 octobre 1888. — 25e jour.

Nous venons de faire un voyage charmant. La nuit arrive vite en cette saison, et cela nous a permis d'assister à un spectacle pittoresque. Toutes les gares que nous traversons sont éclairées par des feux de Bengale et par des lampions. Les populations de ces contrées poussent l'hospitalité si loin que, sur le passage du train, des feux d'artifice sont tirés même dans les villes où nous ne nous arrêtons pas !

A Annecy, à l'arrivée, reprise générale du concert d'enthousiasme dont on régale M. Carnot depuis le début de ce bienheureux voyage. Toute la ville est pavoisée et illuminée brillamment.

M. J. Hamon, délégué par la municipalité, pilote de la manière la plus obligeante les invités de M. le Président à travers la ville. Sur tout le parcours de la gare à la Préfecture, où une réception officielle a lieu à 10 heures du soir, cris nourris de : « Vive Carnot ! Vive la République ! »

Après cette rapide réception M. le Président gagne l'hôtel de la Préfecture, où il va prendre un repos qu'il a bien gagné.

Décoration de la ville. = L'ex-demeure de M. Carnot. = Le premier acte politique de M. le président de la République. = Dons présidentiels. = Réceptions à la Préfecture. = Distinctions honorifiques. = Promenade sur le lac. = Banquet au théâtre. = Discours de M. le Président de la République.

Annecy, 9 octobre 1888. — 26e jour.

Nous voilà — nouveaux Tartarins, — battant la Savoie à la remorque de M. le Président de la République. Il fait un froid noir et la neige que nous apercevons sur le Parmelan, sur les montagnes de Cottage, de Salons et tout là-bas, là-bas, là-bas sur le mont Blanc 4,810 mètres d'altitude) — mon guide est-il suffisamment renseigné? — nous glace jusqu'aux os.

Nous nous sommes levés à 7 heures et, après l'excursion à La Roche-sur-Foron, que l'on trouvera plus loin, nous sommes rentrés à Annecy vers 10 heures trois quarts.

A 11 heures, nous sommes de nouveau à la mairie, où a lieu une réception. La haie est formée par des *bleus*, non encore armés, et par des réservistes. Le programme est suivi de point en point. Il y a des retards, pourtant. Mais on les subit allégrement. Que voulez-vous faire contre une foule qui obstrue tous les chemins, et jette des fleurs, et acclame M. le Président de la République?

Je remarque la belle décoration de la ville et des faubourgs. Chaque quartier a fait appel à l'initiative privée et le maire, M. Boch, a adressé une proclamation se terminant par ces mots : « Saluons tous celui qui est *presque* notre concitoyen. »

« Presque », sans doute parce que M. Carnot a passé six ans ici comme ingénieur des ponts et chaussées. S'il y était resté douze ans, il eût été considéré comme étant « tout à fait » leur concitoyen.

Mais de toutes ces décorations de quartier, celle qui est la mieux réussie est sans contredit celle du quartier de Bœuf. Informations prises

M. Carnot a habité ce quartier pendant son séjour à Annecy; tout s'explique. On me montre l'ex-maison de M. le Président.

J'entre par une porte basse; un long couloir me conduit dans un vaste jardin rempli de dahlias et de verdure. Une écurie, une remise dont on a fait un dépôt de tabac.

Je monte par un escalier en pierre dont les marches sont effroyablement usées et, guidé par un aimable vieillard habitant la maison, j'arrive au premier. Une vaste cuisine, une grande salle à manger, puis des chambres à coucher en masse. Tout ça, c'est bas de plafond et c'est d'un triste! d'un triste!...

Désirant voir la chambre à coucher de M. Carnot, je parviens au second étage par un large escalier en bois; pas un ornement! pas une moulure! Tout est plat. Nous voici dans la chambre où reposait autrefois M. le Président de la République. Deux fenêtres avec vue sur les monts du Parmelan, de la Tournette et du rocher de Lachat.

De la neige comme horizon. Brrr!... brrr!...

Comme l'ingénieur Carnot a dû s'ennuyer là dedans! Cette maison est sur la petite place qui, depuis hier, a reçu le nom de place Carnot. Elle comprend en tout vingt-deux pièces, et n'est point d'un aspect précisément folâtre. Elle est occupée actuellement par M. François Bernas, receveur principal des contributions indirectes. La personne qui a bien voulu me piloter — du reste fort gracieusement, — est le beau-père de M. Bernas.

C'est dans cette ville que M. Carnot accomplit son premier acte politique. Lorsque la Révolution du 4 septembre éclata, les républicains les plus en vue d'Annecy se concertèrent afin d'aviser aux mesures à prendre. Leur premier soin fut de convoquer les électeurs à l'Hôtel de Ville à l'effet de constituer un comité central républicain, sous la présidence provisoire de M. Jules Buttin.

Dans une réunion tenue le 19 septembre le comité fut ainsi constitué :

MM. Jules Buttin, Bianco, avocat; Louis Calloud, Sadi-Carnot, Charles de Fésigny, Duparc père, et Aimé Levet.

Annecy est donc le berceau politique de M. le Président de la République.

Dans le vieux quartier, la décoration est très pittoresque. Toutes les maisons sont construites sur des arcades de 2 mètres de haut! Sage précaution contre les avalanches. Dans les ruelles tortueuses, aux maisons vieilles de plusieurs siècles, des guirlandes de papier trico-lore et de verdures relient les maisons entre elles. Par endroits, des draps blancs recouvrent les boutiques! C'est la décoration de certains villages aux jours de procession. Du reste, ne pas se dissimuler qu'ici, la piété règne en souveraine. Il n'y a, pour en être sûr, qu'à voir les petites Vierges dans des niches! Elles abondent. Imaginez, comme fond à ce décor, l'admirable spectacle des montagnes couvertes de neige. C'est très beau, tout à fait imposant.

Mais brrr! quel froid!

M. Carnot n'a seulement pas l'air de s'en apercevoir. Il supporte admirablement ce gai voyage, et nous le voyons qui, l'air satisfait, ouvre tranquillement son gros pardessus d'hiver, sous lequel éclate son grand cordon de la Légion d'honneur. Il y a des grâces d'état, — de chef d'État, je veux dire. M. Carnot n'a seulement pas attrapé un rhume. Pourvu, que la confiance qu'il peut avoir dans son robuste tempérament ne le décide pas, au mois de décembre, à nous faire faire un voyage au pôle Nord!

L'exemple est contagieux. Personne, maintenant, ne semble avoir froid dans l'entourage de M. le Président. Le général Brugère, toujours jeune et souriant, s'amuse au possible. Le colonel Lichtenstein fait une énorme dépense de bonne humeur avec la presse, dont il s'occupe avec une grâce et une amabilité charmantes. Quant au commandant Chamoin, le plus intelligent « fourrier » de voyages que l'on puisse souhaiter, il rayonne de voir que tout se passe mieux encore qu'il ne l'avait prévu. Une seule ombre à ce tableau. M. Arrivière, secrétaire

particulier de M. Carnot, se plaint d'une grande fatigue dans le bras
droit!... Dame! écoutez donc! Ce bras n'a fait que se livrer à un exercice sans relâche. A chaque instant, il lui faut sortir le portefeuille dans
lequel est enfermé l'argent présidentiel.

M. PIERRE LEGRAND,
Ministre du Commerce et de l'Industrie.

Quatre mille francs pour les nécessiteux inondés de la Haute-
Savoie, deux mille francs pour les pauvres d'Annecy, trois cents
francs à l'hôpital, quatre cents francs à l'asile des vieillards, deux cents
francs de gratification au personnel du bateau du lac, cinq cents francs
aux pauvres de La Roche, soit en tout sept mille quatre cents francs.
Avec les dons d'hier, on ne doit pas être loin de vingt mille francs.

La réception va son train à la Préfecture. M. Chaumontel, président du Conseil général, présente ses collègues et s'exprime en ces termes :

Les populations que nous avons l'honneur de représenter sont particulièrement heureuses et fières de vous recevoir. Si elles voient en vous le chef vénéré de l'État, elles se rappellent avec bonheur le jeune et savant ingénieur qu'elles ont appris à aimer et à estimer à Annecy. Vous avez acquis ici le droit de cité : vous êtes Savoyard par le cœur et par vos enfants.

Nos populations, Monsieur le Président, vous les connaissez. Elles sont honnêtes, sages, laborieuses, dévouées sans réserve à la France qu'elles aiment comme on aime une mère dont on a été séparé trop longtemps et pour laquelle elles ne reculeront devant aucun sacrifice. Elles sont profondément républicaines et réprouvent avec énergie toute tentative criminelle ou insensée qui pourrait mettre en danger l'existence de la République.

Dans les circonstances difficiles que nous traversons, nous avons en vous la confiance la plus absolue, et nous savons que vous et votre gouvernement, vous tiendrez toujours haut et ferme le drapeau de toutes les libertés.

Le général du Bessol présente les officiers de la garnison et se fait, dit-il, l'interprète de tous, en apportant à M. Carnot l'expression d'un dévouement absolu.

Les membres du clergé sont là, avec, à leur tête, M. Isoard, évêque d'Annecy ; le prélat dit que la présence du chef de l'État est, pour ses diocésains, l'occasion d'une fête patriotique, à laquelle il est heureux de s'associer.

M. Granet présente les maires du département :

J'ai l'honneur de vous présenter MM. les maires du département, qui viennent vous offrir leurs respectueux hommages. Vous n'ignorez pas, Monsieur le Président, quel est l'esprit de ces populations. C'est une satisfaction profonde, pour le représentant du gouvernement de la République dans la Haute-Savoie, de rendre cet hommage public à nos compatriotes, qui demeurent tels que vous les avez connus, c'est-à-dire des esprits sérieux, réfléchis, mûrs de bonne heure, vous le savez, pour l'amour de la liberté.

Ils se détournent des choses passagères de la vie politique, pour attacher leurs regards sur la République et sur ses libres institutions. Ils croient qu'il s'agit avant tout de les défendre, de les maintenir. Ils sont convaincus, Monsieur le Président, que la défense de ces institutions est confiée à un homme qui en est le gardien ferme et vigilant.

Voici la réponse de M. Carnot :

Je vous remercie, Monsieur le Préfet, de vous être fait l'interprète des sentiments des maires des communes du département de la Haute-Savoie.

Je les ai vus de longue date; j'ai senti mon cœur battre avec celui de ces
braves populations, à la fois si dévouées à la liberté et si dévouées à la France.

Je suis heureux de pouvoir les rencontrer aujourd'hui, les saluer et leur dire
combien elles sont chères à la Mère Patrie, à laquelle elles donnent tout leur
dévouement.

Ils sont venus en grand nombre, les maires des communes ; M. César
Duval, député et maire de Saint-Julien, commune située sur la fron-
tière, affirme une fois de plus l'attachement de sa commune à la
France et à la République.

M. Brunier, présente les délégations des municipalités de l'arrondissement d'Annecy et demande l'achèvement de la ligne ferrée
d'Albertville.

M. Carnot répond :

Je vous remercie de vous être fait l'interprète des sentiments de ces
Messieurs; je les connais de longue date.

Je sais quel fonds on peut faire sur toutes les populations si laborieuses, si
courageuses, si vaillantes de nos montagnes : elles sont, comme vous le disiez
très bien, les gardes de nos frontières et on peut compter sur elles en toutes
circonstances.

Je vous en remercie au nom de la Patrie commune.

Puis, distribution de distinctions honorifiques :

Ont reçu : la croix de la Légion d'honneur, M. Perréard, maire
d'Annemasse ; la croix du Mérite agricole : le docteur de Lavenay, conseiller général ; le docteur Comaz, conseiller d'arrondissement ; M. Collet,
agent voyer ; la rosette d'officier de l'Instruction publique, M. Lithoz,
instituteur en retraite ; les palmes d'officier d'Académie, MM. Mangé,
architecte du lycée, et Gentil, professeur de musique.

Ensuite, déjeuner auquel assistaient le docteur Trélat et son fils,
actuellement en villégiature sur les bords du lac. Déjeuner rapide,
car à une heure et demie a lieu l'inauguration du Lycée.

Le cortège officiel traverse le faubourg de Beuf. M. Carnot salue en passant son ex-habitation, brillamment ornée et aux fenêtres de laquelle sont de nombreuses personnes, qui poussent des acclamations réitérées.

Là, M. Creuzet, entrepreneur, qui eut des relations avec M. Carnot pendant son séjour dans la Haute-Savoie, est venu lui serrer la main et lui a offert un bouquet pour Mme Carnot.

M. Boch, maire d'Annecy, a prononcé à l'inauguration du Lycée un discours dans lequel il a dit que cette ville voyant enfin la réalisation d'un vœu qui, depuis vingt-cinq ans, a été celui de la très grande majorité de la population.

Il a ajouté qu'avant l'annexion de la Savoie à la France, la ville qu'il a l'honneur d'administrer possédait le privilège d'un collège royal, dont les charges incombaient à l'État.

Par suite des événements qui ont rattaché la Savoie à la grande Patrie française, ce collège est devenu communal ; la charge a été lourde. C'est alors que l'administration municipale s'est préoccupée des conséquences que pouvait avoir cet état de choses pour les finances de la ville et pour le bien de l'enseignement.

Il a dit, en terminant ce rapide exposé des origines du Lycée :

> Je dois exprimer un remerciement d'abord au gouvernement de la République, qui nous a donné le Lycée, à Monsieur le Président, qui a bien voulu augmenter l'éclat de cette fête, enfin à Monsieur le Ministre qui a tenu à manifester de nouveau sa sollicitude pour tout ce qui concerne l'instruction publique.
>
> Le conseil municipal, dans le but de perpétuer le souvenir de cette inauguration solennelle, a voulu qu'une inscription rappelât aux générations futures les bienfaits de la République et le grand nom de celui qui préside à ses destinées.

Le recteur a prononcé ensuite un discours.

Très pittoresque promenade sur le lac à bord du bateau à vapeur la *Couronne de Savoie*. Les riverains tirent des bombes. Nous voyons en passant la maison d'André Theuriet, celle de Taine, toutes deux très pavoisées.

Durant une grande heure nous naviguons sur ce lac superbe, encadré de hautes montagnes toutes blanches de neige. Quand nous abordons, nous sommes, à notre tour, à la glace. Et pas un seul marchand de marrons! En Savoie!!!

On va banqueter au théâtre. Rien de plus curieux que l'aspect et l'aménagement de la salle. Un parquet joint la scène à l'orchestre. Dans les loges, des invités viennent prendre une part platonique au banquet.

Au balcon sont des sociétés chorales, dont les chants, pendant toute la durée du repas, alternent avec la musique des orphéons, placée aux galeries supérieures.

Voici le menu du dîner offert à M. Carnot et à M. Pierre Legrand, ministre du Commerce et de l'Industrie :

Potage à la bisque.
Consommé.

RELEVÉS :

Ombre chevalier sauce mayonnaise.
Turbot sauce normande.

ENTRÉES :

Filet de bœuf Brillat-Savarin.
Timbale de perdreaux.
Foie gras en Bellevue.
Hure de sanglier truffée, sur socle.

ROTS :

Chamois des Aravis.
Coqs des bois de Russie.
Salade macédoine.
Écrevisses.

ENTREMETS :

Glace flamboyante.

PIÈCES MONTÉES :

Tour Eiffel.
Pont de la Caille.
Cathédrale de Rouen.
Pyramide d'Égypte.

VINS :

Haut-Sauterne, Saint-Jean-la-Mort, Saint-Estèphe-Médoc, Rœderer.

Au dessert, M. Boch s'est exprimé ainsi :

La ville d'Annecy célèbre aujourd'hui une fête dont le souvenir sera ineffaçable. Elle a le bonheur d'acclamer, à la première magistrature de la République, le citoyen intègre, l'homme affable et bon qu'il lui a été donné de connaître et d'apprécier dès le début de sa carrière.

Monsieur le Président de la République, vous avez pu constater par vous-même combien nos populations sont sincèrement attachées à la liberté; vous avez vu, à l'époque du plébiscite, alors qu'il fallait un certain courage pour résister à un pouvoir oppresseur, vous avez vu, dis-je, la ville d'Annecy répondre : Non, par onze cent trente suffrages contre six cent vingt-huit. Les habitants de nos pays joignent à cet ardent amour de la liberté un véritable culte pour la loyauté, la justice, la sincérité. Ils ont pu voir combien vous possédiez ces qualités à un suprême degré.

Nous espérons que votre seule présence à la tête du gouvernement suffira pour conjurer tout péril et que, si votre illustre aïeul est dénommé dans l'histoire, l'organisateur de la victoire, le petit-fils pourra être appelé l'organisateur de la paix et le gardien de la liberté.

Je bois à M. Carnot, Président de la République!

M. Carnot a répondu en ces termes au toast de M. le maire d'Annecy :

Monsieur le Maire,

Les paroles si cordiales que vous venez de prononcer, l'écho sympathique qui leur répond parmi vos convives, ajoutent encore à l'émotion que je ne cesse d'éprouver depuis que je suis parmi vous. (Applaudissements.)

L'accueil qui m'a été fait à mon arrivée, celui dont j'ai été l'objet ce matin pendant notre excursion à La Roche, les acclamations si chaleureuses des habitants d'Annecy, la démarche des représentants des communes de votre département, venus en si grand nombre et de si loin pour me témoigner leur bon souvenir, toutes ces démonstrations m'ont été profondément sensibles. (Nouveaux applaudissements.)

Dans ces manifestations si précieuses pour l'homme, qui a vécu parmi vous pendant six ans, et qui a le bonheur de se dévouer à vos intérêts, il y a un autre sentiment qui se dégage et qui touche un cœur de patriote. (Applaudissements répétés.)

Vos vaillantes populations, qu'on ne peut connaître sans les aimer, ont au cœur l'amour de la liberté et de la Patrie française.

C'est ce dévouement qu'elles ont tenu à marquer et, si je leur suis reconnaissant de leurs affectueuses démonstrations, je veux aussi, au nom de la République, les remercier du fond du cœur de leur dévouement patriotique. Aux braves populations de la Savoie! (Salves d'applaudissements prolongés, cris de : « Vive Carnot! Vive la République! »)

Après le banquet, illumination du lac. C'est une vraie féerie. Des ifs multicolores émergent de l'eau ; de nombreuses barques et bateaux, appartenant à la Compagnie de transport du lac d'Annecy, se promènent lentement, surchargés de lanternes. C'est d'un effet exquis, c'est un coup d'œil ravissant.

Mais peu de convives se hasardent à faire une nouvelle promenade sur le lac.

Il y a bien eu une tentative ; mais à peine parti, le bateau présidentiel, *Couronne de Savoie*, a été obligé de rentrer, la pluie s'étant mise à tomber.

A 11 heures, chacun songe à regagner son hôtel. On doit être debout de bonne heure, demain, pour le départ.

Faut-il que je résume mes impressions de la journée ? Ce sera vite fait :

Cordialité et sympathie de plus en plus vives chez les populations, enthousiasme vibrant et progressif, fierté et contentement général!

« Ah! quel plaisir d'être... Président! » pourrait-on chanter sur l'air de la *Dame Blanche*, surtout quand on n'a qu'à se montrer pour recevoir les acclamations unanimes de tout un peuple ! Et tel est le cas de M. Carnot !

LA ROCHE-SUR-FORON. — M. le Président de la République se rend à la gare en traversant tout le pays.

CHAPITRE XXIV

A LA ROCHE-SUR-FORON

Un chemin difficile. — Ville pittoresque. — Chaleureux accueil. — Allocution de M. le Président de la République. — Distinctions honorifiques. — Pluie de fleurs.

La Roche-sur-Foron, 9 octobre 1888. — 26ᵉ jour.

Ce matin, à 8 heures, nous partons pour La Roche-sur-Foron. C'est une excursion que M. le Président tient à faire entre toutes.

C'est à l'ingénieur Carnot que les habitants de Groisy, le Piot et La Roche-sur-Foron doivent leur ligne de chemin de fer, qui se prolonge jusqu'à Annemasse, et c'est ce que M. le Président Carnot ne saurait oublier.

Du reste, lesdits habitants se seraient chargés, au besoin, de réveiller les souvenirs de l'ingénieur sous la direction de qui le tracé a été effectué, et construit le viaduc d'Évires.

L'établissement de ce chemin de fer n'a pas dû être commode. On monte tout le temps : dix-huit kilomètres en labyrinthe! Heureusement, le temps est superbe, encore que froid. Mais nous avons pour nous réchauffer les franches et cordiales expansions de la population. Tous les villages situés sur la route que nous suivons se sont procuré,

37

je ne sais comment, de l'artillerie ; et c'est une pétarade continue, des salves à n'en plus finir.

La Roche, tout le monde descend !

Aimez-vous le pittoresque ?...

La Roche-sur-Foron est une jolie localité située à flanc de coteau, dans la montagne. De quelque côté que vous tourniez les yeux, vous ne rencontrez que monts aux rocs abrupts, garnis de pins jusqu'aux deux tiers de leur hauteur et recouverts d'une calotte de neige qui, paraît-il, fait très bien aux rayons du soleil, — ce couronnement ressemble à une gigantesque émeraude, — mais dont nous n'avons pu constater l'effet à notre grand déplaisir, le soleil nous faisant la *moue* depuis pas mal de temps.

Des sentiers praticables au plus pour le pied léger de la chèvre et du chamois, et que dévalent allégrement les paysans, contournent en lacets ces géants de la terre que l'on nomme les Alpes et dont les cimes plongent dans les nues.

De tous côtés, résonnent entre les monts, des bruits de bombardes et des chants de fête ; l'écho a fort à faire et doit renvoyer jusqu'à Annecy les cris d'allégresse des bons habitants de La Roche-sur-Foron.

Il est charmant tout plein, ce village, et pavoisé d'oriflammes, de manière à rappeler Vizille. Les façades de toutes les maisons disparaissent littéralement sous les drapeaux et les guirlandes reliant entre elles les habitations.

Des fleurs — que de fleurs ! — sont jetées dans la voiture présidentielle.

Des hourras ! des cris de joie, des vivats, des clameurs sympathiques à n'en plus finir, des applaudissements, des acclamations, — c'est La Roche et c'est la réception faite à M. Carnot.

M. Granet, préfet, et M. Huc, sous-préfet, font les présentations dans les salons de la mairie, puis un léger lunch est offert au chef de l'État.

M. Plantard, maire de La Roche, remercie avec effusion M. Carnot de sa visite.

Il dit que la joie que témoignent les habitants est une répétition de celle qu'ils manifestèrent lorsqu'on apprit l'élection de M. Carnot à la présidence de la République. Ce à quoi M. Carnot répond :

Monsieur le Maire, je suis très sensible à vos bonnes paroles et je vous en remercie. Je ne veux y répondre que par quelques mots.

Si je suis venu à La Roche, c'est que j'ai conservé de cette ville et des habitants de ce pays le meilleur souvenir.

Je me souviens toujours avec bonheur des jours que j'ai passés à étudier précisément votre chemin de fer, à examiner dans tous leurs détails les moyens de satisfaire, de la façon la plus complète, les intérêts si chers de la région. J'ai alors appris à vous connaître, à connaître toute cette population de la Savoie, à laquelle je suis profondément attaché.

Aussi, ai-je tenu à venir la revoir, et je suis heureux que ni les récentes perturbations atmosphériques, ni l'approche de la rentrée des Chambres ne m'aient empêché d'accomplir cette partie de mon voyage.

L'allocution de M. le Président de la République étant terminée, la distribution des distinctions honorifiques commence : palmes académiques à MM. Pissard, maire de Sallanches, et Chevallet, instituteur ; croix du Mérite agricole à M. Delavenay, maire d'Annecy ; médailles du commerce, à MM. Jourdain et Colonaz, ouvriers horlogers ; Choudet, ouvrier corroyeur ; médaille du ministère de l'Intérieur à M. Mouchet, facteur.

Encore une pluie de fleurs, au retour à la gare.

Cette odorante averse tombe d'un nuage, d'une foule d'enfants placés sur une estrade.

La neige ! Depuis le 5 de ce mois, elle a fait son apparition sur les montagnes. Elle est encore à 600 mètres d'altitude, mais elle gagne du terrain tous les jours. Cela promet pour l'hiver!

Avant de quitter La Roche-sur-Foron, M. Arrivière, au nom de M. le Président de la République, a remis au maire une somme de 500 francs pour les pauvres de la ville.

CHAPITRE XXV

A BEAUNE

Départ d'Annecy. — Le viaduc du Fier. — Court arrêt à Lyon. — Meursault. — Arrivée à Beaune. — Chaleureux accueil. — Réception. — Distinctions honorifiques. — En route pour Dijon.

Beaune, 10 octobre 1888. — 27° JOUR.

La visite à Annecy terminée, M. le Président de la République s'est rendu le lendemain matin 10 octobre à la gare, escorté par toute la population de la ville qui l'acclamait avec plus de force encore qu'à l'arrivée. Pour un peu, et n'était le respect qu'on doit à M. Carnot, on l'eût porté en triomphe. Les carrures solides des montagnards sont fort rassurantes à ce propos.

M. Carnot s'est arrêté sur le seuil de la gare et a salué la population au milieu de laquelle il avait vécu six ans, et qui lui a fait un si touchant et si cordial accueil de bienvenue. Des cris d'enthousiasme ont rempli l'air et fait vibrer les carreaux de la gare.

Mais le train présidentiel est en gare.

M. le Président s'arrache aux sympathiques ovations de la population d'Annecy et, saluant une dernière fois, il disparaît.

Peu de temps après, la locomotive siffle et le train part au milieu des formidables acclamations poussées par la foule.

Voilà de la popularité ou je ne m'y connais pas! M. Carnot fait, du reste, tout ce qu'il est matériellement possible pour l'augmenter et la mériter.

Savoir se constituer l'ami des pauvres est un point fort important dans la vie civile et politique. M. le Président n'y manque point; ses largesses, ses visites aux hôpitaux, ses poignées de mains aux braves gens, tout cela compte et lui acquiert d'imprescriptibles droits à la reconnaissance générale. Ainsi se doit conduire tout homme d'État! et quand le cœur y est, étonnez-vous de l'enthousiasme commun! C'est tout simplement la monnaie de la pièce et, malgré la dose de scepticisme dont on nous accuse et qui, dit-on, s'accroît au fur et à mesure que les idées se développent, nous ne sommes pas tout à fait indifférents aux bienfaits, et la reconnaissance est une vertu qui nous reste.

Aussi nous associons-nous franchement, sans arrière-pensée, à l'enthousiasme populaire et joignons-nous nos voix au concert unanime d'acclamations si souvent répétées de : « Vive Carnot! Vive la République! »

Le train présidentiel est parti d'Annecy à 7 heures 20 minutes; il a pris la route de Lovagny, Aix-les-Bains, Chambéry et Lyon, pour se diriger sur Beaune.

En passant sur le viaduc du Fier, le train a ralenti sa marche.

Encore du pittoresque, et du meilleur!

L'aspect de la gorge où roule, écumant, le torrent que l'on nomme le Fier, est saisissant et pénètre l'âme d'une certaine émotion. Le site est sauvage et sied admirablement comme cadre à ce fougueux torrent qui, en ce moment, grossi par les pluies, roule en grondant et, avec une violence inouïe, ses eaux sur les rocs qui le bordent et qu'il éclabousse en rejaillissant très haut dans le heurt formidable de ses bouillons pressés.

En passant, M. Carnot a pu se rendre compte du niveau où était arrivée la dernière inondation ; le pont du chemin de fer qui domine le torrent a une hauteur de 12 mètres, et est recouvert d'eau à une hauteur de $1^m,50$, soit $13^m,50$ au total.

Ah ! le Fier mérite bien son nom. Il est fier, mais de cette fierté brutale qui ne souffre aucun obstacle et qui brise et rompt, sans frein et sans pitié, ce qui s'élève sur son passage.

C'est à Artemare, entre Arloy et Virieu-le-Grand, qu'on a jeté le pont militaire qui permettra de relier, par voie ferrée, la circulation directe entre Paris et Genève.

M. Noblemaire, directeur de la Compagnie, s'est rendu sur les lieux pour surveiller les travaux.

Il a fait distribuer aux hommes, qui sont obligés de travailler dans l'eau et la boue, des costumes complets ainsi que des cottes imperméables et des manteaux en caoutchouc.

Les travaux de remblaiement avancent rapidement. La circulation sera complètement rétablie samedi prochain.

La pose du pont militaire est effectué par quatre-vingts sapeurs du génie placés sous les ordres d'un commandant.

A Aix-les-Bains, M. Paul Granet, préfet de la Haute-Savoie, et à Saint-André-le-Gaz, M. du Grosriez, préfet de la Savoie, ont pris congé de M. le Président de la République, alors que le maire de cette dernière localité venait saluer M. Carnot. M. le Président lui a serré chaleureusement la main et a embrassé une pauvrette, tenue, la mignonne, sur les bras de sa mère.

Tout un petit monde pauvrement vêtu battait des mains et poussait des cris de plaisir.

Le train entre en gare de Perrache à Lyon. Le général Davout, gouverneur militaire, et son officier d'ordonnance, le capitaine d'artillerie Vincent, ont quitté le train présidentiel où ont pris place le général Galland, commandant le corps d'armée de Bourges, et son officier d'ordonnance, le capitaine Teyssière.

Sur le quai de la gare se tenaient MM. Gravier et Gouley, secrétaires généraux de la préfecture du Rhône.

Meursault, première gare de la Côte-d'Or — de cette Côte-d'Or dont M. Carnot était député lorsqu'il fut élu à la Présidence de la République. — Là, sont MM. Magnin, Mazeau et Hugot, sénateurs ; Lévêque, Spuller, Leroy, Dubois, Cernesson, députés, venus au-devant de M. le Président ainsi que M. Louis Michel, préfet de la Côte-d'Or, pour être à ses côtés lorsqu'il fera son entrée dans la ville de Beaune.

M. Magnin a adressé à M. Carnot quelques paroles :

Le Conseil général de la Côte-d'Or, a dit l'honorable sénateur, est heureux que vous ayez accepté son invitation ; vous savez que vous êtes ici chez vous, entouré d'amis sincères et respectueux, qui retrouvent avec joie leur ancien collègue.

Dans quelques instants, vous allez visiter les villes de Beaune et de Dijon. La population vous attend impatiemment pour vous acclamer.

M. Dubois a aussi parlé, mais parlé avec une singulière adresse. L'art de contenter tout le monde et... ses électeurs présents et futurs n'a pas de secret pour M. Dubois, dont l'habileté, un peu cousue de fil blanc pourtant, fait sourire tout le monde.

Beaune, deux heures d'arrêt. Cette halte est le clou de la journée. Ici, la réception a lieu à ciel ouvert, car M. le Président n'a pas le temps de flâner.

L'accueil fait à M. Carnot par la ville et l'arrondissement de Beaune, qu'il a représentés pendant dix-sept ans au Parlement, est excessivement cordial et presque familial.

On sent que le chef de l'État se retrouve avec ses électeurs.

Il connaît personnellement le maire, les conseillers municipaux et les principaux fonctionnaires. Il s'entretient avec eux tous, les accueillant avec cette dignité pleine d'affabilité et de simplicité qui lui vaut toutes les sympathies.

Après une échange de paroles de bienvenue, nous allons à l'Hôtel de Ville.

Il y a là une plaque de marbre portant cette inscription :

VINGT-SEPT, VINGT-HUIT, VINGT-NEUF JUILLET

AUX MANES DE NOS FRÈRES

MORTS POUR LA LIBERTÉ

Sous cette plaque, on a dressé une vaste vérandah rouge pour M. le Président et ses invités.

Leur faisant face sont la Société chorale et l'Harmonie de Beaune, qui exécutent un hymne à Carnot, dont j'ai retenu cette strophe :

Salut au Président Carnot,
De notre arrondissement la gloire!
Salut aussi au grand Carnot,
L'organisateur de la victoire!

C'est naïf, soit, mais ça vient du cœur.

Il va sans dire que le maire prononce un discours. Puis a lieu la réception des autorités des corps élus à la Sous-Préfecture.

Le conseil municipal de Nolay, où M. Carnot avait sa résidence d'été alors qu'il n'était que simple député, assistait au grand complet à la réception de la Sous-Préfecture de Beaune.

Ensuite la visite de l'hôpital. Tout cela rapidement, très rapidement.

Les voitures passent sous de nombreux arcs de triomphe élevés *A Sadi Carnot, l'élu de l'arrondissement.* — *A Monge, collaborateur du grand Carnot.* — *A notre vaillante armée.*

Et aussi, ce qui nous touche personnellement : *Salut à la presse française.* La presse est, du reste, très amicalement traitée à Beaune; comme nous passons devant les officiers de la réserve et de la territoriale, nous entendons le cri de : « Vive la presse! » Merci, messieurs !

38

L'hôpital est doté d'un carillon, qui nous régale de l'air du *Bon roi Dagobert*. Ce souverain avait l'habitude de mettre sa culotte à l'envers. Les invités des Beaunois, par un joyeux esprit de contradiction, sont appelés à mettre leurs verres à l'endroit.

C'était à prévoir, du reste, car au débouché de la gare, nous avons passé sous un très original arc de triomphe fait de pressoirs et de tonneaux.

Aussi un de nos confrères porte-t-il un toast dans lequel il remercie les délégués de la générosité de leurs vins, qu'égale seule *celle* de leur cœur.

Nous retrouverons cette ville hospitalière, les habitants n'ont qu'à découvrir un grand homme; s'ils lui élèvent une statue, ils peuvent compter que M. le Président retournera à Beaune pour l'inaugurer.

Voici la liste des distinctions honorifiques que M. Carnot a distribuées à Beaune :

Mérite agricole : M. Ricaud, brasseur; M. Martin Jessondet, propriétaire, chevaliers.

Palmes académiques : M. André, publiciste.

Médaille d'honneur : MM. Guidot, ouvrier menuisier; Poccard, ouvrier chaufournier.

Nous quittons à regret la ville de Beaune, qui, je n'ai pas besoin de le dire, a accueilli M. Carnot de la façon la plus enthousiaste.

Une somme de 1,000 francs a été remise au maire de Beaune par M. Arrivière, de la part de M. Carnot, pour être distribuée aux pauvres.

CHAPITRE XXVI

A DIJON

Encore la pluie. — Le banquet. — Discours de M. le Président de la République. — A l'Hôtel de Ville. — Une soupe d'honneur. — La concentration.

Dijon, 10 octobre 1888. — 27ᵉ JOUR.

C'est à Dijon que nous allons. Le soleil est resté à Beaune, et la triste pluie nous attend au débarcadère. C'est bien dommage qu'il fasse mauvais temps, car Dijon est très richement décoré. Ballons et lampions partout. Drapeaux nombreux aux fenêtres, grand enthousiasme de la population. C'est le refrain ordinaire.

L'avant-gare est ornée de nombreux drapeaux, laissant un passage jusqu'à la gare, tendue de draperies ornées de verdure, offrant ainsi un coup d'œil des plus pittoresques et des mieux réussis.

Au dehors, l'avenue de la Gare, les rues adjacentes sont pavoisées ; à la sortie de la gare, sur l'avenue, trois arcs triomphaux s'élèvent, reliés entre eux, depuis la sortie jusqu'à la place Darcy, par des cordons de lumière ; partout une affluence énorme très animée.

Dans la cour de la gare, le 26ᵉ dragons, la musique du 27ᵉ régiment d'infanterie forment la haie et rendent les honneurs, sous le commandement du général Repécaud, gouverneur de la place.

Dans la gare se tiennent les autorités civiles et militaires.

Le train s'arrête à 5 heures et demie. Une jeune fille, M¹¹ᵉ Morot, fille de M. Morot, conseiller municipal, offre à M. le Président de la République un superbe bouquet.

M. Carnot est accompagné de MM. Legrand, ministre du Commerce; du général Brugère et du préfet de la Côte-d'Or, des sénateurs et députés du département.

M. Carnot traverse la voie, se place sur le quai face au train et reçoit les autorités locales.

De vives acclamations éclatent lorsque M. le Président monte en voiture; le cortège se met en marche, escorté par des dragons, entre les troupes qui forment la haie. De longs cris de : « Vive Carnot! Vive la République! » saluent le passage de M. Carnot.

Le cortège arrive à la Préfecture, M. le Président de la République monte dans le grand salon luxueusement décoré, et la présentation des fonctionnaires commence.

M. l'évêque Lecot présente son clergé.

Après la réception, banquet de 75 couverts offert par le Conseil général.

Au dessert, toast de M. Magnin, auquel M. Carnot répond en ces termes :

Mon cher Président,

Je ne chercherai pas à cacher la profonde émotion que j'éprouve en me retrouvant ici au milieu de mes compatriotes, de mes anciens collègues et amis (Applaudissements), en recevant d'eux cet accueil empressé, ces démonstrations cordiales, en entrant dans la ville de Dijon au milieu de ce concours de sympathies si unanimes et si touchantes. (Nouveaux applaudissements.) Si toute ma reconnaissance n'était pas dès longtemps acquise au pays qui m'a prodigué sous toutes les formes les témoignages de sa confiance, elle serait encore grande aujourd'hui pour de pareilles manifestations qui viennent honorer l'ancien élu de la Côte-d'Or (Applaudissements) et qui, en même temps s'adressent au repré-tant de la République. (Vifs applaudissements.)

Vous vous rappelez, mon cher Président, ce jour d'union et de concorde qui a vu l'Assemblée nationale confier à mon dévouement la garde des institutions parlementaires et des libertés auxquelles le pays est si fermement attaché. Ce jour d'union et de concorde s'est levé encore une fois dans notre bonne ville (Marques d'assentiment), puisque j'ai la joie de voir tous les républicains groupés dans le même accord, accueillir d'un même cœur celui qui ne veut pas avoir d'autre préoccupation que celle de la grandeur de la Patrie. (Applaudissements prolongés.)

Dans les rangs de ces républicains viendront un jour se placer tous ceux qui ne refusent pas d'écouter les vœux de la France moderne. (Nouveaux applaudis-sements prolongés.) Laissons nos rangs ouverts, mes chers concitoyens, avec cet esprit de liberté qui anime nos vaillantes populations de la Bourgogne. (Salves d'applaudissements.)

Pour la République! pour la France! Je bois à l'union dont vous donnez l'exemple. (Applaudissements prolongés.)

A l'Hôtel de Ville, où M. Carnot se rend ensuite pour assister au punch d'honneur qui lui est offert, il répond au maire, M. Marchand, qui luia souhaité la bienvenue :

Monsieur le Maire,

Je n'ai pas l'intention de vous suivre dans les développements de votre pensée. Je crois qu'après la manifestation admirable à laquelle nous venons d'assister, celle de l'union de tous les cœurs républicains bourguignons (Bravo! bravo! — Applaudissements répétés), il n'y a plus qu'un seul mot qui puisse être prononcé devant cette assemblée, toute pénétrée elle-même de ces sentiments : ce mot, c'est celui d'union (Salves d'applaudissements), l'union de tous les républicains pour la France et pour la République!

J'ajouterai qu'à cette réception assistait le marquis de Mac-Mahon, capitaine adjudant-major territorial.

Le fils de M. le Président, M. Sadi-Carnot, sous-lieutenant au 27e régiment d'infanterie en garnison à Dijon, était absent. Motif : un congé lui permettant de voyager en Italie.

Bon voyage à M. Carnot fils!

Pendant que M. Carnot assiste à ce punch, nous prenons part à une

« soupe d'honneur » que nous offrent les aimables journalistes de Dijon, et dont voici le libellé original de la carte d'invitation :

Petit Bourguignon — Petit Dijonnais

VOYAGE DU PRÉSIDENT DE LA RÉPUBLIQUE

DIJON — 10 ET 11 OCTOBRE 1888

SOUPE D'HONNEUR

(Concentration d'oignons de Bourgogne et de fromage de la Comté)

BIÈRE BERGEROT, ŒUFS DURS, MARC BOURGUIGNON

OFFERTS A LA PRESSE PARISIENNE

PAR LA PRESSE RÉPUBLICAINE DIJONNAISE

M. ....

Rédacteur à ....

Le Punch aura lieu salle de l'*Alcazar*, rue des Godrans, le mercredi 10 octobre, à 11 heures du soir. — La tenue officielle est interdite. — Il n'y aura ni Président, ni Comité, et encore moins de discours.

Progrès de la Côte-d'Or

Outre la totalité des journalistes parisiens accompagnant M. le Président de la République et ceux de la Presse locale et de quelques départements environnants, assistent à la « soupe d'honneur » : MM. Spuller et Cernesson, députés; plusieurs conseillers généraux; MM. Amédée Bargy, juge au Tribunal de commerce; Thomas Bassot et Victor Prost de Gevrey; Perriquet, avocat; Rombaldi, conseiller de préfecture; Voisin, attaché au cabinet du préfet; Henri Chaussier, directeur de la fanfare la Dijonnaise, etc., etc.

Inutile d'ajouter que tout se passe avec la plus vive gaieté et la plus franche cordialité.

Après l'excellente soupe au fromage confectionnée avec un art tout particulier, par le non moins excellent Bergerot, on a bu et trinqué en mangeant des œufs durs à la bonne confraternité.

La voilà, la concentration républicaine !

Une revue matinale. — Décorations. — Visit een ville. — Banquet démocratique. — Discours de M. le Président de la République. — Le départ. — Libéralités présidentielles. — Les braves de Saint-Romain. — Un brillant fait d'armes. — Rentrée à Paris.

Dijon 11 octobre 1888. — 28ᵉ JOUR.

Quoique l'on se soit couché tard hier, jeudi, à 8 heures et demie du matin, sur le cours du Parc, les troupes se sont massées pour être passées en revue. Le temps était satisfaisant et la tribune officielle contenait un grand nombre de fonctionnaires en uniforme et en habit. Ils ne devaient pas avoir chaud, mais ils étaient contents, joyeux et, comme il n'y a que la foi qui sauve, ils se croyaient peut-être au 14 juillet.

De nombreux curieux encombraient les allées latérales.

Vers 9 heures M. le Président arrive.

L'artillerie tire des salves et les musiques jouent la *Marseillaise*.

M. Carnot est dans un landau découvert avec les généraux Galland et Brugère et le maire de Dijon.

Un brillant état-major suit la voiture présidentielle. Une escorte de dragons accompagne les voitures des personnages officiels.

M. le Président passe devant le front des troupes. Les honneurs militaires lui sont rendus.

Il prend ensuite place dans la tribune officielle et le défilé commence aussitôt dans l'ordre suivant :

Le général Farian, commandant la brigade d'infanterie.

La gendarmerie à pied.

Le 10ᵉ bataillon de forteresse.

Le 5ᵉ chasseurs.

Le 56ᵉ de ligne.

Le 27ᵉ de ligne.

La 8ᵉ section d'ouvriers d'administration.

Le général baron de Cointet, commandant la brigade de cavalerie.

Le 26ᵉ dragons.

Le 8ᵉ escadron du train des équipages.

M. Carnot est debout et salue le drapeau de chaque régiment.

Immédiatement après la revue, M. le Président de la République remet la croix de la Légion d'honneur à M. le capitaine Berthaut, du 26ᵉ dragons; la médaille militaire à MM. Collé, adjudant de gendarmerie; Chaudon, adjudant-vaguemestre du 27ᵉ de ligne; Talard, sergent de la 8ᵉ section des ouvriers d'administration; Mesplide, cavalier au 8ᵉ escadron du train.

Ce sont les tambours, clairons et la musique du 56ᵉ de ligne qui ouvrent et ferment le ban.

L'attitude des troupes a été excellente : elles ont été acclamées par la foule et applaudies par les personnages officiels placés dans les tribunes.

A 9 heures 45 la revue était terminée.

M. le Président de la République est remonté en voiture à 10 heures, il a visité la ville, les travaux du grand égout collecteur, le monument de la Résistance de 1870, les travaux du boulevard, l'ancien château, l'hôpital, le lycée, les écoles de filles des rues Turgot et du Petit-Potel.

M. Carnot a été reçu, à son entrée à l'hôpital, par le président de la commission administrative, M. Dard. Dans les paroles de bienvenue qu'il a adressées au chef de l'État, il a fait remarquer que, par ses fonctions, il était appelé à être le dépositaire des dernières volontés d'un certain nombre de personnes, et que quelques-unes lui avaient dit : « Faisons comme M. Carnot : n'oublions pas les pauvres. »

A cet hôpital se trouvent en ce moment les trois blessés de la catastrophe de Velars : le capitaine anglais Mariot, qui commande dans les gourkas de l'armée de Bombay, un négociant de Paris et le conducteur du train.

M. le Président de la République, ses visites terminées, s'est rendu à la Préfecture, où il a offert un déjeuner aux autorités du département.

Aucun discours n'a été prononcé. Parmi les convives on remarquait M. Changarnier, maire de Nolay, auquel M. Carnot avait adressé une invitation spéciale.

Pendant ce temps-là, un banquet démocratique avait lieu dans la

M. MARCHAND,
Maire de Dijon.

salle des Pas-Perdus du Tribunal de commerce, banquet organisé par la presse républicaine et le commerce de Dijon.

En voici le menu :

HORS-D'ŒUVRE :
Beurre, Radis, Saucisson.

RELEVÉ :
Tête de veau tortue.

ENTRÉES :
Galantine de volaille.
Civet de lièvre.

LÉGUMES :

Haricots flageolets.

⁂

ROTS :

Filet de bœuf.
Truite saumonée mayonnaise.
Desserts variés.

⁂

Vins offerts par MM. Magnin, Bordet, Trivier-Carré, S. Lhote, Thomas-Bassot père et fils, Pernot-Gille, Polack, Cosson, Marguery, de Paris, un Ami de Jules Chanut, Mᵐᵉ Lejay-Lagoute, Jules Regnier, Auger fils, Châteauneuf, Latour, de Beaune.

Pendant le repas, l'excellente fanfare en *ut*, de la société de gymnastique la Dijonnaise, sous la direction de son habile directeur, M. Chaussier, a exécuté les morceaux les plus brillants de son répertoire.

M. H. Chaussier est un virtuose que nous avons applaudi à Paris, aux concerts du Conservatoire, aux concerts Pasdeloup et Colonne, c'est un premier prix de cor du Conservatoire de Paris; aussi s'est-il fait entendre dans un solo de *Mignon* et bisser par les 500 assistants du banquet.

A la fin du repas, M. le Président de la République a fait son entrée, l'*Union musicale* a joué la *Marseillaise* et les convives se sont levés. Après des cris enthousiastes de : « Vive Carnot! Vive la République! » M. Bordet, président du Tribunal de commerce, profitant d'un instant de silence, a dit à M. le Président que la population dijonnaise comptait sur son patriotisme et sur son dévouement pour que le centenaire de notre immortelle Révolution fût célébré dignement et pacifiquement.

Répondant à M. le président du Tribunal de commerce, M. Carnot s'est exprimé en ces termes :

Le caractère de la fête à laquelle vous m'avez convié répond si bien à mes préoccupations et à mes vœux, que j'ai tenu à me rendre à votre invitation dès que me l'ont permis d'autres engagements antérieurs. (Applaudissements.)

Je suis venu trouver ici des concitoyens désireux de manifester ensemble leur dévouement à la République (Applaudissements) sans épithète (Nouveaux applaudissements), à la République une et indivisible, comme vous le disiez tout à l'heure, Monsieur le Président (Nouveaux applaudissements), et plaçant les grands intérêts de la Patrie bien au-dessus des divisions funestes et des ambitions malsaines. (Applaudissements enthousiastes et longtemps répétés.)

C'est par de tels exemples que vous servez le mieux la cause des travailleurs (Bravo! bravo!), que vous secondez encore plus sûrement les efforts courageux du commerce, ainsi que l'industrie nationale, et que vous assurez au pays, avec le calme au dedans, le respect et la sympathie au dehors. (Applaudissements enthousiastes.)

Que tous ceux qui ont à cœur de célébrer dignement le centenaire de 1789 se tiennent serrés sous le même drapeau (Applaudissements); ils auront vite réduit à l'impuissance les fauteurs de discorde et préparé le succès de cette Exposition universelle, à laquelle la France hospitalière a convié les nations. (Applaudissements prolongés.)

Nos hôtes, Messieurs, seront nombreux, et la lutte pacifique et courtoise qui doit s'engager dans quelques mois promet d'effacer toutes ces divisions, en offrant au monde l'imposant spectacle des progrès réalisés sous l'égide de la République, au sein d'une nation qui travaille et que les hésitations factices ne peuvent écarter de la voie glorieuse que lui trace son passé. (Applaudissements longtemps répétés.)

Notre belle Bourgogne tiendra dignement le drapeau national dans cette merveilleuse réunion du travail. (Applaudissements.) Elle aura une fois de plus fait honneur à la grande Patrie et à la République.

A la Bourgogne, Messieurs, à la Presse républicaine et au commerce de Dijon !

De chaleureux applaudissements ont accueilli ces paroles, puis, la *Dijonnaise* a exécuté une fantaisie militaire, *Wattignies*, d'une grande allure, composée spécialement à l'occasion du passage de M. le Président de la République, par M. H. Chaussier, déjà cité.

Après une courte réception à la Préfecture, M. le Président est parti à 3 heures, pour se rendre à la gare, avec le même cérémonial qu'à l'arrivée.

Les troupes formaient la haie et rendaient les honneurs.

Une escorte, fournie par le 26e dragons, accompagnait le cortège officiel.

Les autorités locales, qui attendaient sur le quai de la gare, ont remercié M. Carnot de sa visite.

M. le Président a gagné son wagon au milieu de nombreuses acclamations. On comptait au moins six à sept mille personnes sur les trottoirs et sur les voies de la gare.

C'est avec une peine infinie qu'on est parvenu à écarter la foule pour permettre au train de se mettre en marche.

Le train s'est ébranlé lentement et M. Carnot, debout à la portière du wagon présidentiel, a encore salué la foule enthousiaste dont les acclamations, comme partout, retentissaient à perte d'échos.

Des secours, naturellement, M. Carnot en a distribué à Dijon. Il a laissé 2,000 francs pour les pauvres, et 500 francs pour l'hôpital.

Et voulez-vous, par curiosité, que nous relevions les libéralités de M. le Président de la République pendant ce voyage de six jours :

6-7-8 octobre. — Lyon.	12,500 fr.
9 octobre. — La Roche.	500
9-10 octobre. — Annecy	6,850
10 octobre. — Beaune	800
10-11 octobre. — Dijon.	2,500
Personnel du chemin de fer.	5,400
Total	28,550 fr.

soit, en moyenne, 4,758 francs par jour, en *libéralités* seulement.

Ce qui fait que, si M. le Président continuait de ce train-là, il dépenserait, *rien qu'en dons*, 1,736,670 francs par an. Il faudrait lui donner un conseil judiciaire.

Le personnel des wagons-lits a reçu de M. le Président de la République la somme de 500 francs. Ce que l'on ne peut payer c'est l'obligeance, la courtoisie et l'extrême complaisance de M. Maurice Lagarde, inspecteur de cette compagnie.

Et maintenant, un petit fait patriotique qui ne manque pas d'intérêt.

Lors de l'arrivée de M. le Président de la République à Dijon, il

s'est passé un fait aussi imprévu qu'émouvant, qui a vivement excité
la surprise de M. Carnot et de sa suite.

Le commandant Chamoin a présenté au premier magistrat de la
République quatre vieux soldats du 3ᵉ hussards qui tinrent en échec
70 dragons prussiens, à Saint-Romain-de-Colbosc.

A l'aspect de ces bons troupiers, qui firent si merveilleusement
leur devoir, un frisson d'enthousiasme nous saisit tous. Avec leurs
grosses moustaches qu'ils tortillaient sans merci, leurs uniformes
ornés de galons et de médailles, et leurs allures martiales, on les eût
pris facilement pour quelques épaves de l'ex-grande armée.

Il y avait là le lieutenant Ronget, le maréchal des logis Champion
et les soldats Laurent et Pellerin. Deux manquaient à l'appel : le maréchal des logis Bertrand, mort en Tunisie, lieutenant au 6ᵉ hussards,
et le soldat Brassart, qui vit toujours, mais dont on ignore la
retraite.

Des quatre hommes présentés à M. le Président de la République,
trois ont été autrefois décorés de la médaille militaire pour leur
glorieux fait d'armes, et, chose incroyable, ce sont les trois soldats ;
le maréchal des logis qui les commandait a été oublié! Il est vrai que
M. Carnot lui a promis de se souvenir de lui prochainement.

Ces quatre braves m'avaient intéressé à un tel point qu'en compagnie de mon ami P. Bluysen, je les cherchai le soir dans les rues
de Dijon pour causer avec eux.

Je les rejoins au café de la Rotonde, où ils prenaient leur absinthe,
en bavardant avec notre excellent confrère Lapierre, rédacteur en chef
du *Progrès de la Côte-d'Or.*

Le lieutenant Ronget me raconta ce fait d'armes en ces termes :

« Le régiment du 3ᵉ hussards éclairait l'armée du Havre et s'était
cantonné dans les environs. Un jour, le colonel de Beaumont qui le
commandait, nous apprit que les Prussiens occupaient Saint-Romain-
de-Colbosc et demanda six hommes de bonne volonté pour pousser une
reconnaissance jusque-là. Les six hommes choisis furent Bertrand,

Champion, Laurent, Brassart, Pellerin et moi qui devais les commander.

« A Saint-Romain-de-Colbosc, nous tombons dans un détachement de 70 dragons, qui aussitôt se mettent à tirer sur nous. Laurent tombe frappé de neuf balles ; il se relève néanmoins, mais un capitaine prussien parvient à le faire prisonnier. Laurent fut enfermé au château de Mélamard.

« Nous restions cinq et nous étions cernés. Que faire ? Il ne restait plus qu'à se faire tuer ou à se rendre. Bah ! après avoir brûlé nos vingt-cinq cartouches, je conférai rapidement avec Bertrand ET NOUS DÉCIDÂMES QUE NOUS CHARGERIONS.

« Fameuse idée ! Les Prussiens s'imaginèrent que nous étions soutenus par derrière, et, en nous voyant leur courir sus, sabre au poing, ils se mirent à détaler, comme des lièvres en plaine.

« Le tout se chiffra pour nous par quelques coups de sabre. »

Ce fait d'arme héroïque fut porté à l'ordre du jour de l'armée.

Le soldat Champion, depuis maréchal des logis, m'a fait voir avec fierté, — et il y a de quoi ! — son certificat de bonne conduite, sur laquelle on lit :

« Je donne l'accolade, je serre la main au maréchal des logis Champion, et j'estime que le premier maréchal de France serait honoré de faire comme moi.

« *Signé :* Colonel RENAUDOT. »

Voilà les braves que le commandant Chamoin avait fait défiler devant M. le Président de la République et que le lieutenant Rouget me présentait à tour de rôle en les appelant d'une voix martiale :

— Ici, Champion ! — Viens ici, Laurent !

Et les braves soldats, l'air absolument rébarbatif, obéissaient et évoluaient comme des conscrits modèles, la main au képi, le petit doigt sur la couture du pantalon.

Quant au soldat Pellerin, un vieux grognard qui a fait la campagne du Mexique, c'est incontestablement le plus curieux type des quatre.

Un vrai Charlet !

Comme je le félicitais de s'être si bien comporté devant l'ennemi :

— J' suis de Montluel, me répondit-il d'une voix de tonnerre ; vous direz dans votre journal que j' suis de Montluel et pas de Nantua. J'y tiens pour ma famille ; c'est un honneur de pouvoir dire qu'elle a un fils comme moi qu'est de Montluel !...

Et il me serrait la main à me la broyer dans la sienne, bonne et large main, bien franche, bien ouverte, bien française !

En quittant ces braves gens, je me rappelai une parole que m'avait dite le lieutenant Ronget :

« C'est presque avec une sorte de honte que je me rendrai dimanche prochain à l'inauguration du monument de Saint-Romain-de-Colbosc. Je n'ai point de décoration, moi, et ceux qui me verront avec mes braves compagnons médaillés, se diront peut-être : « Tiens, qu'est-ce que celui-là, et que vient-il faire ici ?.. »

« C'est pourtant moi qui les ai conduits au feu mes braves camarades !... »

Mon lieutenant, on n'oublie pas des hommes tels que vous !

Et en effet, ainsi que M. le Président de la République l'avait fait prévoir, le lieutenant Ronget a été nommé chevalier de la Légion d'honneur, lors de l'inauguration du monument commémoratif de Saint-Romain-de-Cobolsc.

Nous sommes rentrés à Paris à 8 heures 30 du soir ; le colonel Kornbprost, M. le Préfet de police, le capitaine Cordier, M. Caubet, etc., etc., étaient sur le quai de la gare.

M. André, chef du cabinet du président du Conseil, a présenté à M. Carnot tous les compliments et les hommages de M. Floquet.

La voiture de M. Carnot a aussitôt regagné l'Élysée. Cet empressement a été suivi par chacun de nous, et comme on goûte bien, après tant de pérégrinations, le repos savoureux du foyer !

CHAPITRE XXVII

CARNET DE VOYAGE

Les invités de M. le Président de la République. — Repas en chemin de fer. — On loge à pied. — La journée d'un journaliste. — La presse et les voyages présidentiels. — Les derniers vingt-huit jours. — Conclusion.

A présent que M. le Président de la République a terminé ses vingt-huit jours et que, spectateur impartial, j'ai essayé de dire d'une façon claire et précise tout ce que j'ai vu et tout ce que j'ai entendu, je jette un dernier coup d'œil sur mes notes prises pendant ces voyages au courant du crayon, et je trouve quelques renseignements intéressants sur la façon dont voyagent les personnes qui accompagnent M. Carnot.

MM. les sénateurs et les députés ont tous été invités à prendre part au voyage fait en juillet à Chambéry, Aix-les-Bains, Grenoble, Vizille, Roman et Valence, en l'honneur du centenaire de la Révolution dauphinoise.

Un grand nombre ont répondu à l'offre gracieuse de M. Carnot et les uns sont partis avec lui, les autres l'ont rejoint à Vizille.

Dans les autres voyages, les représentants des départements que

40

M. le Président a traversés sont venus à la première gare, où le train présidentiel s'arrêtait, présenter leurs respects au chef de l'État.

M. le Président de la République les a régulièrement invités à monter dans son wagon et à l'accompagner. Ils ont tous accepté et n'ont pris congé de M. Carnot qu'à la limite de leur département respectif.

Les préfets, les commandants de corps d'armée et les généraux de division, également invités, ont demeuré avec M. Carnot pendant tout le temps que le train présidentiel s'est trouvé dans le ressort de leur préfecture, de leur région ou de leur division. Quand M. le Président de la République était obligé de prendre ses repas en chemin de fer, ses invités, et les membres de sa maison militaire et civile, se mettaient à table en même temps que lui.

Les menus étaient toujours composés avec soin et très lestement servis, grâce à l'excellente organisation de la Compagnie des wagons-lits. Cependant, malgré la rapidité avec laquelle était fait le service, souvent M. le Président n'avait pas le temps de finir de manger entre deux gares.

On l'avertissait alors d'un arrêt, il quittait le wagon-restaurant, passait dans le wagon-salon et, après avoir entendu un ou deux discours, répondu en quelques paroles sympathiques, reçu maints bouquets et plusieurs requêtes, il regagnait — le train une fois en marche — le wagon-restaurant et continuait son repas.

Un jour, en l'espace de trois quarts d'heure, M. le Président de la République a dû couper quatre fois son déjeuner pour entendre quatre *Marseillaise* et des discours *ad hoc*.

Et lorsque je vous aurai dit que cela se passait quelquefois sous la pluie, quelquefois sous un soleil torride, vous avouerez qu'il faut avoir une santé de fer pour résister à ce régime plus que débilitant.

Les invités de M. le Président de la République, eux, n'avaient pas à se déranger, ils pouvaient continuer leur repas à leur aise, M. Carnot les en priant avec insistance. Ce n'est qu'une fois débarqués

dans les villes, où M. le Président de la République passait la nuit, que
les invités avaient un peu de mal pour trouver à se loger.

Naturellement les hôtels avaient été pris d'assaut par les citoyens
des communes voisines, venus pour acclamer le chef de l'État. C'était
alors une course souvent curieuse, de voir sénateurs, députés et journalistes — qui n'avaient pas eu la précaution de télégraphier pour
retenir une chambre — courir dans les rues leur valise à la main à la
recherche d'un toit pour y couvrir leur tête. Aussi certains habitants,
devenus pour la circonstance logeurs en garni, offraient-ils à prix
d'or d'affreuses soupentes où un mauvais lit était installé.

Les municipalités soucieuses de bien loger les personnes qui
accompagnaient M. le Président de la République évitaient, autant
qu'il était en leur pouvoir, ces pas et démarches. C'est ainsi que les
municipalités de Bordeaux, Grenoble, Valence, Caen, le Havre, Rouen,
Lyon, Annecy et Dijon avaient pris soin de retenir des chambres dans
des hôtels, en nombre plus que suffisant.

Attention précieuse, car rien n'est plus terrible pour les journalistes
qui, en cette circonstance, ont l'honneur de faire partie de la suite de
M. le Président de la République, que d'être obligés de chercher un
local, lorsque le télégraphe les attend.

Pour que le lecteur se fasse une idée exacte du travail qu'un voyage
présidentiel donne à un journaliste, je vais raconter en quelques mots
la journée d'un de nos confrères les plus sympathiques et les plus
travailleurs, dont tous les journaux de Paris, des départements et de
l'étranger attendent la « copie » avec impatience.

Je veux parler de M. L.-L. Pognon, représentant de l'*Agence
Havas*.

Dès que le train s'ébranle, il commence à travailler et ne cesse
qu'au retour. Il écrit en wagon, sur le quai des stations, dans les
salles d'attente, dans les salons de préfecture et de mairie, sur les
estrades dressées en plein vent pour recevoir les personnages officiels,
sur le marchepied du train, en trois mots : toujours et partout.

Il recueille tout ce qui a trait à la partie documentaire et officielle du voyage.

Dans chaque gare, dans chaque préfecture, dans chaque banquet, on prononce trois, quatre, cinq discours et plus. S'il fallait transmettre ces trois, quatre et cinq discours, autant de fois qu'il y a de journaux à Paris, il n'y aurait jamais ni assez de fils, ni assez d'appareils, ni assez d'employés. Aucun outillage télégraphique ne suffirait à cette tâche.

Cette partie documentaire et officielle, il la fait donc pour tous les journaux : journaux de Paris, journaux de province et journaux de l'étranger. Il n'y a qu'une seule transmission pour les textes.

Chaque journal y gagne comme rapidité de réception et comme argent. En outre les fils sont libres pour tous ses collègues de la presse qui s'attachent, eux, aux autres côtés du voyage, côtés pittoresques, anecdotiques, historiques, etc.

M. Pognon envoie de 6,000 à 12,000 mots par jour : ce qui représente de quatre à huit colonnes de journal grand format. Il laisse dans chaque bureau télégraphique où il passe de 150 à 300 francs.

Aussi est-il la terreur des employés. Il fractionne son travail en dépêches de 300 à 400 mots environ. La première est déjà dans les mains des compositeurs des journaux, alors que la seconde arrive à l'*Agence Havas*, que la troisième est sur le fil, la quatrième au guichet et la cinquième sur le bureau où il écrit. Par ce procédé, la perte de temps est réduite au minimum.

Il faut y regarder. Car comme l'administration télégraphique fait prendre, pour les distribuer à chaque ministre, dix ou douze copies de ses dépêches, les copies font subir des retards de deux, trois heures et plus, attendu que le nombre des employés affectés à cette besogne n'est jamais en raison de l'importance de la tâche à accomplir.

Sitôt que le sifflet de la locomotive du train présidentiel annonce un arrêt, vite il saute de wagon, il se place derrière M. le Président de la République afin de ne pas perdre une seule des paroles qui lui sont adressées. Il en prend note. Aussitôt remonté dans le train, il couche ces notes sur le papier, il rétablit les allocutions, les encadre

M. L.-L. POGNON,
Représentant de l'*Agence Havas*.

dans son récit, et, à la gare suivante, il les dépose au télégraphe. Heureux quand il peut obtenir les manuscrits des orateurs de rencontre.

Mais, se demandera-t-on, comment s'y prend-il pour produire cette quantité considérable de travail? Mon Dieu! c'est bien simple, mange peu et dort encore moins.

Si M. le Président de la République part dès 8 heures du matin en voiture pour visiter les édifices de la ville qui le possède, et n'en redescend qu'à midi pour aller déjeuner, il le suit partout, et c'est pendant le déjeuner que notre confrère va travailler au bureau télégraphique.

Quand M. Carnot remonte en voiture, vers 2 heures, il le suit de nouveau, jusqu'au moment du banquet, et c'est pendant les premiers services du banquet, qu'il retourne au bureau télégraphique afin de transmettre le récit de l'après-midi.

A peine a-t-il le temps d'attraper un morceau de pain et un verre de champagne avant que la série des discours commence. Les discours finis, il reprend le chemin du télégraphe.

Il pourrait presque dire qu'il y couche.

Voilà la vie de mon excellent confrère L.-L. Pognon en voyage. Et chaque fois qu'il repart il est joyeux et plein d'entrain. Son amour du travail vient des marques de sympathie que M. le Président de la République lui accorde.

Il me disait un jour : « M. Carnot a bien voulu m'exprimer sa satisfaction. C'est là pour moi un précieux encouragement en même temps qu'une marque de délicatesse et de bienveillance qui me fait oublier toutes mes peines. »

A présent il ne faudrait pas croire que les trente journalistes qui sont invités à accompagner le chef de l'État se reposent entièrement sur leur camarade Pognon. Ils ont, eux aussi, leur part de besogne, mais, ainsi que je le disais plus haut, ils s'attachent principalement aux côtés pittoresques et anecdotiques du voyage.

Voici, dans l'ordre alphabétique, la liste complète des journaux parisiens qui ont été représentés dans les voyages présidentiels :

JOURNAUX REPRÉSENTÉS	NOMS DES RÉDACTEURS			
	1er VOYAGE	2e VOYAGE	3e VOYAGE	4e VOYAGE
Constitutionnel......	»	»	Didier	»
Courrier du Soir.....	»	Coinde	Pharaon	Coinde
Echo de Paris.......	Bertol-Graivil	Bertol-Graivil	Bertol-Graivil	Bertol-Graivil
Estafette...........	Bertol-Graivil	Bertol-Graivil	Bertol-Graivil	Bertol-Graivil
Evénement..........	Aubry	Dancourt	»	»
Figaro.............	Heulhard	Chincholle	Chincholle	Chincholle
France............	Goin	Second	»	Ruef
Gaulois...........	Serpeille	Bois-Glavy	Postel	»
Gazette de France...	Dupuy	»	Constantin	Constantin
Gil Blas...........	Xau	»	Xau	Xau
Illustration........	Lanos	Lanos	de Haënen	Clair Guyot
Journal des Débats...	Lachapelle	Terrier	»	»
Journal Illustré....	»	»	Meyer	Meyer
Justice............	»	Robbe	Robbe	»
Lanterne..........	Flachon	Ménard	Obermayer	»
Messager de Paris...	»	Mercier	»	»
Monde............	Havard	»	»	»
Monde Illustré......	Moulinié	Tinayre	Tinayre	Tinayre
Mot d'Ordre........	Lordon	Bertol-Graivil	Henry Simond	Friedlander
Nation............	»	»	Lefebvre	Peinoret
National..........	»	Dubail	Dreyfus	»
Observateur français.	»	Burlet	Autchizky	»
Paix.............	Carle	Landrodie	Landrodie	Landrodie
Parti National......	»	Caron	Belon	»
Patrie............	»	»	»	Norès
Pays.............	»	Hilaire	Bois-Glavy	»
Petit Journal.......	Lissajous	Vonoven	Serpeille	Cornély
Petit Moniteur.....	»	»	»	Beauclair
Petit National......	»	»	»	Postel
Petit Parisien......	»	Livet	Lecointe	Palier
Petite République....	»	»	Capelle	Anthelme
Presse............	»	Éric Besnard	»	»
Radical...........	Hirsch	»	G. Lefèvre	»
Rappel...........	Obermayer	»	»	»
République Française.	Bluysen	Bluysen	Bluysen	Bluysen
Siècle............	Angély	Clauss	Clauss	Clauss
XIXe Siècle.......	»	Isay	»	»
Soir.............	Éric Besnard	Donnet	Donnet	Donnet
Soleil...........	Jousset	»	»	»
Temps...........	Mayet-Tillet	Tillet	Tillet	Tillet
Voltaire.........	Rousset	Philippe	Philippe	»
Journal officiel....	Jezierski	Jezierski	Jezierski	Jezierski
Agence Havas.......	Pognon-Beau	Pognon-Saradin	Pognon-Saradin	Pognon-Saradin
Agence Libre........	Obermayer	Davin	Eyriès-Pharaon	Davin

SYNDICS DE LA PRESSE

Presse Républicaine..	Obermayer	Canivet secrét. gal	Obermayer	Canivet secrét. gal
Presse Parisienne....	Bertol-Graivil	Bertol-Graivil	Berto l-Graivil	Bertol-Graivil

Pour que cette liste soit complète il y a lieu d'ajouter, parmi les artistes invités par M. le Président de la République pour prendre les différentes vues des villes, M. Paul Boyer, architecte d'un grand talent qui, depuis plusieurs années, est à la tête d'une des plus importantes maisons de photographie, la maison Van Bosch. Les reproductions qu'il a faites, et qui font du reste l'objet d'un album fort intéressant, sont d'une réelle perfection et d'une exactitude absolue.

En moyenne quinze journalistes adressent des dépêches à leur journal. Les autres rédigent des correspondances, ce qui fait que ceux qui télégraphient envoient chacun environ 2,000 mots par jour, soit 30,000 mots à transmettre.

Pour permettre aux bureaux d'arriver à faire ce formidable travail, une brigade volante de télégraphistes voyage dans le train présidentiel et renforce les employés des villes.

Grâce au concours de l'administration des postes et des télégraphes, grâce au bienveillant concours des municipalités, et grâce surtout à l'urbanité et à la complaisance de tous les officiers de la maison militaire de M. le Président de la République, de M. Arrivière, secrétaire particulier de la Présidence le service de la presse a été beaucoup facilité.

Nous ne saurions trop remercier ces précieux collaborateurs.

Terminons en faisant remarquer que M. le Président de la République a été le seul citoyen ayant accompli ses « 28 jours » en 1888. M. Carnot a terminé « sa période d'exercices » le 11 octobre 1888; et, d'après les nouveaux règlements militaires, cette période d'exercices se trouve réduite à 25 jours pour l'année 1889. Heureusement !

Maintenant que tout est fini, constaté, il ne nous reste plus qu'à préparer nos malles pour de prochains voyages...

FIN

INDEX

DES NOMS CITÉS DANS LE VOLUME

C

TABLE DES MATIÈRES

PREMIER VOYAGE

LIMOGES — AGEN — LA RÉOLE — BORDEAUX — ROCHEFORT

CHAPITRE V

A BORDEAUX

I

II

III

CHAPITRE VI

A ROCHEFORT

DEUXIÈME VOYAGE

CHAMBÉRY — AIX-LES-BAINS — VIZILLE — GRENOBLE — ROMANS — VALENCE

CHAPITRE VII

A CHAMBÉRY

I

II

CHAPITRE VIII

AIX-LES-BAINS. — CHAMBÉRY

I

II

CHAPITRE IX

A GRENOBLE

CHAPITRE X

A VIZILLE

I

II

CHAPITRE XI

A ROMANS

CHAPITRE XII

A VALENCE

I

II

QUATRIÈME VOYAGE

LYON — ANNECY — BEAUNE — DIJON

CHAPITRE XXV

A BEAUNE

CHAPITRE XXVI

A DIJON

I

II

CHAPITRE XXVII

CARNET DE VOYAGE

FIN DE LA TABLE DES MATIÈRES.

Sceaux. — Imprimerie Charaire et fils.

DISCOURS ET ALLOCUTIONS

DE

M. LE PRÉSIDENT DE LA RÉPUBLIQUE

www.ingramcontent.com/pod-product-compliance
Lightning Source LLC
Chambersburg PA
CBHW071618270326
41928CB00010B/1679